世界哲學家叢書

道　元

傅偉勳　著

1996

東大圖書公司印行

國立中央圖書館出版品預行編目資料

道元／傅偉勳著. --初版. --臺北市：
東大發行：三民總經銷，民85
面； 公分. --(世界哲學家叢書)
參考書目：面
含索引
ISBN 957-19-1910-1 (精裝)
ISBN 957-19-1895-4 (平裝)

1. 道元-學術思想-哲學 2. 禪宗-日本

226.86 85002066

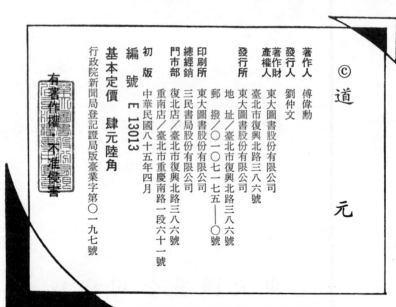

© 道 元

著作人 傅偉勳
發行人 劉仲文
著作財產權人 東大圖書股份有限公司
臺北市復興北路三八六號
發行所 東大圖書股份有限公司
地址／臺北市復興北路三八六號
郵撥／〇一〇七一七五──〇號
印刷所 東大圖書股份有限公司
總經銷 三民書局股份有限公司
門市部 復北店／臺北市復興北路三八六號
重南店／臺北市重慶南路一段六十一號
初版 中華民國八十五年四月
編號 E 13013
基本定價 肆元陸角
行政院新聞局登記證局版臺業字第〇一九七號

ISBN 957-19-1895-4 (平裝)

的是，此刻在政治上整個中國仍然處於「一分為二」的艱苦狀態，加上馬列教條的種種限制，我們不可能邀請大陸學者參與撰寫工作。不過到目前為止，我們已經獲得八十位以上海內外的學者精英全力支持，包括臺灣、香港、新加坡、澳洲、美國、西德與加拿大七個地區；難得的是，更包括了日本與大韓民國好多位名流學者加入叢書作者的陣容，增加不少叢書的國際光彩。韓國的國際退溪學會也在定期月刊《退溪學界消息》鄭重推薦叢書兩次，我們藉此機會表示謝意。

原則上，本叢書應該包括古今中外所有著名的哲學思想家，但是除了財源問題之外也有人才不足的實際困難。就西方哲學來說，一大半作者的專長與興趣都集中在現代哲學部門，反映著我們在近代哲學的專門人才不太充足。再就東方哲學而言，印度哲學部門很難找到適當的專家與作者，至於貫穿整個亞洲思想文化的佛教部門，在中、韓兩國的佛教思想家方面雖有十位左右的作者參加，日本佛教與印度佛教方面卻仍近乎空白。人才與作者最多的是在儒家思想家這個部門，包括中、韓、日三國的儒學發展在內，最能令人滿意。總之，我們尋找叢書作者所遭遇到的這些困難，對於我們有一學術研究的重要啓示（或不如說是警號）：我們在印度思想、日本佛教以及西方哲學方面至今仍無高度的研究成果，我們必須早日設法彌補這些方面的人才缺失，以便提高我們的學術水平。相比之下，鄰邦日本一百多年來已造就了東西方哲學幾乎每一部門的專家學者，足資借鏡，有待我們迎頭趕上。

以儒、道、佛三家為主的中國哲學，可以說是傳統中國思想與文化的本有根基，有待我們經過一番批判的繼承與創造的發

獻給藍吉富居士

與老二藍吉富居士攝於道元所建永平寺大門

「世界哲學家叢書」總序

本叢書的出版計畫原先出於三民書局董事長劉振强先生多年來的構想，曾先向政通提出，並希望我們兩人共同負責主編工作。一九八四年二月底，偉勳應邀訪問香港中文大學哲學系，三月中旬順道來臺，即與政通拜訪劉先生，在三民書局二樓辦公室商談有關叢書出版的初步計畫。我們十分贊同劉先生的構想，認為此套叢書（預計百册以上）如能順利完成，當是學術文化出版事業的一大創擧與突破，也就當場答應劉先生的誠懇邀請，共同擔任叢書主編。兩人私下也為叢書的計畫討論多次，擬定了「撰稿細則」，以求各書可循的統一規格，尤其在內容上特別要求各書必須包括 (1) 原哲學思想家的生平；(2) 時代背景與社會環境；(3) 思想傳承與改造；(4) 思想特徵及其獨創性；(5) 歷史地位；(6) 對後世的影響(包括歷代對他的評價)，以及 (7) 思想的現代意義。

作為叢書主編，我們都了解到，以目前極有限的財源、人力與時間，要去完成多達三、四百册的大規模而齊全的叢書，根本是不可能的事。光就人力一點來說，少數教授學者由於個人的某些困難（如筆債太多之類），不克參加；因此我們曾對較有餘力的簽約作者，暗示過繼續邀請他們多撰一兩本書的可能性。遺展，重新提高它在世界哲學應有的地位。為了解決此一時代課題，我們實有必要重新比較中國哲學與（包括西方與日、韓、印等東方國家在內的）外國哲學的優劣長短，從中設法開闢一條合乎未來中國所需求的哲學理路。我們衷心盼望，本叢書將有助於讀者對此時代課題的深切關注與反思，且有助於中外哲學之間更進一步的交流與會通。

最後，我們應該強調，中國目前雖仍處於「一分為二」的政治局面，但是海峽兩岸的每一知識分子都應具有「文化中國」的共識共認，為了祖國傳統思想與文化的繼往開來承擔一分責任，這也是我們主編「世界哲學家叢書」的一大旨趣。

傅偉勳　韋政通

一九八六年五月四日

自　序

本書的撰著與完成，前後經歷四年有半，以我向來又勤又快的寫作習慣來說，算是此生最辛苦的撰書經驗，可用「歷盡滄桑一本書」七字予以描敍。我剛寫完第一章之後不久，卽因頸部一帶的腫瘤而入院切片檢查，結果發現患有淋巴腺癌，無法續寫本書。經過幾十次電療之後，自覺死去活來一次，終下決心改寫《死亡的尊嚴與生命的尊嚴——從臨終精神醫學到現代生死學》與自傳體《學問的生命與生命的學問》二書，以備萬一「過不了關」，就留為紀念。前年病情好轉，卽開始撰寫本書第二章，本來應在去年夏天完成，但又前後罹患嚴重的支氣管炎與攝護腺（前列腺）擴大而暫停，如此拖而再拖，終於日昨完成。

除了接二連三的疾病之外，道元禪學的詮釋困難，也是令我感到辛苦的另一因素。讀者可從第二章名篇選析（尤其我對〈現成公案〉、〈有時〉、〈佛性〉等篇的詮釋所下的苦功）窺知一斑。我希望藉此機會勸導年輕一代的佛教學者，千萬不要忽略日文（包括古代和文）與日本佛教的認真研究。我們如要講求本土佛教的創新發展，日本佛教可為最佳借鏡。日本佛教思想之中，道元禪學的哲理最為深奧，也最難於理解，連一般日本佛教學者都常知難而退。我向讀者誠懇建議，要有耐心閱讀本書，祇要能够細讀一次，當可豁然解悟道元所倡「正傳佛法」的原創性威力，也可以藉此考量我對道元禪學所下的功夫深淺如何。遺憾的是，我在本書未能多所討論《正法眼藏隨聞記》，盼於不久的將來撰成有關此書的一部專書，收在我與楊惠南教授共同主編的「現代佛學叢書」。

我將本書獻給臺灣佛教學術界的佼佼者藍吉富居士。他曾幫過佛光山佛學院研究部、中華佛學研究所等處的佛教教學，除了自著幾部專書之外，主編過《大藏經補編》、《禪宗全書》、《中華佛教百科全書》等等多套叢書，也是現代佛教學會的發起人之一，當過此會首任理事長。三年半前有緣與他以及漢功企業公司總經理林光明居士成為結拜兄弟，依年齡次序我稱老大，吉富為老二，光明則居老三。去年我將拙著《佛教思想的現代探索》（東大）獻給老三，本書則獻給老二，以為結義紀念。

一九九六年元月九日　傅偉勳

於中央研究院文哲所研究講座

道　　元

目　　次

第三章 《正法眼藏》名篇選析

第一章
生命歷程與宗教體驗

（一）傳記史料

在現代日本學者所著有關道元禪師的傳記之中，最具權威性的，應該首推《道元禪師全集》上下兩卷（一九六九年）的編者大久保道舟所撰寫的《道元禪師傳の研究》（一九六六年增補修訂版），論其史料掌握與考證的精確細密，直至今日無有出其右者。除此之外，可讀性較高而敍述亦較完整的現代傳記書，有竹內道雄所著《道元》（一九六二年，最近又出修訂本）、佐藤達玄所著《道元の生涯》（一九六二年）以及鏡島元隆所著《道元禪師とその門流》（一九六一年）等書。其他如秋山範二的《道元の研究》（一九六五年）、衞藤卽應的《宗祖としての道元禪師》（一九四四年），以及鏡島元隆所編《道元の生涯と思想》（一九七九年）等書，也多少關涉到道元的傳記，足資參考。至於日本佛教學術期刊或雜誌所載有關道元傳記研究與考察的長篇短論，爲數甚多，不勝枚舉。

上述現代日本學者對於道元的傳記研究，就文獻處理與歷史考證言，當然要比傳統史料更具學術價值。不過傳統史料畢竟是他們所不得不依賴的基本資料，大體上可以分爲三類。道元本人親撰或口述的著作之中，涉及自傳性質的最原初的第一手文獻資料，如《正法眼藏隨聞記》、《寶慶記》、《正法眼藏嗣書》、《明全和尚戒牒奧書》、《普勸坐禪儀》等等，都是屬於頭等史料。其次是道元的直傳弟子或親近過他的當時人物所分別敍述的，算是二等史料。至於道元入滅之後，代代專爲彰揚他的遺德行狀等傳記書册，則祇能當做三等史料。這些三等史料，因受時代差距、主觀臆測、事實誇張等等限制，自然不及頭等以及二等史料的客觀可靠，但對道元傳記的全盤性考察，仍有相當程度的參考價值，不可或缺。

三等史料之中年代最早的是，《傳光錄》（收在大正大藏經第八十二册）中的〈第五十一祖永平元和尙〉這一章。此書的成立年代據說是正安二年（卽一三〇〇年），但依大久保道舟的考察，並不能確定如此。其次，可能是在室町幕府時代初期（第十四世紀）撰成的《永平寺三祖行業記》，乃以道元弟子義介所筆錄的《永平室中聞書》爲傳記素材。另有曹洞宗門所傳的《元祖孤雲徹通三大尊行狀記》，內容與《三祖行業記》大致相同，都算是比較優秀的道元傳記史料。又有永平寺第十四代傳人建撕所編成的《建撕記》，特以道元的《年譜》、《永平廣錄》等爲素材，可見當時（第十五世紀中期）已有《年譜》存在，只是此一《年譜》的內容與作者究竟爲何，無從考查。《建撕記》可以說是現存道元傳記史料之中最殊勝者，後世所出的種種道元傳記，無一不以此書爲底本，它的重要性可想而知。其他較爲顯著的傳記史料，還有《永平道元禪師行狀》（第十五世紀中期）、《永平開山道元和尙行錄》（一六七三年刊行）、《永平佛法道元禪師紀年錄》（一六七八年由永平寺第三十一世大了愚門所編）、《日東洞宗初祖永平元和尚道行碑銘》(一六七九年黃檗宗的高泉性潡所撰)、《永平實錄》(一七一〇年由面山瑞芳所撰)、《訂補建撕記》(一七五三年面山瑞芳所編)等等，不一而足。

如上所述，有關道元傳記的(明治維新以前的)傳統史料並不算少，但如竹內道雄所說，道元傳記的研究仍有相當困難。竹內特舉其中三項難題。其一，道元及其繼承衣鉢的弟子懷奘所留下的親筆文册寥寥無幾，而據此根本史料撰成的《永平寺三祖行業記》、《建撕記》、《永平道元禪師行狀》等等傳記，與根本史料已有一百五十到兩百年的年代差距。因此對於道元生涯的全盤事實，很難獲致可靠的定論。其二，傳記史料之中，道元自撰的《正法眼藏》、《永平廣錄》等等長篇短論數量最多，而其內容又因以天才思想家道元的哲理思維與深邃體驗爲根基，故極令人費解。其三，奉持道元爲宗門高祖的日本曹洞宗歷史，在道元及其直傳弟子逝世之後，形成極其醜惡的永平寺與總持寺兩寺的門爭史，直至明治初期的三百八十年長久時間，前後經過六次宗門圈內的爭奪戰。跳過這日本曹洞宗發展醜史，而回到開山祖師道元的時代，想去眞正了解不近名利、厭惡權勢的道元原貌，並非易事。❶

不過，我認爲承襲大久保道舟、竹內道雄、鏡島元隆等專研道元及其宗門的第一流現代日本佛教學者的研究成果之後，我們至少能夠還出道元傳記的大體原貌。我國的佛教學者以及一般佛教信徒，對於日本佛教這一門十之八九無甚興趣，遑論對於道元傳記的認識了。因此，在我們目前的日本佛教研究初步階段，

---

❶ 竹內道雄《道元》(一九六二年東京・吉川弘文館發行)，第三至四頁。

毋需進行（大久保道舟《道元祖師傳の硏究》爲例的）有關道元一生的種種精細的歷史考證或文獻考查。道元的生命歷程之中最値得我們注目的是，與他畢生的佛法探索、禪悟體驗以及弘法事業有密切關聯的出家因緣、入宋徧參、正師天童如淨和尙的教誨、回國弘法、永平寺的建立與曹洞宗僧團的形成等等幾件重要史實。

（二）家庭與時代

土御門天皇的正治二年（公元一二〇〇年）元月二日（陽曆係元月二十六日），道元生在京都。前一年鎌倉幕府第一代將軍源賴朝去世，由他長子源賴家繼位，而在北條時政實際掌權之下，幕府政治進入了第二期。鎌倉時代是武士集團擡頭的時代，兵荒馬亂屢見不鮮，加上接二連三的天災人禍，一般民眾失去了生活的指針，故而強烈尋求新的宗教解脫或救濟。象徵著日本佛教黃金時代的「鎌倉佛教」於是應運而生。

鎌倉佛教的主要宗派，共有淨土宗、淨土眞宗、臨濟宗、曹洞宗、日連宗以及時宗，各宗祖師都分別開展了極具創新動力的新興佛教思想。日本淨土宗開創祖師法然（一一三三至一二一二）在建久九年（一一九七）撰著《選擇本願念佛集》，表明此宗立場。三年之後親鸞（一一七三至一二六二）投入法然的淨土宗門，開始專修念佛。法然遷化之後，親鸞逐漸展開淨土眞宗的絕對他力思想，而被奉爲此宗祖師。在禪宗方面，開創日本臨濟宗的榮西（一一四一至一二一五）曾兩次入宋學禪。回國之後，因受幕府將軍皈依，乃自京都遷往鎌倉，在道元出生的那一年蓋建了壽福寺。兩年之後又移住源賴家下令在京都蓋成的建仁寺，顯揚臨濟禪風，兼修台密（即日本天台密教）。日本曹洞宗始祖則爲道元（一二〇〇至一二五三），容後細述。日蓮宗又稱法華宗，在日本所有佛教宗派之中獨以開創祖師起名。日蓮（一二二二至一二八二）生在道元之後，專修「南無妙法蓮華經」唱題，預言日本國民如不信仰《法華經》爲佛法眞髓，則必遭國難（如指後來蒙古船隊侵襲日本等事）。第二次大戰之後大大發展出來的創價學會，即屬日蓮正宗的最大新興宗教。至於時宗，則係道元之後的淨土系一遍上人（一二三九至一二八九）所創，以念佛遊行的簡易方式倡導他力信仰，同時兼帶禪風。

據《永平寺三祖行業記》所載，道元很可能是生在外祖父松殿基房所居住的京都東南郊外的別墅木幡山莊。關於道元的親生父母究係何人，曾有種種猜測。不過經由大久保道舟的史實考證，日本學者大致認爲，父親應是一時握有政治大權的宮廷貴族久我通親，母親則是松殿基房之女伊子，係久我的側室，據說是絕世美人。道元又有「希玄」、「道玄」等別名；幼名則爲「文殊丸」，「丸」字指謂生在高官顯貴家庭的男童，「文殊」則喻謂道元的天生聰慧有如文殊菩薩一般。

松殿基房共生四女，其中三位皆嫁與同一藤原氏族（松殿亦姓藤原，係貴族名門），獨獨三女伊子據說在十六歲時嫁給正在擡頭的，關東一帶武士豪族源氏一系的顯赫武將木曾義仲。木曾義仲攻佔京都之後不久，又被源氏本家的武將源義經（即源賴朝親弟）攻打，終於失勢而自殺身亡。松殿基房爲了擴張自己的權勢利益，不惜以三女伊子再嫁當時的內大臣久我通親，做爲愛妾。久我通親是村上天皇第七皇子具平親王的後代，在鎌倉初期的宮廷貴族當中權勢最大，又是擅於詩歌的第一流文人。道元天生的才華，部分的遺傳可能來自父親方面，當然母親的良好娘家血統也不能忽略。道元出世之時，據說有人看他命相，說「七處平滿，骨相奇秀，眼有重瞳，異乎凡俗之輩，日後必成大器」；又預言說七、八歲時會丁母喪之憂。

如此，道元以「紳纓之胤」生在京都權門貴族之家，在郊外閒寂的生活環境享受父母及娘家的慈愛。不幸的是，幼少連失雙親。先是三歲之時生父頓死，有人說是關東氏族在京都發動的暗殺所致。父親死後，養育道元的責任就暫時落到道元的異母兄久我通具身上。通具有「歌仙」之稱，對於道元文才的發展可能有過相當的影響。據面山瑞方（一六八三至一七六九）的道元年譜以及《建撕記》等書所述，道元四歲即能吟誦李嶠百二十首雜詠，七歲讀破《毛詩》、《左傳》，有神童之稱。又九歲之時閱讀世親《俱舍論》，時人讚他「利根如文殊」。

道元八歲之時，慈母亦隨亡夫之後五年病逝，結束了四十年薄倖生涯。據《三祖行業記》所載，道元「遇慈母喪，觀香火之煙，潛悟世間無常，深立求法大願」。《傳光錄》亦云：「八歲之時悲逢母喪，哀嘆最深，乃於高雄寺目睹香煙縷縷上升，感悟生滅無常，由是發心（求法）。」道元後來悟道之後，時謂菩提心即不外是諦觀生滅無常之心，這可以說是源自八歲喪母（以及三歲喪父）的佛教所云「諸行無常，一切皆苦」的悲痛體驗，依此體驗（無常感）而有日後禪家生死智慧（無常觀）的體悟。單有無常感而無無常觀的哲理深化，則多半只能走上文學藝術之路；無常感如獲深化，而為無常（諦）觀，才有佛教思想的創新可能。道元日後選取的是後者，故而動輒評斥文藝為無謂小技，雖然他自己也曾撰述漢詩與和歌。

（三）出家與求法

收養道元的大舅松殿師家原任朝廷攝政，有意栽培他爲政府顯要。道元在十三歲時卻半夜逃去比叡山，訪他另一舅父良觀，表白求法決意，而在翌年剃髮出家。據一說，道元慈母臨終之時囑他日後剃髮染衣，修行佛道，爲他父母祈求冥福，兼救四生六道的業苦。但據大久保道舟的初步觀察，道元出家的直接動機是在慈母早逝而起的無常觀。❷道元在《正法眼藏隨聞記》（第一）亦自云：「我（當）初正因無常，聊發道心」。但這裡道元祇說「無常」，我認爲解成「無常現象的感觸感受」則可，若解釋爲「無常之理的諦觀體會」則未免太過；別說八歲的道元，連出離王城修行之前的釋迦太子也做不到。因此，我不得不說，「無常感」與「無常觀」的分際十分重要。

大久保道舟進而提及道元出家的眞正內因，應該是在他那家庭境遇的日日落魄不幸這一點。他說：「依我觀察，道元生母臨終之時留下的悲痛遺囑，抑或幼童道元的人生觀，無不皆由此複雜的家庭境況而引起。（傳統）傳記作者雖極巧妙地描敍出家動機，是在（道元）禪師自發的求法大願——當然以禪師這樣的宗教天才也多少萌有求法意願，但他所以發此宗教心的眞正原因，

❷ 大久保及其他道元傳記研究專家都說起於「無常觀」，恐有語病。如此幼少的道元不論如何聰慧，充其量祇具「無常感」而已，還談不上諦觀（contemplate）生滅無常（的理法）的程度，因此應該改說起於「無常感」。

應該是在如上所述境遇的落魄這一點。至少如此了解，才能把握到，做爲一個人道元出家的眞相。」❸ 我認爲大久保這裡的觀察，是相當中肯的。政治權勢顯赫一時的道元生父頓死之後，道元一家在權勢爭奪的政治漩渦之中開始沒落，乃是不可否認的事實。曾任朝廷攝政的大舅松殿師家，就是爲了家運的復興，想藉收養道元的機緣，謀求道元成年之後榮任朝廷重臣。但不幸的家境反刺激了道元厭離世俗權勢的決心，故在十三歲時終於半夜逃到良觀住處，表示出家的意願。那時良觀法印（「法印」指謂法印大和尙位，即最高僧位）可能也想藉道元正式出家之便，讓他日後在僧界出人頭地，擔任要職，因此送他到比叡山橫川六谷的第一谷（即般若谷）的千光房處修行學習。

比叡山是日本天台宗的大本山，當時剛上任新座主的，即是以淨行持律著名的高僧公円。道元就在公円處剃髮得度，正式取名「佛法房道元」。但是，當時比叡山的修道環境是否符應道元的憧憬呢？答案是否定的。當時的天台教團已是腐敗不堪，宗門圈內的派系鬥爭極其嚴重，整個比叡山幾乎陷於無政府狀態。加上天台教團的過度世俗化，懶惰無能的學僧輩出，山上僧兵的亂行（日本中世紀有僧兵的存在，是佛教史上的一大怪事），各寺各院之間的濫訴等等，處處表現天台教學的有名無實，對於山僧們的學問、宗教思想、戒律修行等等，祇帶來了負面的影響。以新興宗教的號召應運而生的種種鎌倉佛教運動所以風行，決不是偶然的。事實上鎌倉佛教各宗的開創祖師，如法然、親鸞、日蓮以及道元本人，原先都出身於比叡山的天台教團。也就是說，淨

---

❸ 《道元禪師傳の研究（修訂增補本）》（一九六六年東京・筑摩書房印行），第七十五至七十六頁。

土宗、淨土眞宗、禪宗、日蓮宗等新興宗派的產生，實際上是對於腐敗沒落著的比叡山天台教團的精神反抗。

在如此惡劣的宗教境況下，道元如何學道修行呢？據《建撕記》與《三祖行業記》所載，道元在比叡山當時所學的，多半屬於加持祈禱的事相形式之類，卽以繁煩的密教儀式爲學道要領。道元又因親眼看到，山上所謂名僧長老常被世俗名利誘惑，而他自己也一時起過邪念，故而想做「大師」或「賢達」。他在《正法眼藏隨聞記》自承，他在此一階段有過修學態度上的根本動搖。還好具有慧根的道元不久卽從名利念頭覺醒過來，自我反省之餘，乃以（中國）大陸的高僧大德爲學道典範，同時開始精讀經論，認眞探討聖教眞諦。

據《建撕記》與《三祖行業記》所載，有一天道元忽對天台本覺思想產生疑惑。本覺思想源於《涅槃經》著名的「一切眾生悉有佛性」一語。此語本意原是「眾生皆有成佛可能」，但到日本平安時代末期開始興起的天台本覺思想，卻轉成「人人本來覺有佛性，不待修行」之意。如此，本覺教義與始覺（修行而後始覺佛性）教義互相對立，這就有了如何綜合二者的修證課題存在。本覺與始覺對立與否的宗教弔詭已在《大乘起信論》出現，但未獲致令人滿意的哲理解決。道元當時的天台教義，以始覺爲劣（因許永不成佛的可能之故），而以本覺思想爲優（蓋倡人人本已悟覺佛性之故）。然而未滿十五歲的道元居然敢於發問：「涉獵經論自有疑（惑），謂顯、密二教共談『本來本法性，天然自性身』。若如此，則三世諸佛依甚更發心求菩提耶？」

十年之後道元有緣拜天童如淨爲正師，經由如淨親自指點，大徹大悟「身心脫落，修證一等」的禪宗眞髓，終於解開了少年時期的疑惑，道元禪學由是形成而發展。道元破除本覺、始覺二元對立的禪宗修證課題，十分類似三百年後王陽明與王龍溪所提人心如何頓悟良知的儒家心學難題。道元後來以「現成公案」體證禪家生死智慧，而龍溪亦以「現成良知」徹悟儒家安身立命之理，可謂前後對應，相得益彰。

為了解決修證問題的疑難，道元離開了山門，開始遍求名師。他拜訪過三井寺的公胤僧正（「僧正」指謂統轄僧尼與法務的高層僧職），提出他的疑難。公胤的立場是他力淨土門，對此有關「即身成佛」的疑難無能為力，但介紹了開創日本臨濟禪寺的榮西，叫道元到建仁寺向他請教。榮西在建保三年（一二一五）七月以七十五歲高齡示寂，那時道元已離開了比叡山門，因此兩人的相見並非不可能。不過明治以來，日本學者對於兩人相見與否的問題爭論不休，未有定論。直至昭和五年（一九三〇），由於大久保道舟出版《道元禪師全集》初版之際，偶然發現到道元高弟懷奘所謄寫的《寶慶記》原本，而證明了此書確係道元自撰之後，這才眞相大白。也就是說，道元曾拜榮西為師的事實，可舉《寶慶記》開頭道元自述（即後來初見天童如淨之時的自我表白）之中的「後入千光禪師之室，初聞臨濟之宗風」這個語句做為證明。這裡所說的「千光禪師」即指榮西而言。道元既然明言「入千光禪師之室，初聞臨濟之宗風」，我們就難於否認他拜見過榮西的事實，至於他是否從榮西眞正學到了一點禪風，則無從查考。

榮西遷化之後約過兩年，留在建仁寺修行的道元又拜榮西的高弟明全為師，將近六年深受明全的薰陶。據《三祖行業記》，公胤曾鼓勵過道元入宋求法，云：「傳聞大宋有佛心印之正宗

（即禪宗），宜入宋求道」。大久保道舟認為，這是道元日後決意留學大陸的動機之一。外表上道元似以隨伴身份陪同明全貨船赴宋，實際上恐怕還是先由道元急切說動明全之後，才有連袂入宋之行的。❹

明全與道元正在準備入宋之際，比叡山的明全本師明融和尚不幸病危，入宋計劃差點取消。《隨聞記》❺提及此事，說明甚為詳細。據道元自述，明融希望明全暫緩入宋，謂「扶我老病，並弔冥路，俟我死去之後再償（入宋）本意」。明全於是召集弟子們商議。明全自云深受本師之恩，師命難於乖背，不過「不顧身命入宋求法，乃為菩薩大悲利生。背師命而赴宋土，有否道理？」當時弟子們都認為入宋之行應該暫緩，道元也有同樣意見。明全聽取眾弟子意見之後，表示自己入宋的決意，說「就算留下，本師仍免不了死。留下來看護，本師的苦痛亦仍不止，祇不過安慰師心而已。這些對於出離得道來說，實在無用。錯壓我求法之志，恐會變成罪業因緣。反之，償我入宋求法的志願，而開一分之悟，雖有違背一人有漏之迷情，卻成多人得道之因緣。如說此一功德殊勝，即是等於報答師恩」。

明全寧願違背本師之意，抱著「上求菩提，下化眾生」的菩薩志願決意入宋求法，可以說是大乘佛教倫理之中較屬典型的道德兩難（a moral dilemma）的一種解決方式。如從儒家倫理的觀點去看，完全是不通人情、違反人道的錯誤抉擇。但是道元在《隨聞記》（第五）中對他高弟懷奘解釋說，大乘菩薩的自

---

❹　前揭書，第一一八頁。

❺　這些引用語句與有關典座的前後因緣，皆係大久保道舟所編《道元禪師全集》下卷（一九七〇年東京・筑摩書房）之中《典座教訓》（該卷第二九五至三〇三頁）所載。

利、利他之行，必須取大捨小，就殊勝重要之處著眼，「今生暫時的妄愛迷情」(如看護師父之病) 遠遠不及求佛法佛道的重要，「背迷情之有爲而學無爲之道，即使蒙受遺恨，終必成爲出世勝緣」。他在同書（第二）也分辨了在家與出家的兩種孝順方式，認爲出家的「孝順」才是「眞實的孝道」，即以「日日行道，時時參學，祇管隨順佛道」，視一切眾生如同自己父母，而於一切法界樹立善根。我們於此不難窺知，強調世間道德（有漏善）的儒家與重視超世間道德（無漏善）的佛家，兩者對於人倫道德的看法與處理方式，實有本質上的差異。

(四) 入宋徧參

貞應二年（一二二三）三月下旬，明全與道元等一行自博多（即今日九州的福岡市地區）上船，「航海萬里，任幻身於波濤」(《寶慶記》)，於四月初旬安然抵達明州（即今日浙江省會稽道鄞縣）慶元府岸邊。這一年也是南宋第四代皇帝寧宗的嘉定十六年。抵岸之後，明全早先一步去天童山掛錫，道元則因天童山掛錫的個人手續問題仍待解決，約有三個月左右留在船上，偶爾離船參觀附近一些山寺，研究宋朝禪林的風儀規矩，做爲掛錫修行之前的預備工作。

在三個月的船上生活當中，有一件事大大影響了道元的禪道體會。五月上旬黃昏時刻，有位擔任阿育王山（當時禪宗五山之一）典座（禪林中負責大眾齋粥的職稱）的老僧遠路跑到船來，想買日本產的椹（長在樹木上面的可食菌類），以便用來準備齋粥，供應十方雲衲。道元對老典座說:「今日不期相會，且在

（船）舶裡說話，豈非好結緣乎！道元供養典座禪師」。老典座回答說，必須早回山寺趕辦齋粥，不便久留。道元問他：「（典）座尊年，何不坐禪辦道，看古人話頭？煩充典座，祇管作務，有甚好事？」典座笑云：「外國好人未了得辦道，未知得文字在。」道元一聽之下「忽然發慚驚心」，便問：「如何是文字？如何是辦道？」典座答謂：「若不蹉過問處，豈非其人也（意謂「如能腳下好好照顧，就是眞實學道之人」）」。道元當時未能領會，典座就說：「他時後日，到（阿）育王山，一番商量文字道理在」。說完便起座離去。道元來到中土求法不久，就被無名老僧勘點，碰到「腳下照顧」的公案難題，對他日後禪機禪風的發展實構成了一大轉機。不過道元還得等待兩個月左右才有了解開此段公案的因緣。

同年七月間道元已在天童山（太白山天童景德禪寺）掛錫，與明全同受南宋禪林的正式磨鍊。這時那位老僧剛辭去典座職而在還鄉途中，聽到道元在天童山掛錫，便來相會。道元喜出望外，暢敍之間提及「前日在船裡文字、辦道之因緣」。典座云：「學文字者，爲知文字之故也；務辦道者，要肯辦道故也。」道元問他：「如何是文字？」座云：「一二三四五」。又問：「如何是辦道？」座云：「徧界不曾藏」。道元聞之，頗有省悟，後來自承「敢知文字、了辦道，乃彼典座之大恩也」。❺這段有關禪機公案的問答，可以說是涉及當年「本來本法性，天然自性身」的天台本覺疑難，也形成了催生道元日後開展的修證一如、行持道環、祇管打坐等等獨特的禪學思想的一大因緣。徧界既不曾藏，

❺　這些引用語句與有關典故的前後因緣，皆係大久保道舟所編《道元禪師全集》下卷（一九七〇年東京・筑摩書房）之中《典座教訓》（該卷第二九五至三〇三頁）所載。

則處處是道場，所謂「砍柴搬水，無非妙道」。道元被老典座點醒之後，確實長進不少。

同夏另一白天，道元在法會完後，通過東廓往赴超然齋（山上一堂宇名），途中看到山上一位典座，正在曬乾木耳，汗流夾背，十分辛苦。道元便近前問他歲數，說是六十八。道元問他怎不雇人代勞，典座答謂「他不是吾」。道元再問：「老人家如法，天日且恁熱，如何恁地？」典座答云：「更待何時？」道元頓覺自力辦道的可貴與「無常迅速，生死事大」的深意所在。❻六祖慧能以來強調日日生活實踐即是修行辦道的古風禪燈，居然在這兩位無名的老典座身上維持不已，實令道元大爲驚訝感動。

道元在掛錫後初期多半時間仍勤於解讀經典、語錄，仍想借用文字探得佛法奧義，解決疑團。有一天，道元在僧院研讀語錄，某僧看到，便問他讀語錄有何用處。道元答云：「知古人行李（履）。」僧云：「何用？」答云：「還鄉化人。」僧云：「何用？」道元答云：「利生。」僧云：「畢竟何用？」此僧如此步步難倒道元，無異逼他跳過文字關卡，拋卻安易而不徹底的禪宗修行。道元經由此僧精銳的批判，開始停下語錄的誦讀研討，轉而專心坐禪。道元在《隨聞記》（第二）回顧此段因緣，自承研讀語錄公案等等而知古人行履，畢竟無用，不如祇管打坐。

道元掛錫當時的天童山住持是臨濟宗的無際了派禪師。道元雖受了他的印可，也有緣閱覽他的嗣書（佛祖命脈相嗣繼承的證書），但又自覺無甚緣份，因此不到兩年，趁無際了派入寂之際，離開天童山，巡錫諸山，遍求正師面授指導。道元參見過徑山萬壽寺的浙翁如琰等一流禪師，但無所得。旅途中正感悲歎之時，

---

❻　亦係前揭《典座教訓》所載。

偶然從一位名叫老璡的僧人聽到，天童如淨（一一六三至一二二八）和尚剛接天童山住持之位，便決意立即回到該山。如淨與道元師生之間感應道交的深厚緣份就如此建立了。

（五）感應道交

大宋寶慶元年（一二二五）五月一日，道元在天童山正式拜見天童如淨。《寶慶記》開頭就有道元初見正師的呈語如下：

> 道元幼年發菩提心，在本國訪道（於）諸師，聊識因果之所由。雖然如是，未明佛法僧之實歸，徒滯名相之懷幖。後入千光禪師之室，初聞臨濟之宗風。今隨（明）全法師而入炎宋。航海萬里，任幻身於波濤，遂達大宋，得投和尚之法席，蓋是宿福之慶幸也。和尚大慈大悲，外國遠方之小人所願者，不拘時候，不具威儀，頻頻上方丈，欲拜問愚懷。無常迅速，生死事大，時不待人，去聖必悔。本師堂上大和尚大禪師，大慈大悲，哀愍聽許道元問道問法。伏冀慈照。小師道元百拜叩頭上覆。

如淨和尚初見道元，即知法界非凡，當場示云：「元子參問，自今已（以）後，不拘晝夜時候，著衣衩衣，而來方丈問道無妨。老僧一如親父，恕（爾）無禮也。」如淨如此善待道元，准他隨時來參，一方面顯出師父慈悲愛護之心，另一方面也表示著二者之間以心傳心的師生機緣巧熟。而他們初次相見，又如此一拍即合，有如禪家所謂「啐啄同時」（母鳥幼禽裡外配合，同時啐啄鳥卵)，或如天台所云「感應道交」。

根據自已獲得正師的生命體驗，道元在《正法眼藏》特設〈面授〉一篇，強調佛祖正師面授心印的必要性，說:「大宋寶慶元年乙酉五月一日，道元初（見）先師天童古佛於妙高臺（即大方丈），燒香禮拜，而先師古佛亦始（接）見道元。當時（先師）指授面授曰:『佛佛祖祖，面授法門乃現成也。是靈山之拈花也，嵩山之得髓也，黃梅之傳衣也，洞山之面授也，是佛祖之眼藏面授也。』道元又在〈行持〉篇說:「面對先師，是逢其人也」，慶幸自已求得正師而歡欣鼓舞。如淨也立即發現道元「雖是外國人，乃（大）器量人也」。自此，師事如淨前後兩年之間，道元得以參問有關佛教禪家的一切疑難，諸如教禪有否區別、佛性是否超越善惡無記三性、經典解釋、禪院教院律院徒弟院等四院區別及其規則之類，其中最切要的，當然是禪悟解脫的終極課題。

關於如淨和尚的傳記與思想研究，最具權威的是（日本曹洞宗）駒澤大學的鏡島元隆教授。他在一九八三年所出版的《天童如淨禪師の研究》(東京・春秋社印行)，是目前獨一無二的專書，值得推薦。據他考查，有關如淨的第一手資料，祇有《如淨語錄》(大正大藏經第四十八册所收的是根據卍山道由校訂的版本)，至於《如淨續語錄》、《如淨廣錄》等書，皆係後人杜撰，不可取信。道元的《正法眼藏》、《寶慶記》與《永平廣錄》亦有寶貴的資料，對於如淨的傳記與思想可以提供相當重要的線索。❼

宋孝宗隆興元年（一一六三）如淨生於越州（即紹興府）。

❼ 該書第十三頁。

十九歲捨教歸禪，自此遍參修行，遊歷諸方叢林，曾在雪竇智鑑、明極慧祚、松源崇岳、無用淨全、拙庵德光、水菴師一、無用淨全、遯庵宗演等各派禪師之下辦道修行，但有關他的入證機緣，則無從查考。寧宗嘉定三年（一二一〇）如淨在建康府（南京）的清涼寺首任住持，之後接著晉住臺州（浙江省）瑞巖寺、臨安府（浙江省）淨慈寺與明州（浙江省）瑞巖寺，然後再住淨慈寺，最後因無際了派遷化之前的遺書所託而轉住天童山。屬於曹洞宗的如淨能夠晉住臨濟宗的天童山，正顯示了當時禪宗派系之間並無嚴重的糾紛或衝突。如淨晉住天童山時，已是六十二歲。寶慶三年（一二二七）秋天道元辭別如淨，離宋歸日，帶回死在天童山的明全和尚的遺骨。翌年（紹定元年）七月十七日，如淨示寂，享齡六十六，辭世自頌有云:「六十六年，罪犯彌天。打箇𨁝跳，活陷黃泉。咦！從來生死不相干」。

如淨係曹洞宗第五十代，爲南宋末期禪宗革新派健將，亟欲還出禪家初祖（達磨）、六祖（慧能）的本來面目。一方面拒斥儒道佛三教合一之論，欲以佛教統括儒道二家，另一方面又痛斥「禪宗」一辭之濫用，而以釋迦以來的坐禪法門爲正傳佛法，藉以統合教禪二家，充分發揮曹洞禪的特色。道元承繼如淨眞傳，在他著書也處處顯揚此說。如淨雖一方面強調佛法超越教禪區別，亦無大小二乘之分；另一方面卻又提醒道元說，坐禪與慈悲原不可分，乃爲自他受用，充分表現大乘菩薩道精神。如淨時常教導「羅漢（辟）支佛之坐禪（即小乘禪），雖不著味，闕大悲，故不同佛祖大悲爲先，誓度一切眾生之坐禪也。……故於坐禪中，不忘眾生，不捨眾生」。

如淨生前厭惡世俗權勢，謝辭皇帝所賜紫衣，喜著粗衣，而以靜居深山幽谷爲樂；祇管打坐，以此善誘學僧。道元回國之後也忠實地遵循乃師清淨主義的修道精神，日常起居，如出一轍。道元在《隨聞記》（第一）敍及如淨的教學態度，說：「……衆僧坐禪之時，（先師）爲誡貪眠，雖履打謗言呵嘖，衆僧挨受而皆歡喜讚歎。（先師）有時上堂云：『……我爲各（學僧）破迷授道而爲住持之人。因此或出呵嘖之詞，或以竹篦打擲，……不外代佛舉揚此儀，諸位兄弟望以慈悲見諒。』衆僧（聞言）無不流涕」。道元後來訓誡學僧坐禪修道，也表現了同樣的曹洞風格。

天童山衆弟子中道元獨占鰲頭，如淨早就屬望他能繼承曹洞衣鉢。有一次召示道元說：「你是雖後（我而）生，頗有古貌。直須居深山幽谷，長養佛祖聖胎，必至古德之處也」，道元立即禮拜謝師。如淨唱道：「能禮（道元）所禮（如淨）性空寂，感應道交難思議。」❽ 然後廣說西天東地佛佛祖祖的行履，道元聽得感淚沾襟。

據《隨聞記》所載，如淨自十九歲出家以來，無時無地不以坐禪爲務，乃至臀肉爛壞。「祇管打坐，身心脫落」便是如淨畢生修證一如的簡易寫照。道元無條件地接受此一法門，視爲禪宗眞髓。有一次如淨入室，看到一位衲子（學僧）不在坐禪，反在貪睡，就懲誡他說：「夫參禪者，身心脫落。祇管打睡作麼？」當時道元聞聽此語，豁然大悟，就到方丈向如淨燒香禮拜。如淨問他爲何禮拜，道元答說：「身心脫落來」，表白證悟之道。如淨就說：「身心脫落，脫落身心」，加以印可。道元謙虛地說：「這箇是暫時伎倆，和尚莫可亂印（可）。」此語顯示道元已能領會

---

❽ 大久保道舟《道元禪師全集》下卷所收《寶慶記》（該卷第三七六頁）。

「證後修行」的重要；發心修行與證後修行乃是修證一等的一體兩面，缺一不可。如淨當時答謂：「我不亂印爾」。道元即問：「如何是不亂印底事？」如淨答云：「脫落脫落。」道元乃休。❾此次師生感應道交的機緣，更使道元悟到「祇管打坐，身心脫落」的解脫眞諦。

有趣的是，由於「身心」與「心塵」的日語發音相同，道元當時很有可能誤聽「心塵脫落」爲「身心脫落」。據《寶慶記》所載，道元問及「身心（心塵）脫落」的涵義。如淨答謂「身心（心塵）脫落者坐禪也。祇管坐禪時，離五欲、除五蓋也」。五欲指謂財欲、色欲、飮食欲、名欲、睡眠欲；五蓋則指貪欲蓋、瞋恚蓋、惛眠蓋、掉悔蓋與疑蓋而言，不論是五欲抑或五蓋，皆屬心塵之事。因此，如淨所說的很可能是「心塵脫落」，有別於「身心脫落」。事實上，《如淨語錄・讚佛祖》中的「觀音」偈頌有「心塵脫落」一語，而在道元的中國同學無外義遠爲《永平元禪師語錄》所撰寫的序文亦有（道元在如淨處）「向心塵脫落處，喪盡生涯」。由此可知，如淨、義遠等中國方面使用的是「心塵脫落」一辭，道元的《寶慶記》、《正法眼藏》等作，則改用「身心脫落」。我們也許在這裡可以發現中、日佛教徒在佛法的理解與強調上一點點微妙的差別：中國佛教徒重心性（或心識），日本佛教徒則重「身心」之「身」。空海以來的日本密教與日本禪宗一向喜用「即身是佛」、「即身成佛」等語，但據我所知，中國佛教幾不使用「即身是佛」，卻常使用「即心是佛」。

從如淨的「心塵脫落」到道元的「身心脫落」，可以窺見道

---

❾ 見大正大藏經第四十八册中《天童山景德寺如淨禪師續語錄》末尾所載道元所撰的跋（該册第一三六頁下）。

元對於正師如淨的禪學，有他獨特的接受方式。依鏡島元隆的觀察，對於如淨與道元的禪學關係，大體上有兩種看法。第一種看法是，兩者的思想本質上完全相同，道元通過如淨如實承繼了宋代禪。代表此一看法的家永三郎教授就在《中世佛教思想史研究》(第六十一頁）說:「道元的宗教是自本來（日本）國民的地盤游離出來的大陸佛教的機械化移植」。他的論據是，《正法眼藏》之中所呈現的一大半重要思想，幾乎都可以在《寶慶記》所載如淨的教誨之中發現。第二種看法則是，從如淨到道元之間實有中國禪到日本禪的新的思想開展。代表此一看法的中村元，在他的《日本人の思惟方法》(即《東洋人の思惟方法》第二部）中說:「由於《寶慶記》是道元的著作，而非如淨著作，因此書中所引用的如淨之語，恐怕帶有不少道元所希望著的個人解釋在內」(第一七〇頁)。❿

鏡島元隆在他對於如淨研究的上述專書之中，也提出了自己的獨特看法，煞有見地。我在這裡譯出其中幾段，可供中國讀者參考:

> 通常認為道元禪師如實繼承了如淨的威儀與戒律思想，其實就戒律傳承言，如淨與道元禪師站在全然相異的教學背景上面。道元十三歲時到比叡山，翌年在那裡受戒。在比叡山，經由傳教大師最澄（的努力)，在戒律史上有了空前的小（乘）戒棄捨。也就是說，在印度與中國，如想出家，必須先受優婆塞戒（五戒)、次受沙彌戒（十戒)，之

❿ 鏡島元隆《天童如淨禪師の研究》(一九八三年東京・春秋社印行)，第一二二至一二三頁。

後再受比丘戒，卽具足戒（比丘二百五十戒，比丘尼三百四十八戒），然後才受菩薩戒（十重四十八輕戒）。不先經過優婆塞戒、沙彌戒、比丘戒的階梯，而想直接受菩薩戒，在印度與中國是決不可能事。然而最澄卻規定了，大乘菩薩祇需受大乘戒，毋需受小乘戒，而在比叡山設立了（大乘）圓頓戒壇。道元禪師旣登比叡山受戒，就他的戒法而言，所受的祇是圓頓戒，亦卽大乘戒而已，無有小乘戒在內。……然而據《寶慶記》，如淨告示道元禪師如下:「藥山（之）高沙彌（雖）不受比丘具足戒，也非不受佛祖正傳（之）佛戒也。然而搭僧伽梨衣，持鉢多羅器，是菩薩沙彌也。排列之時，依菩薩戒之臘，不依沙彌戒之臘也。此乃正傳之稟受也。」依此，如淨是說不依比丘戒，祇依菩薩戒才是「正傳之稟受」，且求先例於藥山的高沙彌。……如淨此語不可能是從站在宋朝禪林的戒學背景上面的如淨自己立場發出來的，祇可能是有了與站在日本天台戒學背景之上的道元禪師之間的感應道交才產生出來的。……《寶慶記》中上述如淨之語，可以看出是反映著以道元禪師為媒介的日本天台的戒學（背景）的。

再就道元禪師的修證觀去看，他的修證觀是本證妙修的修證觀，建立在本覺門的修證觀。本覺門是相對於始覺門而說，始覺門的立場是從因（事）向果（理），本覺門的立場則是從果（理）向因（事）。日本天台相對於中國天台所顯示的特質，是在此一轉變的完成，而鎌倉佛教也可以說是在某種意義下，以站在本覺門而有的日本天台為本身成立的母胎。問題是在：如此日本天台本覺門的思想背景，如何反映了道元禪師承受之於如淨的中國禪宗的修證觀？

道元禪師入宋當時的中國禪宗是看話禪的全盛時代，看話禪做為從因（事）向果（理）的修行，乃是始覺門的修證觀。當然始覺門的修證觀意義的看話禪，也預想著本覺門的存在。不過，在看話禪，本覺是當做理上的前提，並不是當做事而出發的。正如中國佛教徒在思想上奉守大乘教，卻在實踐上遵從小乘戒律而毫不感到矛盾那樣，理上採取本覺門而事上採取始覺門的中國禪宗的修證觀，對於中國禪者來說並無所謂矛盾，但對道元禪師來說，此一矛盾卻不得不構成深刻的問題。因此，不以此一矛盾為矛盾的中國禪宗的修證觀，與以此矛盾當做矛盾而深刻地苦惱著，且又要設法去解決的道元禪師本證妙修的修證觀之間，自然不得不存在著（根本上的）差異。

在《寶慶記》中道元問如淨：「為用初（發）心得道，為用後心得道（耶）？」如淨誨云：「佛佛祖祖正傳云，不但初心，不離初心。為甚恁麼？若但初心得道，（則）菩薩初發心，便應是佛，是（乃）不可也。（若）無初心，云何得有第二、第三心，第二、第三法？然則後以初為本，初以後為期。」這裡所說的如淨的修證觀，否定了因本覺故無有修行必要的日本天台本覺門的修證觀，力言修行的必要。……如淨在這裡的回答，提示著構成道元禪師本證妙修的修證觀之根基的修證不二。不過所謂修證不二，在始覺門的修證觀也可以提說。換言之，（兩門）雖同樣說到修證相卽不二，但如一味强調修必須向證，就形成始覺門的修證觀，如果強調證必須向修，則形成本覺門的修證觀。「修證雖是不二，但要修必向證」的修證觀，與「修證旣是不二，故要證必向修」的修證觀之間，實有極其微妙的語調差異。「修證雖是不二」與「修證旣是不二」，雖是一步之差，但是就在這一步之差有一大大的轉移，乃意味著把修行的出發點從因位轉到果位的立場的差異。道元禪師之有此轉移，可從「非祇於因地修證而已，乃是果位之修證也。……應知：果上之佛證也」（《正法眼藏・安居》）這個禪師話語證實出來。誠如禪師自云：「『我常勤精進』當做『我已得成菩提』。『我已得成菩提』之故，『我常勤精進』。不然，『我已得』如何了解？」（《正法眼藏・菩提分法》），這裡有從「雖是本覺，卻須修行」的立場轉至「旣已本覺，故須修行」的變化。問題是，在如淨的場合是否也已經有此轉變呢？……在道元禪師的信念之中，本證妙修的修證觀確是如實承受如淨思想而有；但我們應該說，那並不是站在中國宋代禪的修證觀背景上面的如淨本身的立場所成立的，而是以站在日本天台本覺門的背景的道元禪師爲催化劑，從如淨之中喚醒而成的修證觀。

（如淨思想經由道元禪師而有的）日本的開展，並非在日本天台本覺門的思想延長線上定立而成，而是以日本天台

> 本覺門的思想為否定性媒介，所形成的如淨思想的進一步深化、純化。換言之，道元禪師以日本天台本覺門思想為跳板，跳進如淨之中，依此重新掘發流在如淨之中的禪宗歷史，如此回到禪的源頭。那是宋代禪者如淨回到本源而為「古佛」如淨，也應該說是釋尊、迦葉、達磨、六祖等古佛，通過宋代禪者如淨，向道元禪師所作的說話。由是看來，促使天台學僧道元成為禪師的是如淨，但倒過來說，能使宋代禪者如淨變成「古佛」如淨的卻是道元禪師。道元禪師讚美如淨說，「先師古佛前後無有如同先師古佛之古佛，故恁麼說」(《正法眼藏・梅華》)，但古佛如淨卻是通過使他讚為「儞雖後生，頗有古貌」的道元禪師，才成為古佛的。道元禪便是在如淨與道元如此師生一體（感應道交的意義）下開展出來的。⓫

從上面幾段拙譯，讀者不難看出如淨與道元的師徒之間，世上罕見的感應道交的眞正本質。我雖曾寫過一篇〈如淨和尙與道元禪師 — 從中國禪到日本禪〉⓬，但多年前撰寫的那時，還未體會到鏡島元隆所指出的，從始覺門的修證觀到本覺門的修證觀的辯證性微妙轉移。大家可從上述拙譯認清一些中國佛教與日本佛教（如天台與禪）之間的異同所在。就這一點說，如淨與道元

⓫ 拙譯選自鏡島元隆《天童如淨禪師の研究》第三章（<如淨禪師の思想の研究>）第四節（<如淨と道元>），該書第一二二至一三三頁。

⓬ 收在拙著《從西方哲學到禪佛教》(一九八六年臺北・東大)，第三四五至三六五頁。

之間的感應道交，是中日佛教思想交流史上值得我們進行深一層探討的一項課題。

(六) 回日弘法

寶慶三年（一二二七）秋天道元辭別正師如淨，離宋歸國，帶回明全和尚的遺骨。臨行之時從如淨領取嗣書圖，正式繼承如淨衣鉢，並領芙蓉道楷（一〇四三至一一一八）禪師所穿過的袈裟。道元後來在京都・興聖寺僧堂開設之時，對學僧們提及此段師生因緣，說道：「山僧是歷叢林不多，祇是等閒見天童先師。然而不被天童謾，天童還被山僧謾。近來空手還鄉。所以山僧無佛法，任運且延時。朝朝日東出，夜夜月落西。雲收山谷靜，雨過四山低。三年必一閏，鷄向五更啼。」⑬ 道元此語之中，最吃緊的是「空手還鄉」四字。道元以前留學中土的日本高僧，比如分別開創日本天台、眞言二宗的最澄（七六七至八二二）與空海（七七四至八三五），或如繼承臨濟禪的榮西，都帶回一大批經卷，也倡導圓、禪、戒、密四宗相承的折衷主義。獨獨道元一人不帶半卷經籍，完全空手還鄉，徹底表現了「以心傳心」而「無一法與人」的禪家精神。專就這一點說，中國禪眞正移植日本而

---

⑬ 見大久保道舟《道元禪師全集》下卷所收《道元和尚廣錄》第一・<興聖禪寺語錄>(該卷第一八頁)。據《永平廣錄》另一版本，原文稍有改變如下：「山僧歷叢林不多，祇是等閑見天童先師，當下認得眼橫鼻直，不被人瞞，便乃空手還鄉。所以一毫無佛法，任運且延時，朝朝日東出，夜夜月沈西，雲收山骨露，雨過四山低。畢竟如何？良久曰：三年逢一閏，雞向五更啼。久立，下座。」

演成日本禪，應以道元的「空手還鄉」爲嚆矢，在中日思想文化交流史上有不可磨滅的貢獻與意義。

道元回國之後卽至京都建仁寺掛錫，並葬明全和尚的遺骨舍利。在建仁寺居住的兩三年間，道元帶著弘揚正法與救濟眾生的菩薩志願，有意以建仁寺爲中心，擴展他的弘法事業。他在建仁寺撰成的《普勸坐禪儀》(漢文)，是他的處女作，開頭卽宣言自己的立場。以下選錄比較重要的文字：

> 原夫道本圓通，爭假修證。宗乘自在，何費功夫。況乎全體逈出塵埃，孰信拂拭之手段？大都不離當處，豈用修行之脚頭？然而毫釐有差，天地懸隔。違順纔起，紛然失心。須知歷刼輪迴，還因擬議之一念；塵世迷道，復由商量之無休。欲超向上之徹底，唯解直下之承當。……自然身心脫落，本來面目現前。欲得恁麼，急務坐禪。夫參禪者，靜室宜焉，飲食節矣。乃放捨諸緣，休息萬事；不思善惡，莫管是非。停心意識之運轉，止念想觀之測量。……坐禪則大安樂法門也。若得此意，自然四大輕安，精神爽利，正念分明，法味資神，寂然清樂，日用天真也。……⑭

道元撰此《坐禪儀》，可以說有意把製作《百丈清規》的百丈懷海（七四九至八一四）的古意（古國禪意）復活，大大宣揚達磨禪以來的坐禪行法。更重要的是，道元是站在「自然身心脫

⑭ 前揭《全集》下卷，第三至五頁。

落，本來面目現前」的修證不二立場倡導坐禪，在禪宗哲理上已有淩駕達磨禪、慧能禪之勢。不過，道元在禪宗哲理的推蔵，還要等到《正法眼藏》重要篇章（如〈現成公案〉、〈有時〉、〈佛性〉等篇）的撰著，才眞正開始。無論如何，《普勸坐禪儀》的撰寫，象徵了鎌倉新佛教的一派日本曹洞宗成立的起點，有其佛教史的重要意義。

寛喜二年（一二三〇）道元自京都・建仁寺轉到宇治縣山城的深草閒居（約離建仁寺七公里左右）隱棲。《永平廣錄》（第十）載有道元閒居偶作六首漢詩，其中一首是：「生死可憐休又起，迷途覺路夢中行，雖然尙有難忘事，深草閒居夜雨聲。」據大久保道舟的觀察，此詩顯示道元所以決定「深草閒居」的動機，是在暫時放棄正傳佛法的積極弘揚與僧團的建立結成，以便隨處雲遊雲寄，而他所以有此心境，乃是由於比叡山僧對他的迫害。⑮ 在道元之前代表鎌倉新佛教淨土宗教團的法然、親鸞等人，也曾有過因山僧的迫害而被政府下令流放外島的悲慘體驗。想要實現「弘法救生」的理想的道元也無例外，開始遭受山僧的攻擊，不得不明哲保身，隱棲山城一段時間。不過，《道元》作者竹內道雄認爲，除此理由之外，還有兩個理由。其一是建仁寺僧團的腐敗墮落以及該寺戒律制規的日日衰微，道元後來在《隨聞記》中也數次提到。其二是安貞二年（一二二八）七月十七日正師如淨入滅的訃報，對於道元所引起的心理變化。⑯ 道元在閒居深草之後不久自述心境說：「且一時放下弘通（佛法）之心，等到（正法）激揚之時。暫時雲遊萍寄，欲聞先哲之風」（《正法

⑮ 《道元禪師傳の研究》，第二〇一頁。

⑯ 該書第一九八至二〇二頁。

眼藏・辨道話》)。「先哲」特指正師如淨和尙。道元始終記得如淨在他辭別之時寶貴的勸誡:「汝以異域人, 授之表信, 歸國布化, 廣利人天。莫住城邑聚落, 莫近國王大臣, 祇居深山幽谷, 接得一個半個, 勿令吾宗致斷絕。」道元後來終於下了決心移居酷寒的越前地帶山上建立永平寺, 也很可能由於師訓的影響使然。如要弘揚佛法, 普救眾生, 當然是京都皇城之地最適當不過。然而都城地帶充滿世俗權勢利誘, 不如深山幽谷的清淨無染,「接得一箇半箇」在實質上要強過廣收有如烏合之眾的信徒。

道元在閑居深草的時期, 以和文(卽漢字與古代和文夾雜而成的日式古文)撰寫了一篇〈辨道話〉, 後來輯成的主著《正法眼藏》, 便以此篇爲全書序文。道元在此文開頭說道:「諸佛・如來爲了單傳妙法, 證得阿耨菩提, 皆有最上無爲的妙術。乃以自受用三昧爲其標準, 佛佛所傳授而純粹無邪。於此三昧遊戲, 卽以端坐參禪爲正門。」曾在《普勸坐禪儀》明示正傳坐禪本義的道元, 在此篇進一步提示十八個問題, 答覆有關坐禪的質疑, 強調了「祇管打坐」的佛法的正當性與普遍性。道元認爲, 坐禪爲佛法正門的主要理據, 是在釋尊、三世如來以及西天東地的祖師們, 無一不以坐禪得道的史實。道元接著提倡正師如淨所教導的宗門正傳, 說「一開始參見知識(意謂初拜師父參禪)就不用燒香、禮拜、念佛、修懺、看經, 祇須打坐, 身心脫落卽是。」

雖然道元後來強調出家至上主義, 在〈辨道話〉卻十分肯定在家成佛的可能, 故云「問題祇在有否志願, 卻與自身在家抑或出家毫不相干。」他又主張佛法之前人人平等, 無有貴賤、男女之分, 祇要能發心求法, 志向堅定, 女性、賤民成佛的可能性絕不在男性、顯貴之下。道元在此文也否定了末法思想與(日本)

民族的偏見，強調超越特定時代與民族的人本身的獨特尊嚴。總之，〈辦道話〉充分表現了道元早期相當激進的觀點，與他晚期建立永平寺僧團之後的極端保守的出家至上主義迥然不同。

道元發表〈辦道話〉之後，皈依他的僧俗人數愈來愈多，使他決意以他所住的觀音導利院爲中心，蓋建新寺，而於嘉禎二年（一三三六）完工，立名觀音導利興聖寶林禪寺，簡稱興聖寺。當時深草興聖寺的所在地，即是今日的京都市伏見區深草寶塔寺山町，已經變成日蓮宗的深草山寶塔寺，與曹洞宗門無關。在興聖寺期間，道元不但發表精彩的上堂法語，後來輯爲《興聖禪寺語錄》，構成《永平廣錄》十卷之中的首卷；同時雄心勃勃地開始撰著《正法眼藏》（依他計畫應有百篇），成爲道元禪學的骨幹，容後細論。

文曆元年（一三三四）冬天，原係日本達磨宗覺晏的門人孤雲懷奘（一一九八至一二八〇）入參，成爲道元第一高弟，對於興聖寺及後來永平寺的僧團建立與發展有極大意義。比道元年長兩歲且又精通佛教教學的懷奘，自此以後直至道元入滅的二十餘年之間，幾乎未離道元身邊，盡心服侍，有如形影一般。

興聖寺新僧院的開堂是在一二三五年十月十五日，是日本禪宗史上値得大書特書的一天，因爲道元在此創立了日本最初的純粹禪修道場，開始正式實行留宋時期從如淨所學到的道地中國禪修，派任懷奘爲僧堂首座，自擬《重雲堂式》、《出家授戒作法》、《典座教訓》等淸規。我們知道，中國禪從傳統佛教正式獨立，始於百丈懷海（七二〇至八一四）的禪居創設與《百丈淸規》的制定。從百丈開始，禪宗有它本身的規模：禪居與傳統的律寺不同，不立佛殿，專供坐禪之用；百丈淸規成爲標準的禪門規式，師徒共同勞作，共同修行，共同起居，共同遵守禪居規條。這是中國佛教教育史上的一大創舉，也多少影響了宋明理學書院制度的形成。道元開創日本禪宗規模的一大貢獻，實在可與中國禪宗的百丈懷海前後媲美。

道元在興聖寺僧堂提倡坐禪，約有十年，聲望日高。《正法眼藏》之中較有禪學份量的重要篇章都已完成。仰慕他的學識與宗教人格而來受戒出家或參學的門人日日增加。在仁治二年（一二四一）日本達磨宗門下越前（福井縣）波著寺的懷鑒，可能受了懷奘的勸說，帶了義介、義尹、義演、義準、義薦、義運等重要門徒，集體加入道元的僧團，這在日本曹洞宗教團發展史上實有重大意義。

不幸的是，京城一帶的叢林日益腐化，諂諛權勢，有違道元護持純粹佛法的宿願；同時嫉羨他的比叡山僧徒也多，更加相逼迫害，終使道元不得不放棄興聖寺，另謀新處自求發展。道元一直記取「莫住城邑聚落，莫近國王大臣，祇居深山幽谷，接得一箇半箇」的師訓，也因來自越前地帶的一批門人的懇切建議，決意移住遠離京都而靠近日本海的越前志比莊，暫時住進一個荒寺，即吉峰寺，繼續進行他的弘法教化活動。⑰由於鎌倉武士波多野義重等人的援助，翌年（一二四四）開始蓋建大佛寺法堂與

⑰ 據竹內道雄的敍述，關於道元北越入山的動機與眞相，學者之間論議頗多。大久保道舟強調比叡山僧強加迫害的外在原因，藤本鄰道則強調道元一向厭惡名利塵俗而標榜宗教本來理想的內在原因。家永三郎則說「比叡山僧的壓迫反變成了能使道元走進本來理想的方向的機緣」，增谷文雄則認爲，「遵照師父天童如淨的教訓，把重點擺在實踐修道的內在充實這一點教化態度的變化」是道元「北越入山」的主要原因。參閱竹內所著《道元》，第二五四至二五五頁。

僧堂，兩年之後改稱永平寺，自此開始了道元晚期的宗教事業。

（七）永平寺僧團的建立

寬元四年（一二四四）六月十五日道元改大佛寺名，爲永平寺，並制定了《永平寺知事清規》，明白規定僧團內部職事分配的細節。永平寺的寺名取自後漢明帝永平十年（公元六十七年，據說在這一年佛法正式傳到中土）。嘉曆二年（一三二七）在永平寺刻成的梵鐘銘文記云，「夫永平者，佛法東漸之曆號、扶桑創建之祖蹤也。鷲獄一枝密密於是，少林五葉芬芬至今。」這一天道元上堂說法，說道：「天有道以高清，地有道以厚寧，人有道以安穩。所以世尊降生，一手指天，一手指地，周行七步云：『天上天下，唯我獨尊。』世尊有道雖是恁麼，永平有道大家證明。良久云，『天上天下，當處永平』。」道元於此說法，無異宣稱永平寺是正傳佛法的時代中心，可見他那絕大的自信與氣概。

道元在京都・建仁寺時期主張，就成佛得道言，無有在家與出家、男與女、貴與賤之別，人人一律平等。然而北越入山之後，逐漸傾向極端保守的出家佛教，強調出家至上，有時甚至強調過度，認爲在家守戒仍不及出家破戒之優。他在《正法眼藏・三十七品菩提分法》說道：「即使變成破戒無戒的比丘，無法無慧，仍比在家之有智持戒殊勝。……聞《金剛經》而不發心，則爲樵夫在家；聞《金剛經》而有佛法之薰力，則放下重擔而出家。應知，身心若有佛法，自不能停留在家，諸佛祖皆是如此。……得度即是出家；未出家即是沈淪，實在可悲。……出家人之破戒不修，可以得道；在家人之得道，則未曾有。……大凡佛法東漸以來，出家人之得道有如稻麻竹葦（之多）；在家而得道，迄今無有一人。」⑱ 道元這裡所主張的出家至上主義與他在建仁寺時期所提倡的平等主義，似有根本矛盾。道元就出不出家這個問題的看法，爲何有此一百八十度的大轉變？研究道元的不少現代日本學者對此猜測不已，爭論不休。

無論如何，道元雖一方面強調破戒無慚的出家仍然勝過有智持戒的在家，另一方面卻對自己所管的永平寺僧團，在戒律或在淸規有極其嚴格的規定。據說道元曾應當時在鎌倉幕府掌握大權的北條時賴邀請，離山往赴鎌倉弘法行化半年。回山之後，北條時賴有意捐贈越前地區的六條堡二千石（「石」係日本封建時代量米的基本單位，等於十斗），道元拒不接受。有位名叫玄明的寺內僧徒卻聽到捐贈的消息，興高彩烈之餘到處傳言。道元聞及此事，認爲玄明喜悅之意未免汚濁，立即趕出寺院門外，且將玄明坐禪的床位砍成半截。此段事件出於《建撕記》的記載。由此可以窺知，道元要求門徒嚴厲修行辦道的一斑。又據說後嵯峨上皇曾賜與道元一件高僧使用的紫衣，道元拒絕兩次之後，第三次才勉強接受，卻至死未曾穿用。道元曾自作一首五言漢詩，云:「永平雖谷淺，勅命重重重，卻被笑猿鶴，紫衣一老翁」，意謂「永平寺的山谷淺而不足取，但上皇之命重大，非同小可，祇好勉強拜領。不過像我山中老僧穿上紫衣，恐被猿鶴嘲笑，還不如藏在衣箱不用算了。」

⑱ 寺田透等編《道元》(日本思想大系十三，一九七二年岩波書店刊行）下卷，第一九二至一九四頁。本書引用的《正法眼藏》皆係拙譯，版本使用寺田等人所編的上下二卷，未用大久保道舟所編《道元禪師全集》上卷所收的《正法眼藏》另一版本。

道元本人既如此稟承師訓，「莫住城邑聚落，莫近國王大臣」，嚴守出家戒律，爲何又要隨應幕府招請，竟在寶治元年（一二四七）離山半年，而於鎌倉行化？據竹內道雄的觀察，道元外表上雖說應允了北條之請，實際上很可能是由於當時仍在鎌倉曾有助於永平寺建立的大檀主波多野義重，以及參禪門人鎌倉光明寺開山記主禪師良忠的懇切邀請，這才決定鎌倉之行的。翌年三月十三日道元自鎌倉回到永平寺，第二天上堂說法，自云「山僧出去半年餘，猶若孤輪處太虛，今日歸山雲喜氣，愛山之愛甚於初」（《永平廣錄》第三），表白歸山的愉快心境，以及鎌倉行化的不夠滿意。竹內道雄對於道元的鎌倉行化有一評語，中譯如下：

> 道元的鎌倉行化問題，對於道元宗教性格的考察，提供了幾個課題。其中最根本的課題是，道元的出家主義與基於大乘菩薩道的行動的不徹底這一點。我們在興聖寺時代就可看到這一點。北越入山之後道元改寺名為永平寺，自此依其出家至上主義，專力於一個半個的眾僧接化，自己確信這就是現實人間的佛法興隆。不過隨著永平寺僧團的擴充，他仍不得不費些力氣在俗家信徒的教化上面，同時他那救濟眾生的佛道念願再度燃起，終因（在家眾的）懇請而有了鎌倉行化之行。這件事顯示了，在道元的宗教思想之中，出家人的接化育成與在家人的教化有所兩立著的（宗教）理想主義經常流露著。然而對於生活地盤完全不同的在家人的教化場合，如果總要固執全用出家修行的方式去進行，那是不可能的事。恐怕道元在鎌倉之時，感到

專用承襲中土的純粹坐禪方式去教化在家衆，引起很大的抵抗與困惑，不得不承認（此一出家為主的教化方式）有其限制。如此，道元終於完全放棄直接教化一般在家信徒的念頭，對於檀那俗弟子的懇願與北條時賴有意為他建立「名藍」（可觀的寺院）的招請一概謝絶，回歸山寺。總之，最後決定道元行動的主要因素，可以說是道元在基於宋修行時代體驗而有的，對於顯揚中國古風禪的古賢先哲的戀慕之心，以及先師如淨的教訓。⑲

歸山之後的道元，完全採取徹底的出家主義，反世間主義的保守立場，而進入了純一無雜的晚年宗教生活。他絕對禁止寺內修道僧徒談及一切世俗事情或政治局勢，強調「無常迅速，生死事大」，教示珍惜寸陰，專心辦道。如在《衆寮箴規》之中道元規定:「在寮中不得談及世間之事、名利之事、國土之治亂、供衆之粗細，此皆名爲無義之語·無益之語·雜穢之語·無慚愧之語，嚴格禁止。」

在如此嚴峻綿密的宗教生活之中，很有文才的道元作了不少詩偈與和歌，我們藉此可以窺見道元晚年的宗教詩境。譬如《永平廣錄》第十所收偈頌之中，以「山居」爲題的共有十五首，我在這裡選錄數首，供給中國讀者共賞:

西來祖道我傳東，釣月耕雲慕古風；
世俗紅塵飛不到，深山雪夜草庵中。

⑲ 《道元》，第二九三至二九五頁。

夜坐更闌眠未至，彌知辨道可山林；
溪聲入耳月穿眼，此外更無一念心。

三間茅屋足清涼，鼻孔難瞞秋菊香；
鐵眼銅睛何潦倒，越州九度見重陽。

晚鐘鳴月上燈籠，雲衲坐堂靜觀空；
幸得三田今下種，快哉熟脫一心中。

深山深谷草庵中，觀念坐禪不可窮；
功德高峯塵尚運，如來弟子顯神通。

建長四年（一二五二）九月一日上堂以後，道元的身體開始不舒（可能罹患結核），上堂次數日減。道元自知大去之期不久將至，自這一年年底到翌年，依釋迦最後垂誡所載的《遺教經》，講說《正法眼藏》最後十二卷之中的末卷〈八大人覺〉。面對寺中大眾道元提示釋迦所說的「少欲・知足・樂寂靜・勤精進・不忘念・修禪定・修智慧・不戲論」等八大自覺項目。道元在〈八大人覺〉開頭說道：「諸佛是大人也，大人之所覺知，所以稱八大人覺也。覺知此法，爲涅槃因。我本師釋迦牟尼佛，入般涅槃夜，最後之所說也。」最後說道，「較如來般涅槃早先死去者輩，未聞此八大人覺，亦未學此。現今我等得以見聞學習，乃由宿殖善根之力故。如今學習，生生增長，必至無上菩提。若能爲眾生解說（此八大人覺），則我等必與釋迦牟尼佛齊等無異。」一向在身邊服侍不離的懷奘抄寫道元最後遺教之後記下數語:「既始草之御此卷，當第十二也。此之後，御病漸漸重增。仍御草案等事卽止也。所以此御草等，先師最後教勅也。我等不幸不拜見一百卷之御草，大所恨也。若奉戀慕先師之人，必書此十二卷，而可護持之。此釋稟最後之教勅，且先師最後之遺教也。」

由於道元病狀愈來愈重，波多野義重自京都來函多次，勸他上京療養。於是道元由懷奘等位伴隨，於建長五年（一二五三）八月五日離開永平寺，中旬抵達京都，住在高辻西洞院俗弟子覺念的住宅。雖經名醫診治，仍然無效，病情惡化。道元自知死期已至，有一天在室內經行之時低聲吟誦生平最喜愛的《法華經》中〈如來神力品〉的下面一段:

> 若於園中，若於林中，若於樹下，若於僧坊，若白衣舍，若在殿堂，若山谷曠野，是中皆應起塔供養。所以者何？當知是處卽是道場，諸佛於此得阿耨多羅三藐三菩提，諸佛於此轉於法輪，諸佛於此而般涅槃。（鳩摩羅什漢譯，《建撕記》所載）

誦此段後，道元書寫在面前柱上，又寫上「妙法蓮華經庵」。八月二十八日道元終於不起，享年五十有四。他在臨終之際，仿效乃師如淨辭世頌調，亦留遺偈云:「五十四年，照第一天。打個踍跳，觸破大千。咦！渾身無覓，活陷黃泉」（意謂: 五十四年間照此佛法世界，於此世界一生說法坐禪，不休不已，無所覓求，無有執著，如此活向黃泉之路走去。）師生兩人的遺偈，文意相似，都表示著終極解脫就在「生死卽涅槃」的大徹大悟。道元在生命盡頭，仍憶念著天童先師；這是中國禪到日本禪的移植過程中，一則令人感動的師生因緣。

道元入滅之後經過六百一年的嘉永七年（一八五四）二月二十四日，孝明天皇賜與「佛性傳東國師」的諡號；又在明治十二年（一八七九）十一月二十二日，明治天皇也加賜了「承陽大師」的諡號，算是道元禪師的死後遺榮。

第二章

著作簡介

道元禪師的全部著作共分三種。第一種是由他親自編寫，如《正法眼藏》、《永平廣錄》、《寶慶記》等書册；第二種是由他直傳弟子們所書寫結集而成，如《正法眼藏隨聞記》等著述；第三種則由後代法孫所編纂而成，如《正法眼藏》的各種擴大版本。大久保道舟編纂《道元禪師全集》上下兩巨册時，重新分爲五類，卽⑴宗意，包括《正法眼藏》、《普勸坐禪儀》、《永平廣錄》、《學道用心集》等；⑵戒法，包括《佛祖正傳菩薩戒作法》、《佛祖正傳菩薩戒教授戒文》、《嗣書圖》、《授理觀戒脈》、《授覺心戒脈》等；⑶淸規，包括《典座教訓》、《觀音導利與聖護國寺重雲堂式》、《辦道法》、《永平淸規》、《永平寺示庫院文》、《赴粥飯法》、《永平寺住侶制規》等；⑷法語・記・文・狀・贊・偈與和歌，包括《寶慶記》、《觀音導利院僧堂建立勸進疏》、《道元和歌集》；以及⑸聞書，包括《正法眼藏隨聞記》、《永平寺中聞書》與《不離吉祥山示衆》。由此可見，道元生平著述爲數不尠。

道元禪學的理論與實踐的全盤性硏究，必須顧及上述五類結集的全部著作。不過，對於一般中國讀者來說，毋需顧及份量較輕的瑣碎文章。因此我在本章簡介其中最有代表性的主要著作卽已足夠。這些主要著作是:《正法眼藏》、《永平廣錄》、《永平清規》、《學道用心集》、《普勸坐禪儀》、《寶慶記》與《正法眼藏隨聞記》。以下分節一一簡介這些著作。

(一)《正法眼藏》

道元的《正法眼藏》(分為眞字本與假字本)與《永平廣錄》,是他全部著作之中份量最多最重的兩部,表現道元禪學的本質。《永平廣錄》的上堂語・示眾法語之類,時以眞字本《正法眼藏》為「原本」,又時常在假字本《正法眼藏》重新拈提細說。通常所說的《正法眼藏》,指謂假字本《正法眼藏》,是道元的不朽主著,他本來有意撰成百卷,不幸未能實現夙願。

宋代臨濟宗楊岐派圜悟克勤(一〇六三至一一三五)直傳高弟大慧宗杲(一〇八九至一一六三),著有六卷撰錄拈頌而成的《(大慧)正法眼藏》,與道元的《正法眼藏》書名相同,為了避免混淆,特稱《永平正法眼藏》。這兩種《正法眼藏》關聯極其密切;也就是說,大慧本對於道元本的撰述,具有直接間接的相當影響。兩本《永平正法眼藏》之中,眞字本屬純漢文體,假字本則屬和文體,即漢字與假名夾雜而成的古代和文體裁。

道元在留宋學禪期間(一二二三至一二二七),曾遍歷參訪天童山景德寺、阿育王山廣利寺、徑山萬壽寺、天台山萬年寺、大梅山護聖寺、臺州小翠岩的禪林等處,藉此機會常作中國禪者古則公案的拔錄劄記。回國之後,每當示眾或撰述之際,總要參考或借用這些拔錄劄記。他在興聖寺留住時期的嘉禎元年(一二三五),終於整理成為三百個古則集本,故有《正法眼藏三百則》之稱。他在自序說道，此三百古則所顯示的是，自摩訶迦葉開始的西天二十八祖直至中土禪宗六代（達磨至慧能）、青原行思、南獄懷讓等祖師，所一脈嫡傳下來的「正法眼藏涅槃妙心」此一眞實。在《眞字正法眼藏》我們不難窺見，道元依其參學心得所獨自採錄的非凡眼光，以及他那獨特創新的轉讀與轉記。關於此點，鏡島元隆所著《道元禪師と引用經典・語錄の硏究》一書列舉實例，予以詳細的說明。

關於《眞字正法眼藏》是否屬於道元的親撰，抑係僞撰，幾百年一直辯論不休。譬如在德川幕府時代，面山瑞方在他的《正法眼藏闢邪訣》主張眞撰說，天桂派的心應空印則在他的《正法眼藏迸驢乳》主張眞僞參半。到了昭和九年（一九三四），大屋德城從金澤文庫（神奈川縣稱名寺內）發現並公開一二八七年書寫的《眞字正法眼藏》中卷一部分之後，道元親撰之說終於獲得明證。河村孝道根據多年來的硏究，也在他的一些論著之中證實，《眞字正法眼藏》約有十一種版本，其中現存的有金澤文庫、黃川、梵清、永昌院、成高寺與(一七六七年指月慧印所出)拈評等六種版本。❶

《眞字正法眼藏》完全超越曹洞、臨濟、雲門、潙仰、法眼等禪宗五家的宗派意識，充分表現道元本人名副其實的「正傳佛道」或「正法眼藏涅槃妙心」撰錄原則。道元後來在主著（假名本）《正法眼藏》重要篇章所一一開展的，便是依照《正法眼藏三百則》的超宗派精神，而直接深透佛法根源所由形成的獨創性禪宗哲理。事實上，道元整理撰錄《眞字正法眼藏》三百古則之

❶ 河村孝道《正法眼藏》，收在鏡島元隆／玉城康四郎主編《道元の著作》(一九八〇年東京・春秋社發行)，第九頁。

時，已有日後以和字法語示眾的意圖在內。就這一點說，《正法眼藏三百則》的撰錄，可以說是道元撰著不朽名著《假字正法眼藏》所必需的預備工作，很有助於我們了解道元禪學的形成過程。

我們今天可以看到的《（假字）正法眼藏》通行本多達九十五卷，此九十五卷並非道元本人所自編，卻始於永平寺三十五世版橈晃全（一六二七至一六九三）的結集（約在一六九〇年左右），然後再由永平寺五十世玄透卽中（一七二九至一八〇七）編成，而以大本山永平寺版刊行。到了昭和年間，這本山版又與各種異本有所校對，而以岩波文庫本的現代通行版本流傳普及。因此九十五卷本說成爲道元禪師親自撰著的通說，事實上並非如此。據此通說，九十五卷本是道元自三十二歲起至建長五年（一二五三）元月的二十三年之間逐漸撰述示眾的集成，就其說示場所與卷末「示眾」等語的（九十五卷）卷數推敲，又有所謂「七處九十五會」之說，其實無有確證可言。我們姑依此說，列舉九十五卷本的各卷篇名如下：

㈠山城深草安養院示眾（一卷），卽⑴〈辦道話〉；

㈡雍州宇治縣觀音導利院興聖寺示眾（四十三卷），卽⑵〈摩訶般若波羅蜜〉、⑶〈現成公案〉、⑷〈一顆明珠〉、⑸〈重雲堂式〉、⑹〈卽心是佛〉、⑺〈洗淨〉、⑻〈禮拜得髓〉、⑼〈谿聲山色〉、⑽〈諸惡莫作〉、⑾〈有時〉、⑿〈袈裟功德〉、⒀〈傳衣〉、⒁〈山水經〉、⒂〈佛祖〉、⒃〈嗣書〉、⒄〈法華轉法華〉、⒅〈心不可得〉、⒆〈心不可得〉、⒇〈古鏡〉、㉑〈看經〉、㉒〈佛性〉、㉓〈行持威儀〉、㉔〈佛教〉、㉕〈神通〉、㉖〈大悟〉、㉗〈坐禪箴〉、㉘〈佛向上事〉、㉙〈恁塵〉、(30)〈行持〉、(31)〈海印三昧〉、(32)〈授記〉、(33)〈觀音〉、(34)〈阿羅漢〉、(35)〈栢樹子〉、(36)〈光明〉、(37)〈身心學道〉、(38)〈夢中說夢〉、(39)〈道得〉、(40)〈畫餅〉、(42)〈都機〉、(43)〈空華〉、(45)〈菩提薩埵四攝法〉、(46)〈葛藤〉；

(三)波多野幕下示眾（一卷），即(41)〈全機〉；

(四)六婆羅蜜寺示眾（一卷），即(44)〈古佛心〉；

(五)越前吉峰寺示眾（二十四卷），即(47)〈三界唯心〉、(48)〈說心說性〉、(49)〈佛道〉、(50)〈諸法實相〉、(51)〈密語〉、(52)〈佛經〉、(53)〈無情說法〉、(54)〈法性〉、(55)〈陀羅尼〉、(56)〈洗面〉、(57)〈面授〉、(58)〈坐禪儀〉、(59)〈梅華〉、(60)〈十方〉、(66)〈春秋〉、(67)〈祖師西來意〉、(68)〈優曇華〉、(69)〈發無上心〉、(70)〈發菩提心〉、(71)〈如來全身〉、(72)〈三昧王三昧〉、(73)〈三十七品菩提分法〉、(74)〈轉法輪〉、(75)〈自證三昧〉、(76)〈大修行〉；

(六)越前禪師峰示眾（五卷），即(61)〈見佛〉、(62)〈徧參〉、(63)〈眼睛〉、(64)〈家常〉，(65)〈龍吟〉；

(七)越前大佛寺・永平寺示眾（九卷），即(77)〈虛空〉、(78)〈鉢盂〉、(79)〈安居〉、(80)〈他心通〉、(81)〈王索仙陀婆〉（以上在大佛寺），(82)〈示庫院文〉、(83)〈出家〉、(84)〈三時眾〉、(95)〈八大人覺〉（以上大佛寺改名爲永平寺後）；

(八)說示年時處不明者，即(85)〈四馬〉、(86)〈出家功德〉、(87)〈供養諸佛〉、(88)〈歸依三寶〉、(89)〈深信因果〉、(90)〈四禪比丘〉、(91)〈唯佛與佛〉、(92)〈生死〉、(93)〈道心〉、(94)〈受戒〉、(96)〈一百八法明門〉。

以上根據本山版九十五卷本逐次排列九十六篇，其中第一篇

〈辦道話〉已被定爲《正法眼藏》總序，不算在九十五卷卷數之內。依河村孝道的猜測，版橈晃全所試九十五卷本的結集作業，共有兩種動機。其一是，版橈在始於寬文三年（一六六三）的「宗統復古運動」影響下，意圖將做爲此一運動思想根據與日本曹洞宗宗義表詮的《正法眼藏》予以統一結集。爲此，他蒐集了各種異本，通過一番校對，期獲有關編輯順序與本文異同的全盤解決。其二是，道元最後撰成的《正法眼藏・八大人覺》卷後，因有懷奘所記道元撰述一百卷的原意之語，乃觸動了（充當道元法孫與永平寺住持的）版橈保護祖師道元畢生名著《正法眼藏》的決意，由是設法廣收斷簡、草稿之類，如此大增卷數，以便契合一百卷撰著的祖意。爲此，他探查了祕藏於永平寺庫藏裡的二十八卷本以及他抄寫本與各地寺院裡藏有的種種古抄本，終於編成九十六卷（後來改爲九十五卷），大體上依照各卷卷後所載撰述年月日的次序進行結集作業。❷此一「晃全本」即爲後來經由玄透即中、祖道穩達（一八一三年卒）、大愚俊量（一八〇三年卒）等宗門學者們努力編輯而成的「本山版」或「永平寺本」的版本根據。

除了上述大本山永平寺本之外，又有七十五卷本、六十卷本、八十四卷本（梵清謄寫）、八十九卷本（卍山編集）以及其他各種版本，其中七十五卷本據說是在道元逝世以前就已成立之爲「舊草」，反映著道元本人的自編意圖。我個人經常參考的是，由寺田透與水野彌穗子兩位道元學權威重編而成的《道元》上下二册（岩波書店所刊行的《日本思想大系》第十二），以

---

❷ 前揭書，第十八至十九頁。

〈辦道話〉爲總序，然後列出自〈現成公按〉(「按」又作「案」)至〈出家〉的七十五卷，另加自〈出家功德〉至〈八大人覺〉的十二卷。七十五卷屬於道元「舊草」，十二卷則爲懷奘所云「新草」(見〈八大人覺〉卷後語)。此一分別列出舊草七十五卷與新草十二卷的編法，似乎較合道元或懷奘的原意。

在德川幕府時代，隨著宗統復古運動，曹洞宗門的著名學者們除了《正法眼藏》的抄寫、編輯、參究之外，也進行了相當可觀的注解作業。其中較有成就的是，《正法眼藏辨註》(天桂著)、《正法眼藏那一寶》(老卵著)、《正法眼藏聞解》(面山・斧山著)、《正法眼藏卻退一字參》(本光著)、《正法眼藏傍註》(藏海著)、《正法眼藏私記》(同上)、《正法眼藏傍訓》(萬仭著)等書。如說《六祖壇經》是中國禪宗獨一無二的「經」(Sūtra)，則道元的《正法眼藏》也可以說是日本禪宗的第一經典了。

道元禪學的精華在《正法眼藏》這部大著表露無遺，包括他的「修證一等」、「祇管打坐」、「現成公案」、「身心脫落」、「自受用三昧」、「正傳佛法」、「無常佛性」、「有時(之而今)」、「諸法實相」、「不染汚的修證」、「生死」、「面授嗣法」、「行持道環」、「諸惡莫作」等等具有深邃宗教體驗與修行實踐根據的獨特主張，以及有關戒律清規的論說，實可以說集中日禪宗思想的大成，功不可沒，名垂不朽。尤其〈現成公案〉、〈佛性〉、〈有時〉等篇乃是道元禪學最上乘之作，我在本書第三章將分別予以詳細的論介。

(二)《永平廣錄》

代表道元禪學的著作之中，《永平廣錄》的重要性僅次於《正法眼藏》。《永平廣錄》由道元的高弟詮慧（生寂年不明）與懷奘以及永平寺第四代住持義演（一三一四寂）等三位先後編輯而成，概依道元正式說法的年代順序編爲以下十卷：(1)宇治興聖寺語錄（一二三六年十月十五日至一二四三年初夏），由詮慧編成；(2)越州大佛寺語錄（一二四四年七月十八日至一二四六年七月十五日）；(3)永平寺語錄（一二四六年八月至一二四八年四月十五日）；(4)同上（一二四八年四月三十日至一二四九年八月二十日），以上三卷由懷奘編成；(5)同上（一二四九年八月二十五日至一二五一年元月十五日）；(6)同上（一二五一年元月至同年十一月中旬）；(7)同上（一二五一年十一月中旬至翌年冬），以上三卷由義演編成；(8)同上（一二三六年至一二五二年），由懷奘編成；(9)同上（興聖寺時期），由詮慧等人編成；(10)同上（一二二三年至一二五二年），亦由詮慧等人編成。《永平廣錄》仿照《宏智廣錄》分成上堂（卽正式說法）、頌古、拈古、小參、法語、眞贊、偈頌等類的編輯方式。亦分上堂、頌古、小參、眞贊、偈頌五類，主要內容是在上堂法語。十卷之中，前七卷由上堂法語所成，算是正編；第八卷包括小參與（自興聖寺時期到永平寺時期的）法語，第九卷祇收頌古，第十卷則收眞贊與偈頌，此最後三卷是續編。《永平廣錄》十卷的構成，大體如此；體裁則屬禪語錄形態的純漢文體。

《永平廣錄》的原始抄寫本已不存在，現存的最早版本是藏在永平寺的《永平道元和尚廣錄》十卷，大概是由永平寺第二十代住持門鶴和尚（一六一五年示寂）囑命祚光、宗椿等弟子重新抄寫而成。根據此門鶴本重抄而傳承下來的共有三本：⑴輪王寺本，係日光輪王寺慈眼堂所藏；⑵興聖寺本，係宇治興聖寺所藏；⑶長護本，於一六一三年由長護抄成，原係福井市內的心月寺所藏，現由駒澤大學圖書館收藏，僅存十卷之中的前兩卷，抄寫年代與最早的門鶴本祇差五年左右，故有版本學的歷史價值。

以上是門鶴本系編的《永平廣錄》各種版本。另有流布本系統的版本，即指卍山道白（一六三六至一七一五）在一六七三年刊行的卍山本而言，在輪王寺本發現之前祇有此一版本流傳，今天仍是主要通行版本。此卍山本載有宋朝禪僧無外義遠（生卒年不詳）、退耕德寧（一二六九年寂）與虛堂智愚（一一八五至一二六九）的跋文。道元示寂之後，他的弟子寒巖義尹（一二一七至一三〇〇）携帶《永平廣錄》入宋，委託道元在天童山參禪時期的同學無外義遠代爲校正。當時義遠認爲《永平廣錄》太過廣泛，把它縮小成爲一卷，並加序跋，後來又請德寧與智愚二位禪師撰寫跋文。義尹帶回此卷之後，傳至寶慶寺開山祖師寂圓（一二〇七至一二九九）之處，再由第二代（亦即永平寺第五代）住持義雲（一二五三至一三三三）傳給第三代（亦即永平寺第六代）住持曇希（一二八八至一三六五）。曇希就把無外義遠所校正並縮小的《永平略錄》，以《永平元禪師語錄》的書名於一三五八年正式刊行 。 道元禪學研究的權威之一鏡島元隆教授最近（一九九〇）出版《道元禪師語錄》，對於此一語錄加上現代日文譯注。據他分析，《永平略錄》自《廣錄》收錄興聖寺時期的上堂語共二十二、永平寺時期的上堂語共五十三，另有小參

(四)、法語（二)、《普勸坐禪儀》、《坐禪箴》、自贊（三)、偈頌（十七)。其中《坐禪箴》不在《廣錄》出現，而《略錄》亦不存有《廣錄》收有的「頌古」與「眞贊」。❸

《永平廣錄》注釋書籍的出版，在第二次世界大戰結束之前根本不存在。自一九六一至六三年，伊藤俊光窮其畢生勞苦刊行《永平廣錄註解全書》共三卷（鴻盟社出版)，書中收有面山的《永平廣錄註》與本光（一七一〇至一七七三）的《永平廣錄點茶湯》等研究《廣錄》必需的詮釋資料，極有道元禪學的學術研究價值。最近（一九八九）又有渡邊賢宗與大谷哲夫二位合著的《祖山永平廣錄考注集成》（一穗社出版）問世，算是《廣錄》研究的進一步發展。

中國禪宗在道元以前已傳到日本，但與他宗（如天台宗、密教等）相混。隨著道元的「空手還鄉」，純粹的禪宗禪學才眞正開始移植進來。正式上堂說法，亦以道元爲嚆矢，故道元自豪地說:「上堂，日本國人最初聞上堂之名，永平之傳也。」(《廣錄》第五卷)。道元的上堂，並非普通意義的說法，而是他本人參禪體驗與祖師人格（大機大用）的公開展現；同時對於道元弟子來說，也是難得的活學問。道元根據他早年的入宋參禪體驗，時常教誨弟子們說，誦讀語錄、參究公案之類不過是浪費時光，遠不如「祇管打坐」，似乎高標曹洞宗獨特的所謂「默照禪」或「坐禪」，而與臨濟宗倡導的所謂「公案禪」相互對立。其實

❸ 關於《廣錄》與《略錄》的異同詳析以及《略錄》各種版本等細節問題的討論，參看鏡島元隆《道元禪師語錄》(一九九〇年東京・講談社印行）書末所載作者的「解題」。鏡島的論文<永平廣錄と略錄>(一九五七年駒澤大學研究紀要第十五號)，以及伊藤秀憲的<永平廣錄と略錄の關係>(一九八一年印佛研第三十至三十一號）亦應參看。

《永平廣錄》所載上堂說法，處處顯露道元極有獨創性的公案弔詭與機鋒禪語，在「公案禪」一路的成就，與承繼臨濟正宗的大慧宗杲等人相較，實有過之而無不及。就這一點說，道元禪學可以看成「公案禪」與「默照禪」的一種辯證性綜合或二元對立的徹底超越。

我們不妨舉例說明道元上堂說法的「公案禪」風之一二。有一次道元上堂，云:「釋迦老子道:『明星現時，我與大地衆生同時成道。』且道，作麼生是所成底道？若人會得，釋迦老子無處著慚愧。爲甚如此？速道速道！」於此公案，道元先提禪家（乃至一切衆生）得與菩提樹下涅槃解脫的釋迦牟尼（同時）分享的成道體驗，然後忽出弔詭問題：「此一成道究竟爲何？」如果會取，連釋迦都會感到慚愧，無處可以藏身。於此公案，道元暗示「一毫無佛法」與人之理，順便對於「吹噓」佛法的釋迦「嘲弄」一番。又有一次上堂，云:「直道『本來無一物』，誰知『遍界不曾藏』？下座。」「本來無一物」一語來自《六祖壇經》，「遍界不曾藏」（見《傳燈錄》第十五卷）則係石霜慶諸禪師之語。道元很巧妙地聯貫兩語，似乎暗示眞空（即）妙有之意，但以著名禪語的配合製造公案弔詭，讓在座弟子們去自我參究、自我體會。

「上堂」是禪家的正式說法，「小參」則不計時節與地點，係隨意說法，故非正式。《永平廣錄》收錄道元的小參。道元於除夜（大除夕）小參云:

> 小参乃佛祖之家訓也。我國前代未聞舉行，永平始云之，經二十年矣。祖師西來，法入震旦，而前代祖師謂之家

訓。非佛祖之行履不履，非佛祖之法服不服。抛卻名利，捨去人我，隱居山谷，不離叢林，尺壁寸陰不顧萬事，純一辦道，此乃佛祖之家訓，人天眼目。然為善知識，則非僧祇大刼修來，不能為也。大衆欲見僧祇刼麽？彈指一下云:「衹這便是喚作本有得麽？喚作修來得麽？這裡見得，便是時移歲換，臘盡春回，坐斷十方，冥通三際。舊歲實不去，新年實不來，來去不交參，新舊絶對待。所以僧問石門（慧徹）:「年窮歲盡時如何？」石門云:「東村王老夜燒錢。」僧問開先（善暹）:「年窮歲盡時如何？」開先云:「依舊孟春猶寒，今夜忽有箇僧。」問:「永平年窮歲盡時如何？」衹向他道：「前村深雪裡，昨夜一枝開。」天寒久立。小參終。

道元於此除夜小參，明說「小參乃佛祖之家訓」，在日本則由他開始才有 。雖說要變成偉大的善知識需費三阿僧祇刼的長時修行，但此長時修行就在「一彈指」間，不可喚作「本有」，亦不得喚作「修來」。新年與舊歲無別，每一時刻卽已絕去一切二元對待，每一彈指卽是絕對永恒。這是道元超越傳統佛教緣起論、修證論的新時間論，配合他的本證妙修之說，容後細論。由此不難窺見，道元的小參，亦如上堂語錄或法語，處處顯其獨家新創的禪機禪風，非一般禪家可比。

《永平廣錄》第十卷專收偈頌之類，共有眞讚四篇、自贊二十篇與偈頌七十三篇。其中自贊等於道元禪師的自我畫像（self-portrait），頗饒趣味。譬如他描寫自己說:「鼻高於山，眼明於珠，頭匾似扇，腳尖如驢。入室愛舉臭拳，陞堂借力拄杖。遇乞水人，指天井；遇覓飯人，與應量。昔因護持鷄狗等戒，今日竊得佛祖屈眴（意謂袈裟）。紛紛林下錯商量，笑殺靈山那一瞬」。又自贊云：「老梅樹老梅樹，長養枝枝葉葉春；兀地一機歷歷，莊嚴三昧塵塵。柱杖頭全無節目，蒲團上有十方身。弄鳳毛而捉得天童（指正師如淨）鼻孔，入虎穴而一笑大休（指眞歇清了的法嗣大休宗珏）口唇。住山頑石，叢林陳人。」這裡最後一句意謂「我住永平寺山中，有如此地頑石，毫不融通，亦如叢林腐木，乃是無用之人」，語調類似莊子在〈逍遙遊〉等篇所說的「無用之用」。

該卷所收偈頌之中，除了前章所例舉的〈山中〉詩數首之外，還有入宋參禪時期的贈詩、和韻等詩作，充分展現道元的漢文修養。譬如〈禪人求頌〉一首唱云：「瞻風撥草要參禪，祖意明明妙不傳，莫恨江山千萬叠，頭頭爲汝闢玄門。」又有一首〈與王侍郎〉頌云：「說妙談玄總掠虛，忘言獨坐口如槌，初非把定誇孤絕，百草頭邊盡發揮。」

㈢《永平清規》

中國禪宗的一大特徵是，要在行住坐臥、應機接物等等日常修持之中，即時就地體現馬祖道一所云「平常心是道」，或雲門禪師所道「日日是好日」。爲此日常修道生活，自然就有製定一種「清規」的需要，百丈懷海（七二〇至八一四）所製《百丈清規》，即應此一需要而產生，成爲禪宗叢林有關戒律的原始規格。可惜著名的《百丈清規》早已失傳，不過《景德傳燈錄》卷六所載〈禪門規式〉，據說就是「古清規序」，稍可幫助我們了解百丈當年所定清規的基本綱領 。 現存最早的禪宗清規則是眞定府（河北省正定縣）的十方洪濟禪院住持宗賾所編撰的《禪苑清規》。爲了復興百丈的古清規，宗賾往訪各地叢林，花費五年網羅親自見聞所得的種種禪宗叢林的生活規範，終成此書。道元認爲《禪苑清規》具有百丈古意，足爲叢林草創的指導規準，因此他本人在撰著《永平清規》各篇之時，曾處處參考此書。

《永平清規》並不是道元親自編集而成，卻是後人根據他所留下的數篇漢文體清規予以編纂之時所加上的統稱書名。現時通行的《永平清規》依序包括〈典座教訓〉、〈辨道法〉、〈赴粥飯法〉、〈衆寮箴規〉、〈對大己五夏闍梨法〉、〈知事清規〉等六篇，乃由永平寺第三十世光紹智堂所編，一六六七年以《日域曹洞初祖道元禪師清規》的書名正式付梓。在大正大藏經第八十二册（續諸宗部十三）所收的《永平清規》(自第三一九頁至三四二頁)，六篇內容與次序也都承襲光紹智堂原先的編例。大久保道舟所編成的《道元禪師全集》，卻把傳統化了的《永平清規》解體，重新依照道元撰述年代次序集錄道元有關清規的著作如下:〈典座教訓〉、〈觀音導利興聖護國寺重雲堂式〉、〈對大己五夏闍梨法〉、〈辨道法〉、〈日本國越前永平寺知事清規〉、〈永平寺告知事文〉、〈赴粥飯法〉、〈佛前齋粥供養寺僧事〉、〈永平寺示庫院文〉、〈永平寺庫院制規〉、〈吉祥山永平寺衆寮箴規〉，以及〈永平寺住侶制規〉。

〈典座教訓〉專就主管衆僧飯食的典座應有的行持予以說示。道元根據他在中國學禪的生活體驗，宣說典座日日所做的雜事本身，即不外是眞實的佛法。〈辨道法〉指示衆僧在僧堂從早到晚應守的修道生活細則，包括黃昏坐禪、開枕、睡眠法、搭袈裟、喫粥、歸寮、喫茶湯、早晨坐禪、面壁坐禪、緩步法、坐蒲（團）心得等等，詳細說明無限道環的日夜行持即是佛祖的全體現前，行持道環乃是本證妙修的具體表現。〈赴粥飯法〉亦詳細說明入堂之法、合掌法、上牀之法、下鉢之法、喝食法、喫粥之法、洗鉢之法、下牀、出堂、粥後放參法等等，提醒眾僧粥飯與佛法乃是一如不二，飯食非爲欲望的充足，而是無始刼以來受用的佛法。〈眾寮箴規〉則指示眾寮（係眾僧照心於古教的讀誦道場，有別於坐禪道場的僧堂）之中的萬般行儀。〈對大己五夏闍梨法〉說示阿闍梨的作法、心得共六十二條，據說原非道元的獨創，而是他從南山道宣所述《教誡新學比丘行護律儀》抄錄並整理所成。〈知事清規〉的詳細篇名應是〈日本國越前永平寺知事清規〉，分爲兩大部分，前半引用古來大德充當知事的種種典故，以具體的機緣機語呈示，並加道元自己的注釋評語。後半則引用《禪苑清規》之中有關監院、維那、典座等職掌的各項說明，並懇切說明各別職掌的意義。

有關清規的道元著述並不限於《永平清規》，我們在《正法眼藏》所收〈洗淨〉、〈看經〉、〈陀羅尼〉、〈洗面〉、〈袈裟功德〉、〈安居〉等篇，也能處處看到他對清規的種種指示。由是不難窺見，道元依修證一如觀點重視清規的一斑。我將在本書另闢章節細予討論道元的清規觀、戒律論、「行持道環」之說等等有關修道生活日常規範的理論與實踐。

（四）《學道用心集》

本書的旨趣是在修學辦道的用心，係漢文體，共分十章如下：⑴可發菩提心事，⑵見聞正法必可修習事，⑶佛道必依行可證入事，⑷用有所得心不可修佛法事，⑸參禪學道可求正師事，⑹參禪可知事，⑺修行佛法欣求出離人須參禪事，⑻禪僧行履事，⑼可向道修行事，⑽直下承當事。❹從典雅秀麗的文筆與深入淺出的說理，不難看出此書必屬道元本人自撰，且多半由他親自編成現有的十章。天福元年（一二三三）道元在山城深草創立觀音導利院，卽興聖寺，翌年春天向他弟子們開示此書，他們也各別書寫護持，因此後來有好幾種抄本。道元入寂之後一〇五年，永平寺六世・寶慶寺三世的曇希正式印行此書，時爲延文二年（一三五七）。明和三年（一七六六）面山瑞方撰成《永平初祖學道用心集聞解》，認爲此書係由懷奘所編輯而成，恐怕是根據誤傳而有此說，因爲懷奘是在道元開示此書的那一年冬天才入室參學，不可能由他進行編纂工作。此書流布似乎甚廣，明治年間以來已有和裝本十二種與洋裝本十三種問世。

此書首章開頭就標出（發）菩提心，亦卽一心，或卽（龍樹所云）「觀世間生滅無常心」。道元特別強調，「觀無常時，吾我之心不生，名利念不起」，「縱有讀權實之妙典，縱有傳顯密之教籍，未抛名利，未稱發心。」也就是說，道心並非概念遊戲，亦

❹ 大正大藏經第八十二册（續諸宗部十三）收錄十章全文。我引用的此書原文，概依大久保道舟所編《道元禪師全集》下卷（自第二五三至二六〇頁）。

與世間名利無緣，卻以體得生滅無常之理為首要。第三章以「立行於迷中，獲證於覺前」的弔詭難解之語，標明修證不二的本義。在第四章道元提示「行者不可念為自身而修佛法，不可為名利而修佛法，不可為得果報而修佛法，不可為得靈驗而修佛法」，「但為佛法而修佛法，乃是道也」。在第五章道元強調參禪學道應求正師，謂「不得正師，不如不學。夫正師者，不問年老耆宿，唯明正法兮，得正師之印證也。文字不為先，解會不為先，有格外之力量，有過節之志氣，不拘我見，不滯情識，行解相應，是乃正師也」。在第六章道元接著說道，「參師聞法之時，淨身心，靜眼耳，唯聽受師法，更不交餘念。身心一如而如水瀉器。若能如是，方得師法也」。道元在第九章強調「信」字，主張「修行佛道者，先須信佛道。信佛道者，須信自已本在道中不迷惑，不妄想，不顛倒，無增減，無誤謬也。生如是信，明如是道，依而行之，乃學者之本基也。」最後一章再提「參師聞法」與「功夫坐禪」為學道用心的兩件要事，並強調禪家所云「直下承當」，謂「以此身心直證於佛，是承當也。所謂不廻轉從來身心，但隨他證去，名直下也，名承當也。唯隨他去，所以非舊見也；唯承當去，所以非新巢也。」

（五）《普勸坐禪儀》

道元所著《坐禪儀》共有四本：⑴嘉祿三年（一二二七）撰成的《普勸坐禪儀》；⑵天福元年（一二三三）出於自筆的《普勸坐禪儀》；⑶《永平廣錄》卷八所載而最為流行的《普勸坐禪儀》；以及⑷寬元元年（一二四三）所撰《正法眼藏・坐禪

儀》。四本之中，嘉祿三年的最早一本早已失傳。道元自筆的《普勸坐禪儀》附有道元自記的「天福元年中元日書於觀音導利院」等字。此自筆本現仍祕藏在永平寺的寶庫之中，整卷縱有九寸九分，橫有一丈五寸餘，道元在配有松樹、牡丹、蘭草、群馬、樓閣等等圖樣的大宋原紙之上，以雄渾的筆勢書寫下來。此自筆本在昭和十六年（一九四一）七月被指定爲日本國寶之一。此本與嘉祿本內容是否相同，由於後者失傳，已無從查考。我們祇能猜測，前者可能是道元對於後者推敲數次之後，以自筆撰成的。流布本的《普勸坐禪儀》前後收在延文三年（一三五八）初版的《永平元禪師語錄》與寬文十二年（一六七二）初版的《永平廣錄》第八卷之中，兩者的內容完全相同。

大久保道舟所編《道元禪師全集》下卷開頭便收天福本《普勸坐禪儀》，接著收錄〈普勸坐禪儀撰述由來〉一小篇，全文如下：

> 教外別傳正法眼藏，吾朝未嘗得聞。矧坐禪儀，則無今傳矣。予，先嘉錄中，從宋土歸本國，因有參學請撰坐禪儀，不獲已赴而撰之矣。昔日百丈禪師，建連屋連牀，能傳少林之風。不同從前葛藤舊窠，學者知之勿混亂矣。禪苑清規曾有坐禪儀，雖順百丈之古意，少添賾師之新條。所以略有多端之錯，廣有昧沒之失。不知言外之領覽，何人不達。今乃拾見聞之真訣，代心表之稟受而已。

據道元在此篇的自述，我們可以知道有關《普勸坐禪儀》撰述由來的三點。其一，道元之前日本根本沒有「教外別傳正法眼藏」的眞禪存在。其二，《百丈清規》發揚了達磨的佛法眞諦，但後來長蘆宗賾（一一〇六年入寂）根據《百丈清規》重新刪修的《禪苑清規》之中的〈坐禪儀〉，則有宗頤所附加的「新條」，難免「多端之錯，昧沒之失」，並不符合百丈古意。其三，道元自信他的《普勸坐禪儀》能夠補正宗頤刪修之失，代表百丈懷海坐禪儀的眞訣。我們比較道元的《普勸坐禪儀》與宗頤《禪苑清規》卷八所收的〈坐禪儀〉的文字內容，可以發現兩者字句的類似，據此不難推知，前者是針對後者加以修訂增補而成的。就字數言，後者共有六百四十四字，前者則有八百八十一字，顯比後者多出兩百三十餘字。後者強調禪定功力的護持，卻未闡明根源的宗教性立場，亦卽「坐禪卽不外是正傳佛法」的修證一如觀。前者則一開始卽云「原夫道本圓通，爭假修證，宗乘自在，何費功夫」，而於結尾又謂，「早向直指端的之正道，速成絕學無爲之眞人。方遵百丈之規繩，遍通少林之消息，莫勞佛耳之風，更驚擊舌之響耶？但能正開自寶藏，受用使如意」。我們從道元「方遵百丈之規繩，遍通少林之消息」等語可以想見，他是有意通過《普勸坐禪儀》的撰述發揚達磨、慧能、百丈乃至正師天童如淨所代表的禪宗眞諦的。

自筆本與流布本在文字內容有相當顯著的差異。譬如前者有「須知歷刼輪廻，還因擬議之一念。塵世迷道，復由商量之無休。欲超向上之徹底，唯解直下之承當」等語，在後者則不再出現。後者有「所謂坐禪非習禪也，……究盡菩提之修證也，公案現成，羅籠未到」，以及「專一功夫正是辦道，修證自不染汚，趣向更是平常者也」等語，都不在前者出現。在自筆本我們還可看到宋代禪的餘韻餘味，在流布本道元似在嘗試嶄新的自我表達，藉以建立修證一如的「道元禪」。流布本與《正法眼藏》中的（假名體）〈坐禪儀〉的文字內容有類似處，似乎暗示著，後者是把前者中間部分的漢字改爲和文之後，另加一些文字而形成的。《正法眼藏》又收〈坐禪箴〉一篇，宣揚「非思量」、「不圖作佛」等坐禪要領，旨趣與上述兩者大致相同。

（六）《寶慶記》

《寶慶記》記述道元自宋朝寶慶元年（一二二五）至寶慶三年（一二二七）在如淨處參學的種種事項，可以看成道元在天童山參禪修道的自傳體記錄。道元在天童山參學期間，很可能有過日記斷簡之類，到了晚年自己重新整理這些二十多年前的自述材料，名爲《寶慶記》。但是道平生前從未提到此作，連最親近的第一弟子懷奘也完全不知，還是到了道元入滅之後不久（建長五年十二月十日），偶然在永平寺內發現的。發現當時，懷奘自云「悲淚千萬端」，並疑惑道元可能沒有撰完。懷奘書寫過的《寶慶記》（懷奘本）一直傳承下來，原本現仍藏在愛知縣全久院中。

《寶慶記》的內容多半限於道元獲得如淨和尚入室參問之後，在方丈室內的師徒問答或如淨教誨的記錄。其中不少話語，如「祇管打坐」、「身心脫落」等等，十分吃緊，構成《正法眼藏》所表現著的道元禪學骨髓，可以窺知如淨到道元一脈相傳的「正傳佛法」的本質。如說〈辦道話〉（或《學道用心集》）是《正法眼藏》的序言或開場白，則《寶慶記》也不妨看成此一主著的結語。

《寶慶記》的許多內容與道元的其他著述很有關聯，但也包括其他道元著述完全沒有的一些記載，大體上共分三類。第一類涉及坐禪，如第三十五段述及如淨所示坐禪之法，其中「坐禪時，舌掛上腭，或括當門板齒亦得」爲《正法眼藏・坐禪儀》所承襲，但下面所云「若坐久疲勞，改右改左無妨。此乃從佛直下僅五十世，正傳有證也」，則不在其他道元著述出現。又，第四十三段記載如淨慈誨，云:「坐禪時，安心諸處皆有定處。又坐禪時，安心於左掌上，乃佛祖正傳之法也。」，此處所講的坐禪亦屬《寶慶記》獨有。第二類是如淨和尚與道元之間的感應道交或私下密語，非他人可以分享。如「你是後生，頗有古貌。直須居深山幽古，長養佛祖聖胎，必至古德之證處也」（第十段）、「我天童老僧，許你有眼」（第三十四段）、「你有求法之志操，吾之所歡喜也。洞宗之所託，你乃是也」（第四十四段）等語，專屬他們師徒二人之事，祇在《寶慶記》出現，可以說是道元傳記的獨特資料。第三類涉及伽藍規矩的記事，如第二十九段的長文述及道元關於四個寺院（禪院、教院、律院、徒弟院）的發問，以及如淨的置答。如淨答謂:「往古未聞教、律、禪院之閑名，今稱三院者，便是末代之澆風也。……汝當知，今稱禪院寺院圖様儀式，皆是祖師之親訓，正嫡之直傳也。所以七佛之古儀，唯是禪院。稱禪院者雖亂稱，今所行之法儀，實是佛祖之正傳也。然乃吾寺者本府也，律、教者枝離也」，明言禪院才是佛祖正傳的寺院。

《寶慶記》除懷奘自筆本算是最佳版本之外，還有大智禪師（一二九〇至一三六六）從寒嚴義尹（一二一七至一三〇〇）自筆的書寫本重抄（在一三二六年）的本子，現仍藏在九州熊本縣廣福寺內。《寶慶記》的正式問世是在明和八年（一七七一），由義璞刊行，附有面山瑞方在寬延三年（一七五〇）所寫的序。關於《寶慶記》的考證研究，以秋重義治所撰〈寶慶記考〉上下兩篇（收在《九州大學哲學年報》第五及第六、七合刊的兩期）最爲綿密精細，今天仍是必讀文獻。

（七）《正法眼藏隨聞記》

道元高弟懷奘在文曆元年（一二三四）投入道元門下，翌年改元爲嘉禎元年，《正法眼藏隨聞記》便是懷奘在三年多的嘉禎年間，隨時記錄私下所聞的道元教誨的筆記，不過全書六卷所包括的內容，也部分涉及其他弟子與道元之間的問答，實際編纂工作是由懷奘入寂之後他的弟子們所做。此書的初版問世是在慶安四年（一六五一），經過數版之後，在寶慶八年（一七五八）面山瑞方予以重新校訂，刊行新版。除此之外，還有明和版等數種版本。收在岩波文庫的現代版本所根據的是面山的寶曆本，由和辻哲郎校訂。角川文庫所收的本書版本，附有古田紹欽的現代語譯，所根據的是明和版。

道元的思想能夠一直留傳到今天，懷奘所盡的功勞不可說不大，《正法眼藏隨聞記》的存在便是其中一例。此書載有大著《正法眼藏》未曾記載的寶貴資料，我在首章記述道元生涯之時，已提及其中一二。書中所記道元關於出家、坐禪、佛法、修道、學問、文藝、道德、孝順等等的看法說法，足以補充主著《正法眼藏》未盡之意，對於道元禪學思想的了解，不可或缺。我在以下章節論介道元禪學各門之時，當隨處提到，茲不詳述。

第二章

《正法眼藏》名篇選析

前　言

我在序論部分已經提到，道元的主著《正法眼藏》有各種版本，且卷數不一。道元原有完成百卷的雄大計畫，不幸壯年示寂，未能償其心願。不過，未完成的《正法眼藏》，不論就卷數份量或就哲理深度言，都很可觀，顯露不世出天才禪師的創造性思維與入木三分的寫作才華無遺。

《正法眼藏》是以古代和文撰出，由佛教漢文與日本假名(但係古代文法）夾雜而成，現代日本知識分子能夠閱讀此書的爲數寥寥無幾，而一般佛教學者如無注釋的旁助，恐怕也難於理解消化。加上道元的文章精湛深奧而費解，不少文句許有幾種不同的解釋，讀者如無字裡行間「創造地詮釋」原文的耐心與能力，則多半祇有半途而廢，徒勞無功。記得最近有一次與夏威夷大學哲學系著名的資深教授德意志 (Eliot Deutsch)，在敝系日本同事長友繁法 (Nagatomo Shigenori) 教授家聚餐暢敍。當話題轉到道元禪學之時，德意志教授頗有感嘆地說：「我爲了講授道元，參考六種英譯，結果發現六種譯法大有不同，令我感到不知何適何從才好。」我那時也表示同感，說:「道元恐怕是莊子之後最偉大的創造的詮釋學家，通過他對整個傳統佛教思想的獨創性詮釋（甚至有時進行我所說的（對於原典的）「創造性誤讀」），建立無與倫比的獨家禪學哲理，這種天才幾百年才能產生一個。」

我在下面從《正法眼藏》選出二十四名篇，大體上依照原稿完成的年代次序一一分析詮釋。其中〈辦道話〉、〈現成公案〉、〈有時〉、〈佛性〉等篇，算是道元禪學的代表作品。在中日禪學思想史上能夠像他那樣，縱橫馳騁地以長篇短論展現獨家禪學哲理的，絕無僅有。因此，我的分析詮釋只能當做了解道元禪學的跳板，卻無法取代道元的原文。我盼望在不久的將來，本書讀者之中能夠產生出自告奮勇、決意全譯《正法眼藏》爲現代白話的人才，與我共同帶動我國對於道元爲首的日本禪學研究。

(一)〈辦道話〉

此卷收在九十五卷本的開頭，可以說是整部《正法眼藏》的序論，標出道元「坐禪辦道」的正傳佛法，但七十五卷本卻未收錄。道元在寬喜三年（即一二三一）中秋之日撰成此卷，算是他最早的作品之一。此卷係由佛法正門（以自受用三昧的端坐參禪爲佛教根本立場）與十八番問答的兩個部分構成。

道元開頭便說：「諸佛如來共皆單傳妙法而證阿耨菩提（即最高智慧），有其最上無爲之妙術。佛佛相傳，不走旁門左道，即不外是自受用三昧（即自我受用純一無雜的禪定境地），爲其標準。此三昧之遊化，乃以端坐參禪爲正門。此法雖在人人分上本來具有，如不修行則未能顯現，如不實證亦不可得。雙手打開，實證三昧，則世界的一切全在手中，或『多』或『少』皆非問題所在（意即在實證三昧之時，一切二元差別完全滅盡）。道出三昧境地，滿口皆是，縱横無盡。諸佛常安住於三昧，但毫不留下知覺分別之痕跡，完全解脫自在。還未解脫的衆生亦在三昧境地，卻被知覺分別所纏。我在這裡提倡的功夫辦道（即修行功夫），能於證悟之上顯出萬法，更且還要超越所謂證悟，而於出身之活路（即脫去執著繫縛而發揮自受用三昧之妙用）體認修證一如。超關脫落（即超越一切關卡的阻礙而獲身心脫落）之時，連坐不坐禪或證不證悟等節目之類皆不相干。」

要把道元的古代和文譯爲現代白話，困難重重。如果以「信」（忠實於原文）爲主，則有不夠「達」（達意）之險；講求達意，又容易喪失原文之「雅」。尤其道元使用漢字，處處有其創意，有時可以直接搬來，有時必須換字，才能稍予保持白話的鮮活。最吃緊的卻是在他的假名和文，極有詮釋的伸縮性，一旦迻譯原文，容易失去原文的豐富義蘊或陰翳。哲理愈深而文字愈精的道元名文，如〈現成公案〉、〈有時〉、〈佛性〉等篇，對於翻譯者永遠是個挑戰與試煉。

道元在上述開場白直截了當地標示，自認爲是正傳佛法的自受用三昧端坐參禪之門。繼承如淨和尚的衣鉢而又開創日本曹洞宗的道元，始終強調「祇管打坐，身心脫落」爲修行辦道的唯一至上法門。形成五家七宗等門派的中國禪宗移植日本之後，只剩臨濟宗與曹洞宗兩派，勢均力敵，各有千秋；後來又加上黃檗宗，但無法與兩派相比。臨濟宗的教學法，以公案禪及棒喝之類的「休克治療」(shock therapy) 爲主；曹洞宗則始終堅持坐禪一路。道元所承繼的當然是後者的坐禪一路，當做正傳佛法。

但他站在修證一如的立場，徹底破除中國禪宗對於坐禪（即修行工夫或手段）與證道（即證悟本體或目的）的分辨，強調坐禪卽是作佛，卽是身心脫落的境地，卽是涅槃解脫的自然彰顯。禪宗跳過歷史上已產生過的大小乘宗派教義，所夢寐以求的是，釋迦三十五歲時在菩提樹下悟道成佛的那一時刻，那是開展（佛教）歷史的時刻，也是彰顯不可思議佛法最勝義諦的超歷史的時刻，求佛道者皆應分享。道元突破傳統禪宗之處，就在以修證一如的「祇管打坐」的時刻，當做（歷史的）「現在」與（超歷史的）「永恒」弔詭地交叉合致的時刻，卽是歷史上的佛陀與世世代代的諸佛諸祖解脫自在的時刻。自受用三昧的妙術妙用卽在於此。工夫卽本體，本體卽工夫，無所謂手段，亦無所謂目的，每一無常的時刻卽是悟道作佛的時刻，坐禪祇是此一時刻、此一境地的佛之姿態表現而已。就這一點說，道元的坐禪辦道或「祇管打坐」不能僅僅看成一種（曹洞宗的）教學方法或修行形式。道元所倡修證一如的「祇管打坐」，其實最能契接六祖慧能的「坐亦禪，立亦禪」（隨時隨地卽是本證妙修、無相無念無住的）說法；且進一步把釋迦在那一「永恒與現在相卽不二」之時「坐禪卽作佛」的深奧理趣標示清楚，在禪宗史上有其不可磨滅的實踐性意義。

道元更弔詭地主張，「坐禪卽作佛」的修證一如體驗必須徹底到，不留坐禪或證悟的任何知覺痕跡。坐禪作佛者已不再刻意坐禪，亦不自覺在作佛，完全到了慧能所說無念無住無相（亦卽無我或無心）的境地。於此境地，生死輪廻與涅槃解脫無有差別，眾生與諸佛究竟平等。但是這不可思議的最勝義佛法道理不是純理論的探索所得，而是通過修證一如意義的嚴肅修行才能徹底體認。

道元回顧當年留學中土、參禪求道的一段因緣之後，說道:「依宗門正傳所云，此單傳正直之佛法乃係最上之中的最上者。就師參禪之時，卽應開始廢去燒香、禮拜、念佛、修懺（卽懺悔）、讀經等等外在形式，祇管打坐而身心脫落卽是。」「身心脫落」原是道元在乃師如淨和尚處的參禪體驗，於此體驗，身心一如，當下一起鬆開解脫，可以看成道元自己大徹大悟的具象性表現。

道元接著又說:「卽使祇是一片刻中，如（修道）人能在身口意三業現出佛印，端坐於三昧，則一切法界皆會顯現佛印，一切虛空皆獲證悟。由是，諸佛如來增加本地之法樂，刷新佛道之莊嚴。而十方法界、三途六道的眾生亦皆同時變成身心明淨，證得大解脫地，現出本來面目；諸法也都證會正覺，萬物也都動用佛身，悟迹完全消去不見，皆端坐於菩提樹下，同轉至高無上的大法輪，開演究竟無爲的甚深般若。萬物的究竟平等無上正覺更回歸到（坐禪人處），予以冥冥相資相通，故令坐禪人確然身心脫落，截斷從來雜穢的知見思量，證會天然眞實之佛法，廣於諸佛如來無數道場助發佛事，促進佛向上機，激揚佛向上法。此時十方世界之土地、草木、牆壁、瓦礫皆作佛事，由是受此風水之利益者，皆被甚妙不可思議之諸佛教化所冥冥資助，而顯悟覺。分享此水火之妙用者，因皆周旋（卽展轉相傳）本證（本來證得）的諸佛教化，是故與之同住同語者，亦無例外皆具無窮佛德，展轉廣作，流通無盡、無間斷、不可思議、不可稱量之佛法於一切法界之內外。雖是如此，坐禪者本人所以對此毫無知覺，乃是由於他在寂靜無爲之中無有造作而直接證悟之故。若依凡夫所思所念，分別修證（修行與證悟）爲兩段，則修證二者皆成覺知對象。如與覺知雜混，則非證則（卽證悟公案本則或一切存在之根本理法)，蓋證則實非迷情煩惱所及之故。又，靜中心境(內心與外境)雖有證入悟出，因屬自受用(三昧)境界，故絲毫不動一塵，不破一相，而作廣大之佛事，甚深微妙之佛化。此諸佛化導所及之處，草木土地皆放大光明，講說甚深妙法而無窮盡。草木牆壁皆為凡聖含靈宣揚(佛法)，凡聖含靈亦為草木牆壁暢演(佛法)。自覺、覺他之境界本來即已具備證悟之相而無缺，證則原原本本進行無阻而不休。因此，即使是一人一時之坐禪，亦與諸法(即萬事萬物)冥冥相合，與諸時(一切時刻)圓滿相通，故在無盡法界之中，在過去、現在與未來之時，作辦常恒不斷的諸佛化導之事。不論誰在坐禪，皆是一等無別的同修同證。不僅僅是坐禪修行之時，就在以撞木敲鐘的前後時刻(喻一切時刻)，即有破空聲響，妙音綿綿。不僅是一人一時之坐禪，百人(喻遍法界中的萬事萬物)於其本來面目同時顯現本來修行(即修證的相即不二)，其量之深無以探測。應知，即使十方無量恒河沙數的諸佛相互勉勵，窮其智慧推測一人坐禪之功德，仍無法探盡。」

我們從以上一段道元之語，可以窺知，他的修證一如坐禪法門超越華嚴宗「有情佛性」(祇有含靈眾生具有佛性，草木無佛性)，契接天台宗(湛然所倡)「無情有性」之說。湛然於所著〈金剛錍〉說道:「應知萬法是眞如，由不變故; 眞如是萬法，由隨緣故」，而主張萬事萬物亦體現一心、本覺。又云:「子信無情無佛性者，豈非萬法無眞如耶? 故萬法之稱，寧隔於纖塵，眞如之體，何專於彼我?」也就是說，山川、草木、大地、牆壁、瓦礫等無情亦具佛性; 一塵一心即一切生佛(眾生與諸佛)之眞如心性，悟道成佛者當可體認無情亦如有情，具有佛性。道元同意湛然此說，故云:「十方世界之土地、草木、牆壁、瓦礫皆作佛事。」坐禪（祇管打坐）而本證妙修之時，即是體證萬法本覺之時，萬法的本覺原不待坐禪人去體證，但如不靠坐禪修行，所謂本覺，所謂佛性，祇是空中樓閣，無有意義。對祇管打坐而身心脫落的坐禪人來說，表面上看，是他證萬法，深一層地看，是萬法證他，故云「萬物的究竟平等無上正覺更回歸到坐禪人處，予以冥冥相資相通，故令坐禪人確然身心脫落……。」或不如說，整個世界，不論有情無情，與坐禪人同修同證（同時修行，同時證悟），而無證悟的任何知覺痕跡可言。這是坐禪的至上功德，故云「十方無量恒河沙數之諸佛相互勉勵，窮其智慧推測一人坐禪之功德，仍無法探盡。」

道元不但同意天台宗「無情有性」之說，也強調中國禪宗特別宣揚的「無情說法」，意即無有情識的山川草木等等全皆住於各自之本分而說佛法。洞山悟本禪師語錄有云:「也大奇！也大奇！無情說法不思議，若將耳聽終難會，眼處聞時方可知。」對於禪宗眞諦極有體會的宋代詩人蘇東坡亦有偈云：「溪聲便是廣長舌，山色豈非淸淨身，夜來八萬四千偈，他日如何舉似人？」（《景德傳燈錄》卷十五）。道元自己也撰有〈無情說法〉一篇，收在《正法眼藏》（第四十六），謂「自七佛以來正傳至今，有無情說法。於此無情說法，有諸佛，有諸祖。」我在上面所譯出的一段，亦有「草木牆壁皆爲凡聖含靈宣揚佛法，凡聖含靈亦爲草木牆壁暢演佛法」之說，也可以當做「無情說法」的注腳。無情有性乃至無情說法，雖係天台宗與禪宗所倡，就其高度精神性境界言，實與莊子〈齊物論〉所云「天地與我並生，而萬物與我爲一」有一脈相通、異曲同工之妙。

〈辦道話〉的下半部係由「十八番問答」構成，貫穿這些問答的一貫之道，即是已在上半部強調過的「坐禪辦道是唯一佛法正門」，第一與第二問答尤其標出此點最力。第三番問答強調，只有內具正信（純正信心）的大機（素質）者，才能進入不可思議的諸佛境界。正信一旦建立，則應除去疑惑迷情，依照正師的教示，坐禪辦道，證得諸佛自受用三昧。道元心目中的佛法正師，寥寥無幾，首推釋迦牟尼，次舉乃師如淨和尚，其他加上慧能、宏智正覺等兩三位禪師而已。正信（坐禪人主體的發菩提心）與正師（教示坐師辦道的師家），是道元坐禪法門的兩大預決條件。

第四番問答提示，有佛教正信者不應議論各宗教義的優劣，或佛法的深淺，但必須分辨修行的眞僞，求得眞正證悟的宗師，不依賣弄文字的學者。第五番問答澄清「坐禪」義諦，源於靈鷲山法會上釋迦佛將「正法眼藏涅槃妙心」的無上大法當面獨傳迦葉尊者的實際故事，不能祇就三學（戒定慧）之中的禪定，或六波羅蜜之中的禪定去看。也就是說，釋迦、迦葉以來的坐禪法門乃是唯一的正傳佛法。

第六番問答提示行住坐臥四儀之中，以坐爲重而講求坐禪的道理，即在「坐禪是安樂法門」，且一切佛祖皆以坐禪成道之故。第七番問答堅持「以修證爲兩段乃是外道妄見。在佛法中，修證一等（即同等一如，相即不二）。所謂修行即是證上之修故，初心辦道即是本證之全體。因此講授修行上的用心，必須指示修行之外不可另有期待證悟的念頭產生，蓋因修行本身直指本證（即本證妙修）之故。所謂證悟，旣然已是修行之證悟，則證悟無有際涯；所謂修行，旣然已是證悟之修行，則修行無有始源。因此，釋迦如來、迦葉尊者皆以證上之修受用，而達磨大師、大鑑高祖亦由證上之修引轉。此後住持佛法的（代代佛祖）概皆如此。」我們知道，歷史上的釋迦曾以苦行方式修行約有六年而不果，最後才以不苦不樂的中道，亦即菩提樹下的坐禪，證悟成佛。中國禪宗祖師們，從達磨到大慧宗杲等等，皆未明說，亦不敢明說，坐禪修行即是作佛，當下即是證悟的自然彰顯。道元卻直取慧能本證妙修之旨，且予以大大突破，完全改變坐禪修行的意義，自本覺門談修證一等，實比慧能之旨更進一步，因爲後者的本證妙修似乎仍在本覺門與始覺門之間未作徹底決定之故。

第八番問答說明道元以前入唐求法的日本僧侶，所以未能傳授修證一等的坐禪法門，乃是由於時節未熟之故。第九番問答接著說明，時節所以未到，也是因爲這些上代僧侶未通此一正傳佛法的緣故。

第十番問答評斥「心性常住不變」或「身體之中有靈知不滅之本體」等說，爲外道妄見。道元說道：「佛法始終主張，身心一如而性相不二。……大家應該悟覺到，生死即是涅槃，除生死之外不必談及涅槃。……又怎可說身體生滅之際心能離脫身體，無有生滅？……佛法所以說是心性大總相法門，乃是由於盡一切法界，性（本體）與相（現象）無有分別，也不必論生滅，世界一切包括菩提涅槃在內，無一不是心性。……則我們怎可於此一法（即眞實佛法）分別身與心，隔開生死與涅槃？」道元在這裡所堅持的身心一如、性相不二之說，正與傳統大乘佛教所倡佛性論或眞常唯心論直接對蹠，在他另一重要篇卷〈佛性〉更有精細的討論，容後論介。

第十一番問答說明坐禪與戒律之間的關係。道元認爲，持戒梵行乃是禪門規矩，佛祖家風。不過未受戒者或破戒者，如能專心坐禪，也有一分功德。我們在這裡不難看出，道元所強調的是大乘戒的自律精神，不是小乘律則本位的他律規範，且有強調坐禪爲本、戒律爲末的傾向。

第十二番問答反對修證一等的坐禪法門之外，兼修眞言密教修行法或天台止觀，認爲不專念於正傳佛法意義的坐禪辦道，則不可能獲致佛教最高智慧。我們在這裡可以看到道元的自信，以及始終堅守純一無雜的正傳佛法的不妥協態度。第十三番問答提示，坐禪法門完全不分出家與在家，亦無男女貴賤之別。也就是說，做爲正傳佛法，此一法門有其普遍普及的修行意義。

第十四番問答澄清坐禪辦道的眞意，端在心願意志之有無，無關乎出家在家。道元引用南宋大官馮楫的一首詩，藉以說明在家道的繁雜世務毫不妨礙坐禪學道。這首詩是:「公事之餘喜坐禪，少曾將脇到床眠。雖然現出宰官相，長老之名四海傳。」第十五番問答駁斥在末法時代修行困難、難於證悟的消極說法，主張大乘實教無有正法、像法、末法三時之別，坐禪效用如何，如同飲水，冷暖自知，不必管到自己生在甚麼時代。道元此說，實與淨土宗直接對立，水火不相容。

第十六番問答駁斥「卽心是佛，佛法本具於己，毋需坐禪辦道」的片面說法（道元似乎暗指天台本覺論的「本已悟覺，不必修行」），堅持修證一如意義的坐禪必要性。第十七番問答強調，雖然有過香嚴智閑禪師聽到小石撞竹之聲而悟道，或靈雲志勤禪師見到桃花而明心見性等等故事，但這些禪師仍是以坐禪辦道爲正法，不起思慮分別，故能體悟自己與色或音聲乃是一體。也就是說，坐禪法門決不可廢棄不用。最後一番問答承認，日本出家人迷於世俗名利權益，不及中印大國的在家道，修行環境確實不如大國。不過，道元認爲如來的正法具有不可思議的大功德力，時節一到即會弘傳；即使在小國日本，即使在末法時期，祇要具有正信好好修行，不分利鈍，皆能得道無疑。

道元最後說道，雖穿破衣，吃粗食，如果能在山中草庵端坐修行，即有超越佛祖的絕妙境地顯現，成就一生參學之大事。至於坐禪儀則，應依他在數年前（一二二五——二七）撰製的〈普勸坐禪儀〉。〈辦道話〉做爲整部《正法眼藏》的序論，祇提示了道元禪學理論與實踐的大致輪廓。關於其中細節的精銳討論，尤其哲理的深化，則表現在〈現成公案〉、〈佛性〉、〈有時〉等篇。

（二）〈現成公案〉

據道元禪師自述，此卷撰於一二三三年八月，贈與九州的俗家弟子楊光秀。道元在他入寂的前一年（一二五二），略予修訂，收在七十五卷本之中。據說六十卷本所收的是原先初稿，卷名寫成〈現成公按〉，七十五卷本則改爲〈現成公案〉。此卷在道元生前已形成的七十五卷本之中就確定爲第一卷，可見它在道元心目中佔有的地位。就成立年代次序言，它緊接〈辦道話〉與〈摩訶般若波羅蜜〉之後，算是《正法眼藏》最早的三篇之一。如說〈辦道話〉是修證一等的坐禪法門概論，〈摩訶般若波羅蜜〉屬於大乘般若學的簡說，而〈現成公案〉則可看成關於終極眞實的證悟體驗及其哲理深化的篇卷。三者不妨分別稱爲「坐禪之卷」、「智慧之卷」與「證悟之卷」；或不如說，〈現成公案〉集坐禪、智慧、證悟等等道元禪學之大成，乃係足以表現道元禪骨髓的第一代表作，不論就文筆或哲理言，決不在莊子〈逍遙遊〉、〈齊物論〉等篇之下，在道元著作之中最被吟誦，最受喜愛。

「現成公案」一辭具有道元獨特的禪學深意。「現」者「現前」之謂，但此「現前」不僅指謂「顯現」或「眼前存在」而已，卻有「隱顯存沒不拘」之意。「現」字破除本體與現象、隱沒與顯在、有與無、空與色、主體與客體等等二元對立，一切如如，當下現前爲如是如是，無有造作，免於虛妄。「成」即「成就」之意，但不拘於成壞，有別於平常所說（未成者新成或完成的）成就。「現成」也不是普通所謂（已經形成或造成的）現成(ready-made)，而是離脫去來、生滅、成壞等等世俗諦現實了解的不生不滅、不垢不淨的諸法實相或萬事萬物的「本來面目」。「公」是「公平」，意謂諸法（萬事萬物）住於各自的本分或法位，物物自爾而不相礙，如大非小而不礙小，長非短而不礙短，高處即「高平」，低處即「低平」，如此萬事萬物自得自在，究竟平等而圓融無礙。「案」或「按」是「任持」，亦即支撐「現」、「成」、「公」而不失之意。「公案」二字原係公府（國府、縣府、郡府等等）的案牘（法令），在中國禪宗則借用之爲歷代禪師的言行記錄，當做參禪者的指南。此類言行錄有如官府判決是非之案例，作爲後代禪修依憑之法式，故稱公案。道元這裡所說的「公案」，意義特深，有眞實眞理之意。「現成公案」乃意謂著「永遠現成著的一切諸法，即是萬事萬物公公平平地住於各自本分法位的佛法眞諦」。如與傳統大乘佛學的慣用語辭，如「諸法實相」、「一切法空」、「圓融無礙法界」等等相比，道元所創「現成公案」不但具有禪家特有的用意（如「公案」、「當下現成」)，更有破除過現未三時之別，而於此時此刻（「永恒的現在」）當下當前體證一切法「現成」如是如是的修證一如氣槪氣魄，旣逼眞又具體，十分反映著道元禪學的本領。

〈現成公案〉是百年難得一見的名作，向稱日本古代散文之首，突破了中國禪師祇作簡短語錄的規格，値得全譯，向國人推介。榑林皓堂所編的《正法眼藏啓迪》第六卷的〈現成公案啓迪〉，將此篇分成十四節講解；橋田邦彥所著《正法眼藏釋意》則分爲十節。我在這裡暫依後者，也分爲十段，譯成中文，儘可能保持原有漢字；如原有漢字不通，則稍予改變，至於括弧內的漢字係我補充，以便增加讀者的理解。有興趣的讀者不妨參照大正大藏經第八十二册第二十二頁所載原文。

⑴當諸法之為佛法的時節，卽有迷悟，有修行，有生死，有諸佛，有衆生。萬法不屬於我（或譯為萬法無我）的時節，無迷悟，無諸佛，無衆生，無生滅。佛道原本跳出豐儉，故有生滅，有迷悟，有（衆）生（與諸）佛。雖然說是如此，花依愛惜落，草逐棄嫌生（或譯為花不因愛惜而仍散落，草不因棄嫌而仍叢生)。

此段名文已有不少日本古今學者試從各種角度予以理解詮釋。我的學生海因（Steven Heine）博士（現任賓州州立大學宗教學副教授，已是美國學術界的道元禪學權威）也出版過一篇英文論文〈道元「現成公案」之中無常的多面性〉(‘Multiple Dimensions of Impermanence in Dogen’s “Genjōkōan”’), 現已收在自著《夢中之夢——日本思想硏究》(*A Dream within a Dream: Studies in Japanese Thought*, 1991), 係我主編的「亞洲思想與文化」(Asian Thought and Culture) 叢書(彼德朗國際出版公司)第五册。他從我爲了解釋中國形上學的深層結構所自創的「整全的多層遠近觀」(holistic multiperspectivism) 獲取一點詮釋學靈感，專就此段名文(共分四句)試予一種哲學的詮釋。他開頭便說，前三句分別反映天台宗圓融三諦的假諦、空諦與中諦。由是，第一句表現佛法探索者面對生死的無常，轉迷開悟修行而證悟，或從眾生轉化成爲佛所產生出來的權便二元性，「修行」範疇並不出現在同段其中句子之中。第二句彰顯權便二元對立的根本空性。第三句有如《金剛經》所慣用的「A不是A，故又是A」的弔詭論理，表示眞實本然的非二元性並非迷悟、生佛等等二元化的直接對立，而是「同」(空性或非二元性)至「異」(假現二元性)的超克解消。也就是說，第三句等齊前面二句，不但調換它們的次序，且顯出統合空諦與假諦之間的創造性交叉活動。中諦所顯中道實相既是「假」又是「空」，因此非「假」非「空」；祇有站在究竟平等的中道實相立場，二元分別的全面性與多面性一起能夠展現出來。

海因了解到，第四句簡短而曖昧，但似乎蘊含著豐富的意思，故至少有兩種對立的詮釋產生。其中一種說法是，此句代表帶有執著迷妄的未覺觀點，因此「愛惜」、「棄嫌」之類必須否定超克；另一種說法與此相反，從絕對主義觀點包容超越有關變化無常(如花開花落或草生草滅)的人間哀嘆傷感。還有一種說法是，在無常的最深一層存在著根本弔詭，即在此深層自然現象（如花落草生）與人間感應的一切展現（即「現成」）究竟平等，彰顯無常無我的存在樣相的弔詭之謎（即「公案」）。海因通過對於幾位日本學者的現代口譯與美國學者的英譯的一一考察與總結之後，提出自己的結論說，「此句（最後一句）可以重寫如下：『即使是如此，學習佛法是要對於變化無常（如實）表示哀傷。（如實）表示哀傷是要超克（迷執成因的）哀傷，以及體悟到做為一切事相或現象的無我性（空性）。」海因承認，此句正因如此單純簡易，故意味反而複雜而深邃，本身即是最佳「公案」，於此弔詭而難於深透的曖昧性中，問與答，課題與解決，話語與沈默有所統合起來。此句又表現著道元所意謂的「現成公案」，當做無常的根本層面，於此我們所面臨的每一因緣有其圓融無礙的如實彰顯，既被變化無常之果所動，又同時予以解除。

橋田邦彥在他的《正法眼藏釋意》第一卷，提出他的詮釋說，第一句的「諸法之為佛法的時節」意謂「天地間的一切完全正確如實地把握到的時節」，或即「離佛法，無一物之時」；於此如實觀察萬事萬物，則事事物物各自「現成」之為「公案」，就可看到種種事體，故有「迷」有「悟」，有「修行」又有「生」與「死」，亦有「眾生」與「諸佛」等等的差別存在。但是，諸法之為佛法的時節，也彰顯了「萬法無我」，如第二句所示。從第一句的差別觀點看，有迷悟等等二元對立，從第二句的平等觀點看，則不得不立即否定「迷」的自性，「悟」的自性，以及兩者的對立。但是這裡所說的平等雖「否定」了差別，並不是與差別構成對立或相反的一面性平等，差別也不可能由於「否定」而消失不見。故有第三句所建立的，超越差別與平等暫時形成對立的另一立場。「豐儉」是有無對立的立場，豐產豐饒喩謂積極肯定（有）的立場；節儉儉約則指消極否定（有）的立場。「跳出」即「超越」之意，「佛道」一辭比「佛教」更具具體的修道義涵，即指有無對立之具體的揚棄統一，非有非無，非色非空，但又表現有卽無，色卽空，豐儉一如，相卽不二。但是光說「跳出豐儉」而如實觀察「迷悟」、「生死」、「生佛」等等現前事體，還不夠充全，有美中不足之處，故須提出第四句的體驗立場。「雖然說是如此」暗示著，如果停留在上面三句的辯證的揚棄歷程，就有概念遊戲之險，因此還要全身沒入「愛惜」、「棄嫌」等等生命體驗之相，去體悟到差別與平等之間不一不異的弔詭性。

榑林皓堂在他的《正法眼藏啓廸》第六卷，也提出他的看法。他認爲，把第一句、第二句與第三句分別講成代表有相、空相與超越有無的更高深一層的佛法，根本沒有抓到「現成公案」的眞諦深意。他完全反對第一句到第三句是自淺至深、從假到實的辯證超越說法，主張這三句所分別代表的有、無及有無超越其實都究竟平等地展現「盡界」，皆同樣展現「現成公案」及其豐富理趣與蘊涵。「豐儉」喩謂有無、色空，「豐」指建立門，「儉」指掃蕩門，「跳出豐儉」乃係不離不卽之謂，有無色空皆同的跳出或超越有無色空，生佛迷悟亦跳出或超越生佛迷悟，如此則三界本身卽是出離，有無本身卽是超越，六道緣起亦立卽轉成不可思議的中道實相或道元所說的「現成公案」。至於第四句，草喩迷妄、衆生，花喩悟覺、諸佛。凡夫因有違順、憎愛、取捨等等分別心或妄情妄念，故生世間一切的迷悟、苦樂、吉凶禍福、生死涅槃、衆生諸佛等等二元對立隔絕的邊見。其實花開花落、草生草滅皆是「現成公案」。秋蟲能賞雜草叢生，鳥亦不惜花之散落；反觀凡夫因其愛憎取捨，故「愛惜」花之散落，「棄嫌」草之叢生。

我自己在敝校宗教學研究所，開過博士班討論課「道家、禪宗與海德格」至少四次，也經常叫研究生們各寫一篇加以解釋。我依積下的教學經驗與研究心得，在拙文〈如淨和尚與道元禪師——從中國禪到日本禪〉（收在《從西方哲學到禪佛教》），提出了我個人的詮釋如下：

「道元的意思是說，當我們從佛法觀點去看諸法（一切事物現象）時，就有迷悟、修證、生死、聖（諸佛）凡（眾生）等等二元差別。我們凡夫無法徹底解決生活煩惱，無法擺脫人性枷鎖，更無法脫離生死苦海，這都是經驗事實。但當我們發心求道，就會立刻體會到，解脫之道就在由迷至悟，因修而證，大死而後大生，自凡趨聖等等個體生命的向上轉化。根本佛教四諦之中，苦、集二諦是釋迦在高層次的佛法立場針對生老病死的一切苦惱（苦諦）及其形成因緣（集諦）所作的透視，有如醫學上的診斷（diagnosis）。滅、道二諦則是他所提示的解脫之道（滅諦）及其實踐步驟（道諦），又似醫學上的治療（therapy）。不論是從現實層面（苦集）去看，或從理想層面（滅道）去看，上述二元差別儼然存在，由是而有眾生向上求道成佛與諸佛向下解救眾生的二門。

但是，如果我們換個角度，跳過我們自己（個體生命）的迷悟、修證、生死或凡聖，就萬法（包括個體生命在內的一切事物現象）透視萬法，或如天台所云：『如實知見諸法實相』，則本來就無所謂迷悟、凡聖或生滅可言，一切祇是自然法爾。佛法上的二元差別，預先假定我執（自迷）我願（求道）的存在現實；如無我執我願，則從四聖諦到大小乘一切佛法都可以拋諸腦後了。從個體生命的向上向下去看萬事萬物，就有佛法二元區別的方便設施；就萬事萬物透視如實之相，則個體生命迷悟修證與否的佛教問題統統自動解消。道元當可同意，老子所說『夫物芸芸各復歸其根』，慧能死時自喩『葉落歸根』，乃至張載〈西銘〉所云『聚亦吾體，散亦吾體』，都表現著儒、道、佛三家站在無我立場所建立的共同一致的生死智慧。依此生死智慧，個體的生死迷悟已不是問題所在；眞正的終極問題是在我們能否超越個體生命，如實知見萬事萬物的原本自然。

我們還可進一步說，『當諸法之爲佛法的時節』與『萬法不屬於我的時節』乃是一體的兩面。前面專指差別、個體、肯定或『有』的立場；後者則指平等、全體、否定或『無』的立場。圓融無礙的佛法最勝義諦應該包攝這兩種立場而不偏廢。因此，道元又說:『佛、道原本跳出豐儉，故有生滅、有迷悟、有生佛。』『豐饒』是佛教的建立門，指建設性層面，轉眞空（一切法空）爲妙有（事事無礙），『日日是好日』;『儉約』則是掃蕩門，指破壞性層面，破除一切迷妄我執，還出我法二空，體悟一切了不可得。『豐儉』意謂有與無，肯定與否定，或建立與掃蕩，有如禪家所謂『活人劍』與『殺人刀』。佛道跳出豐儉，彰顯中道實相，故而有卽無，肯定卽否定，色卽是空，差別卽平等。因此，就經驗世俗言，有所謂個體生滅；就無我勝義諦言，則無生無滅。同樣地，雖有迷悟而無迷無悟；雖有生佛而又無衆生無諸佛。『當諸法之爲佛法的時節』到『佛道原本跳出豐儉』三者，可以看成從三個層面——有、無、中道——分別描敍道元現成公案的禪悟體驗，哲理上表現之爲我所謂『顧及全面的多層遠近觀』。

中道實相雖是如此，我們凡夫所執著的世俗界，卻是『花依愛惜落，草逐棄嫌生』。道元此一詩句，道盡了人間世的取捨愛憎，勝過千言萬語。花落本無心，人卻有心，以愛惜之念觀看美花飄落；草生本無心，人卻有心，以棄嫌之情觀看雜草叢生。」

我在上述拙文提出的這一段詮釋寫在十年以前，今天再看，自覺仍然滿意，毋需大大修改。不過，我在這裡想加一些看法，補充十年前的詮釋意有未盡之處。其中一點是關於前三句的各別義諦與哲理關聯。就其哲理關聯言，不論以天台宗的圓融三諦，或依我的「整全的多層遠近觀」去綜合地詮釋前三句都可以成立；但就前三句的各別義諦言，其中每一句都是「現成公案」的自我展現，無有高低優劣之別，也不必去管有否黑格爾式的辯證性（正反合）揚棄綜合可能。光就字面很難斷定道元的本意，不過每一句都表現本身獨特的「現成公案」恐怕要比哲理關聯的綜合性理解更具深意。第二點涉及最後一句的義理弔詭性。該句如譯為「花不因愛惜而仍散落，草不因棄嫌而叢生」，則我上面以虛妄分別的有心（眾生的「愛惜」、「棄嫌」）與一切如如的無心（花落草生）去理解它，並無差錯。但也不妨進一步（帶有大徹大悟之後的最勝義美感）說，有心與無心皆是中道實相的分別彰顯，「有心」的眾生從佛法觀點去看，當然有待超克他們的虛妄分別，以便轉迷開悟；但就最勝義諦言，「有心」與「無心」的差別即是究竟平等，如以文學藝術手法予以表達，則「有心」與「無心」當下各自顯其獨特之美，無有迷悟與否的評價必要。我十年前所以譯為（稍帶曖昧意義的）「花依愛惜落，草逐棄嫌生」，很可能有意保持原文的義理弔詭性，祇是當時並未徹底意識到，也未特別想到最勝義諦的一切如如所展現出來的一種「現成公案」美感而已。無論如何，光從道元此一名篇的開頭四句，我們就可窺見他那層層挖深禪宗哲理的行文本領，令人嘆爲觀止。

⑵（強）運自己修證萬法謂之迷，萬法進前修證自己謂之悟。大悟於迷為諸佛，大迷於悟為衆生。更有悟上得悟之漢，迷中又迷之漢。諸佛正為諸佛之時，（諸佛）毋需覺知自己之為諸佛。然而（諸佛實為）證（會自性之）佛，繼續證佛而不休。

此段與前段相比，語意較爲直截淸楚，也較容易把握。我在〈如淨和尚與道元禪師〉所給的詮釋，今天看來仍覺滿意，抄列如下：

「誠如中國禪宗三祖僧璨在〈信心銘〉所云：『至道無難，唯嫌揀擇。但莫憎愛，洞然明白。』如果我們有心修行，以便尋求有所得的『證悟』，同時又以己意瞎猜萬事萬物的如實之相，這就是迷妄，如果我們無我無執，無心成佛而祇管打坐，乃至身心脫落，且讓萬法實相自然呈現，這便是證悟。眾生本悟而反自迷，諸佛則知迷之爲迷而不存心成佛，故反成佛而毋需自覺爲佛。所謂證悟成佛，不是修行的結果，而是眞正的開始；因此證悟之後更需修行，永無止期。初發菩提心而祇管打坐的時節，就是佛心佛性『現成公案』的時節，祇管打坐而證悟成佛的時節，仍是佛心佛性『生成不斷』、悟迹休歇而繼續禪修的時節。這是身心脫落、修證一等的本義。當年道元『身心脫落』之後，雖經如淨印可，而自己卻說：『這箇是暫時伎（技）倆』，就是這個意思。」

我在這裡祇想補充一點，強調道元「修證一等」論的眞諦深意。本段所提迷悟的分別，就佛法的道理世俗諦言，無甚差錯，本來多半佛教徒原是帶有這種分別心才去開始修行，希望有一天能夠眞正「轉迷開悟」或「轉識成智」，就知解與漸修漸進言，始於四聖諦八正道之類的研鑽與自我磨鍊。般若學與中觀論的大乘義學產生之後，（大乘）佛教徒有了機會從最勝義諦去重新了解，道理世俗諦層次的迷悟之分有其徹底破除此一分別（心）的二諦中道本根，而此一本根亦是能使此一分別（心）暫時存立的終極理據。道元「修證一等」便是假定了這個本根，且又站在（日本）天台本覺門立場徹底揚棄本覺門與始覺門之分，講求「(修證一等意味的）證悟之後，更需修行，永無止期」；更深一層說，道元的修證一等論蘊涵著，「修行（即修證）無有止境，如此身心脫落，隨時隨處卽是現成公案，所謂證悟、成佛、涅槃云者，干我何事。」道元雖未曾明言如此，他是不得不承認有此深意在內的。

如依我所強調的創造的詮釋學理路，去講活救活道元「修證一等」論在（大乘）佛教思想史上所具有的革命性突破意義，則不難看出，此論一方面消解了中國禪宗對於「漸修」（神秀）與「頓修」（慧能）孰優孰劣的長期爭論，另一方面更大大改變了慧能「頓悟頓修」的原旨，堅持「修行不斷，卽是證悟，卽是行佛（而非成佛），除此之外別無證悟可言。」慧能頓悟禪所說的本證妙修，到了道元的修證一等論，終於脫胎換骨，以修爲證，本覺卽是始覺，卽不外是日日修行，如此而已，實與《大學》所云「苟日新，日日新，又日新」有一脈相通之處。只是道元的

「日新」是永無休止的（超世俗道德的）宗教實踐，不能等同於儒家的道德實踐，且不說兩者的終極目標並不相同。我祇是要說，本段確實蘊涵著「修證一等卽是修行不斷而日日新」，這對傳統大小乘佛教的保守修行法極有挑戰性，也有助於我們開展最勝義諦（終極眞實、終極意義）積極地落實於世俗諦（人倫道德、歷史文化、政治社會等等生命的世俗層面價值取向）的嶄新理路，而與（有見於世俗人倫而較無見於勝義諦的）儒家互補互成。我們對於極具創意的道元論說，必須應用我所強調的創造的詮釋學，才能眞正發現創意所在。可惜道元未進一步突破自己，就義理與表達徹底講出「自初發菩提心之時，菩薩之道卽是日日修行，不必去管成不成佛」。（同樣地，儒家亦可根據「日日新」之說，講出「君子之道卽是日日磨鍊，不必去管成不成聖。」）無論如何，本段的深層義理與哲理蘊涵有待我們繼續掘發，這是我們現代學者在創造的詮釋學最高層次（「創謂」）所必須踐行的學理探索。

(3)舉（自己）見取（形）色，舉（自己）身心聽取（音）聲，雖親自會取，卻非影留鏡面可喻，亦非月印水上之比。證一方時，（另）一方（立卽轉為）冥暗。

我在上述拙文也提出了我的詮釋如下：「身心一旦脫落，則禪者能舉身心而大機大用，眼能見取形色之爲形色，耳能聽取音聲之爲音聲，自由透脫，毫無窒礙。我們凡夫的身心不能脫落，故以分別心去看萬事萬物，主體（身心）與客體（外境）始終隔斷而不融通；有心證取一方（身心），另一方（外境）就立刻轉暗，有如影（外界影像）現鏡面（身心），或如月印水上。」

爲了撰寫此書，我最近參考了一些日本學者的道元詮釋，其中橋田邦彥在他的《正法眼藏釋意》第三篇提到，道元所云「冥暗」意謂「冥會」，即「冥冥會得」，只因「會」未呈現爲「會」，故說成「冥」。據此理解，則當我們舉全部身心體驗月亮（的本來面目），則在主客一如的體驗境界之中，月亮已非抽離而有的月亮，卻包容了其他一切森羅萬象。也就是說，所謂「(另)一方（轉爲）冥暗」，即不外是所證的一方（主客一如的體證境界所顯的一法）同時包含其他一切。依我的詮釋，主客既是終極一體，則如就主客的暫時分別而去證其中一方（不論是主或客），則另一方就立即轉暗而消失。依橋田的說法，則本段的最後一句反有主客一如下一法包含一切法（差別即同一或一即一切）的意涵。我祇能說，就此句文氣與整段文脈言，道元「當謂」我的詮釋應較合理。

(4) 學佛道者，學自己也；學自己者，忘自己也；忘自己者，萬法所證也；萬法所證者，乃使自己身心及佗己（他人）身心脱落之也。（由是證）悟迹（象）有所休歇。卽令休歇之悟迹長長（生）出。

此段文字是道元著述之中最受吟誦涵詠的名文之一，極具佛法深意，文意也很清楚可解。道元特別強調修證一等之時，多半使用「佛道」字眼，取代「佛教」或「佛法」，用意是在，「道」字能顯日日活動、修行修練（行佛而非成佛）之意。「忘自己」意謂「無我」，並非捨我，而是不突出自己與他者對立。道元這裡所說，與本篇第二段的那一句「(強) 運自己修證萬物謂之迷，萬法進前修證（我）自己謂之悟」，前後相應，互爲補充。不過他在這裡格外強調，自他（大家）同時發菩提善心、一起身心脫落，實有破除自了漢的邊見，宣揚大乘菩薩道精神的一番用心，深化忘我無我的理趣。身心一旦脫落，一切證悟跡象也就自然而然無有存留的餘地，又與第二段的另一句「諸佛正爲諸佛之時，毋需覺知自己之爲諸佛」義理相應。我們這裡應注意的是，道元不停滯於「悟迹有所休歇」，還更進一步堅持，在修道作佛者的一言一行一舉一動之中，繼續不斷地消除任何證悟痕跡，這也是第二段中所云「更有悟上得悟之漢」的另一說法；「悟上得悟」即是「令休歇之悟迹長長（生）出。」

(5A)當人始求（佛）法之時，（因求法於外，故而）離卻（佛）法邊際。當（佛）法正傳於己（分內）時，（自己）即為本分人。

此段文意簡易，提醒探求佛法者勿將佛法當做外在客觀眞理（所謂永恒不變的理法）看待，而後才去識解其意，以此主客對立的分別心去求佛法，則愈求愈遠，了不可得。道元所說的正傳佛法堅持坐佛一如、修證一等，此法正傳於自己時，絕對主體性的修證體驗與正傳佛法終極合致，無有內外，主客一如，原先的求法者呈現之爲「本分人」。初學者一旦成爲本分人，自然體悟到當初刻意求法之心有違（正傳）佛法的眞諦。

(5B) 人在舟上乘行，轉眼見岸，則誤認岸在行進。如實轉眼回來，就舟看舟，則知船自行進。同理，亂想身心而去辨肯（刻意辨識）萬法，則誤認自心自性為常住。如能親理行履，歸諸箇裡，則可明知萬法不在我之道理。

此一小段借舉「岸進船不進」的迷情妄識之例，較具體地說明，帶此凡夫情識去瞎猜萬法如何，則常（有如外道那樣）誤認自己心性常住不變，如同身在船上誤認船舟不動一般。「親理行履」意謂依照無我的如實知見時時正行；「歸諸箇裡」則有回歸萬法的根源之意，亦即指謂萬法無我的道理。

(6) 薪燃成灰，不再回頭成薪。雖然道理如此（或譯因此道理故），不應見取灰在後薪在前。應知，薪住於薪之法位，雖云（薪）前（灰）後，卻是前後際斷。灰住於灰之法位，（雖云灰）後（薪）先（亦是前後際斷）。正如此薪成灰之後不再回頭成薪，人在死後不再回生。如此，不云生轉成死，乃是佛法定說，故曰『不生』。死不轉成生，即是法輪所定之佛轉，故曰『不滅』。生是一時之（法）位，死亦是一時之（法）位，例如春冬。不思冬轉成春，不云春轉成夏。

依照我們一般的時間連續觀念，薪在前、灰在後，才有薪燃成灰的現象。同理，我們的生命在前、死亡在後，才有生命趨向死亡、轉成死亡的可能。道元徹底推翻此類通常看法，一方面承接龍樹中觀論的「不生不滅」之說，另一方面又跳過龍樹，講說「前後際斷」，依此獨特的時間論（即「有時」論），開展修證一等、現成公案的禪宗哲理。如要充分消化此段文意，我們必須同時研讀他那最富哲理深度的〈有時〉篇，容後細論。不過應在這裡提示一下，道元「前後際斷」之說，至少蘊涵兩大理趣。其一，道元站在修證一等的「有時」論立場，對於圜悟禪師的名言「生也全機現，死也全機現」所表現的禪宗生死智慧，提供了深邃的生死學基礎，當做徹破生死對待的哲理指南。其二，雲門禪師之語「日日是好日」在道元的「前後際斷」獲得更有深意的創造性詮釋。不但我們的「生」與「死」皆獲獨立自由的法位（即佛法的絕對圓滿之位），連我們生命歷程上所看到的「薪」、「灰」、「春」、「夏」等等的「一時」（任何時刻，任何事象）也同樣獲有平等法位。這是道元所了解的正傳佛法（佛轉正傳法輪）。當然，要讓萬事萬物、森羅萬象展現現成公案意義的「一時之位」，或即（新派基督教神學家田立克所云）「永恒的現在」，必須要有修證一等意義的「親理行履，歸諸箇裡」這實存的體認體會才能成立。

(7) 人之得悟，有如月映水上，月不濡而水不破。光雖廣大，宿於尺水之水。全月彌天，旣宿於露，亦宿於一滴之水。悟不破人，如同月不穿水。人不罣礙悟，亦如滴露不罣礙天月。（一滴水）深容有（月）高分量。時節之長短檢點大水小水，辨取天月之廣狹。

道元在這裡所說的「悟」，人人可得可證，普遍而平等，無有差別。「悟」與人喻如月光與水，兩不相罣礙，無有破傷或增減。「時節的長短」指謂月光映在水上的長時或短暫，不論時間多長久短，應知月光之無有際限（喻謂「悟」之普遍性、平等性）；隨時應該體認，月光無有分別地映在大川小河。月光亦喻如修證一等意義的坐禪作佛，乃與萬法形成一如，任何時節皆是「永恒的現在」，無所謂「時節之長短」。

(8) 身心還未參飽（卽完全體悟）佛法，就會容易感到已得佛法。佛法充足於身心之時，反覺還未得法（或絲毫不起得法之心）。譬如乘船出海，眺望四方，則見海祇如圓形，而非方狀。然而大海旣非圓形，亦非方狀，卻顯種種海德，無限無盡。海水時而有如宮殿，時而有如瓔珞，祇是船上之人見海，顯爲圓形而已。萬法亦是如此。塵中格外（卽世間與出世間，或方內方外）各有許多樣相，人卻祇在參學眼力限制下見取會取。如要見聞萬法之家風，應知方圓之外，尚有其他海德山德，無有窮盡；自身有限眼界之外另有千萬世界。不僅自己身旁是如此，不論直下（卽自己脚下，亦卽自己身心之中），不論一滴（之水）亦皆如此。

還未大徹大悟的求法者容易生起自滿之心，自以爲已獲佛法眞諦。眞正悟道之士反而無有得法之心。前者眼界之狹隘，有如坐船到沒有山地的大海之中，祇見海如圓形，不知無盡海德（海水樣相），更不知「現成公案」的無盡法界所顯千萬種妙有妙德。凡夫所見之圓形海水，魚見之有如宮殿，天人見之有如瓔珞，餓鬼見之有如濃血，這就是所謂「一水四見」，與「坐井觀天」無異。

(9)魚在水中游行，水無際涯；鳥在天空飛行，天空亦無界限。然而自古以來魚未離水，鳥未離天。祇是用大之時則使大，要小之時則使小而已。如此，頭頭（卽每一事物）無有不盡邊際，處處無不蹈翻；但如鳥離天空則立卽死去，魚如離水亦卽刻死去。是故應知，以水為命，以空為命，以鳥為命，以魚為命，以命為鳥，以命為魚。又可更進一步借用其他比喻說明箇中道理。修證及其命者壽者，道理亦是如此。如果鳥欲預先窮盡天空，魚欲窮盡海水，則於水於天皆不得道，不得（安身立命之）處。

魚、鳥喻如修行之人，天空與水則喻指禪悟體驗的「現成公案」境界。魚、鳥未能離水或天空；於人亦然，不能離道，誠如〈中庸〉所云，「道也者不可須臾離也。」「用大則使大」、「要小則使小」等等各別修行者的表面差別，並不罣礙修證一如的普遍平等性，於此境界境地，表面差別完全解消。修證一如的禪者無不就每一事物體悟「現成公案」，隨時隨處的一舉一動無不反映「現成公案」。體悟「現成公案」的禪者壽命是長是短，不是問題所在；祇要「現成公案」，短命長壽畢竟平等，毫無差別。假如修行之人硬要隔開修行與證悟，想要預先在理智上窮盡證悟之「道」，然後才去修行修道，則反而不得道，亦不得安身（心）立命之處。修證既是一如，禪者祇有在日常世界的具體修行悟道體道，如此而已。

(10 A) 如得其所，則此行李（履）自然就顯現成公案。

如得其道，則此行李自然就顯現成公案。此道、此所非大非小，非（屬於）我亦非（屬於）他，非過去早先如此存在，亦非現今始有；隨時隨地卽是如此。然則人如修證佛道，卽得一法通一法，遇一行修一行。如此得（安住之）所，通達於道；此所此道決非所知對象，蓋與佛法之究盡（卽同時修證之為「現成公案」）同生同參之故。切勿以為得（此所此道之）處卽成自己之（分別）知見，可用知慮予以把握。證究（卽證悟究盡）雖卽現成，密有（內密之有，卽指一切衆生悉有佛性之有）不必卽是現成，現成何必是如此。

從修證一如的現成公案觀點去看，修一行、修一法卽是得其所、得其道，無有兩樣，則行住坐臥、語默動靜、喝茶喫飯等等日常行履卽顯「現成公案」。此所此道的「現成公案」非大小等等二元分別之心所能認知，亦非特屬過去（旣有）或現在（今有），而是隨時隨地坐禪修行之際當下彰顯。「密有不必卽是現成」許有不同的詮釋。我認爲較恰當的詮釋是，解「密有」爲密藏於一切衆生的佛性，則此語意謂「並非預先有所謂隱藏著的佛性，而禪者通過修行、明心見性之後，佛性就顯現出來」。也就是說，根據傳統大乘佛學的佛性論，一切衆生本來悉有佛性，通過修行而悟覺，則佛性顯爲佛心。道元反對此說，認爲修證一如的坐禪工夫卽是佛性之現成公案，隔開修行以前預先存在的佛性（隱）與修行完成之後的悟道成佛（顯）毫無理據，亦無意義。

(10 B) 麻谷山寶徹禪師使用扇子。當時有僧來問：「風性常住，無處不周。和尚何故更用扇子。」師曰：「汝祇知風性常住，卻未知道無處不周底道理。」僧曰：「如何是無處不周底道理。」時禪師祇管使扇。僧禮拜。佛法之證驗，正傳之活路，即是如此。（此僧所云）「風既常住，則勿用扇子，不用扇子仍有風吹」，實不知風性為何。風性常住之故，佛家之風現成大地之黃金，參熟長河之酥酪。

道元在這裡借用寶徹禪師使扇的故事，點出正傳佛法的現成公案理趣。不是先要了解「風性常住」的道理，產生知解此一道理的分別心，然後才去討論用不用扇。站在道元修證一如的現成公案立場，實地修行坐禪（使用扇子）之時即顯現成公案（風性常住），坐禪作佛之際即是佛性之現成；任何「常住」、「佛性」之類的概念假定在先，並不是修證一如的正傳佛法。我們於此不難窺知，道元禪學的哲理獨特性、深邃性。

〈現成公案〉這一篇可以看成整部《正法眼藏》的序論或總論，道元禪學的精髓於此名篇幾乎展現無遺，包括修證一等論、（反傳統大乘的）佛性論、（「有即時、時即有」的）禪宗時間論等等。不過，我們必須細讀〈佛性〉、〈有時〉等其他重要篇章，才能了解道元禪學之中個別論點的深意所在。

（三）〈一顆明珠〉

道元在觀音導利院說法的首篇是〈摩訶般若波羅蜜〉，多半是《般若經》或《如淨語錄》的引用，無甚創意。五年之後道元又在該院說法，即是〈一顆明珠〉這一篇，顯出他更成熟的思索與體驗。據編譯《道元》（一九七四年中央公論社《日本的名著》第七卷）的玉城康四郎教授所說，此篇具有兩點重要意義。其一，道元的思索在四十年代的前半（即撰寫〈有時〉、〈佛性〉等篇的時期）最爲成熟，此篇代表爐火純青的前奏，暗示此後禪思的方向。其二，道元借用玄沙師備禪師之語「一顆明珠」，作爲獨自的思索基盤，喩指無形而活生生的生命存在根源。他在如淨和尙處獲致「身心脫落」的悟覺體驗之後，曾以「自受用三昧」、「一佛心印」、「證則」（〈辦道話〉）、「般若」（〈摩訶般若〉）、「此道」、「此所」（〈現成公案〉）等語試予表現，但皆不及「一顆明珠」的直截明確。

道元在此篇開頭引用《傳燈錄》卷十八玄沙章幾則公案。其中一則涉及玄沙師備禪語悟後名言：「盡十方世界是一顆明珠」。有一次某僧問玄沙：「承和尙有言：『盡十方世界是一顆明珠。學人如何得會？』」玄沙答曰：「盡十方世界是一顆明珠，用會作麼？」來日玄沙卻問其僧：「盡十方世界是一顆明珠，汝作麼生會？」僧答：「盡十方世界是一顆明珠，用會作麼？」玄沙曰：「知汝向黑山鬼窟裡作活計。」（注：「黑山」指謂，圍繞一世界的鐵圍山與圍繞大千世界的大鐵圍山之間的陰陽不到的黑暗處。「鬼窟」則指幽鬼所居住的黑暗處。此語喩示學人被「空」的觀念所纏縛，仍陷於蒙昧之境。）

道元詮釋此一公案的宗旨說：「『盡十方世界』非廣大，非微小，非方圓，非中正，非活潑潑，非露迥迥（『迥迥』即顯明之意），更非生死去來，故爲生死去來。恁麼之故，昔日曾此去，而今從此來。如予究辦，誰會見徹之爲片片（輕飛之物），誰會檢舉之爲兀兀（不動之物）？所謂『盡十方』，即是逐物爲己、逐己爲物之未休。……『是一顆明珠』雖非專名，卻可說是適當之辭。一顆明珠乃謂，一瞬間即是萬年，亙古未了，而又亙今到來。雖說『身今』（現時全身）、『心今』（現時全心），皆無非明珠。非彼草此木，非乾坤山河，卻無非是明珠。」

這裡道元所試「盡十方世界是一顆明珠」的詮釋，語意頗爲弔詭，其中眞意還要等到〈有時〉、〈佛性〉等篇才更清楚明白。道元使用「非也，非也」的否定命題形式，暗示「身心脫落」的大徹大悟之「時」，即是「永恒的現在」，那一瞬間即是萬年，即是永恒；大徹大悟之「地」即是十方世界任一所在，任一角落，無大無小，非主非客，物我交融互動而無休歇。其實本來也無所謂大徹大悟、小徹小悟或毫無所悟，那是特就每一單獨實存有否體驗體悟的一點，才說大徹大悟的境界的。如就存在論或本體論言，每一時、每一地即是後來道元在〈有時〉篇所說的「有時（之而今）」，即是此篇所示喻的「一顆明珠」。道元解釋「一顆明珠」說，它無所謂有始無始，「不說兩顆三顆，全身即是一隻正法眼，全身即是眞實體，全身即是一句，全身即是光明，全身即是全心。全身（即是全心）之時，則無全身之窒礙，圓陀陀地，轉轆轆地。明珠之功德如此現成之故，即有而今見色聞聲（顯現在現實日常世界）之觀音彌勒，即有現身說法之古佛新佛。」

由是，道元的禪學排除傳統大乘經典（如《法華經》、《華嚴經》、《大日經》等）之中，法身佛或報身佛現身說法、代代說法的神話傳說，祇就「此時此地」、「此身此心」（「此」指現成公案意味的身心脫落的「有時」），點出生命存在根源的發動顯現，而此「根源」或即「一顆明珠」並非一種獨立於「此時此地」、「此身此心」的根源存在或實體。也就是說，「一顆明珠」如同「佛性」、「法性」等等大乘佛教概念，乃是一種「作用性語辭」(functional term)，而非「實體性語辭」(substantive term)，如無名副其實的現成公案、身心脫落體驗體悟，則毫無意義。道元借用玄沙的「一顆明珠」，由於帶有隱喩 (metaphor) 的語言表現功能，較能減少實體性概念的誤解，但他仍不得不使用弔詭之語儘予排除實體化 (substantialization) 的危險，可說用意良苦。以「一顆明珠」作爲禪思的基盤，道元有意消除實存論 (existential) 層次的主體性悟覺，與存在論 (ontological) 層次的諸法實相或緣起性空之間的分別。大徹大悟境地的「絕對主體性 (absolute subjectivity) 與諸法實相或緣起性空的「絕對客觀性」(absolute objectivity)，在道元的「盡十方世界是一顆明珠」，乃是一體兩面，無有（勝義諦的）分別可言。「絕對」(absolute) 原是「絕去（二元）對立」的不二 (nondual) 之意，而非超越「相對」(relative) 的「絕對」。絕對主體性（一顆明珠）的徹悟挺立，立即彰顯絕對客觀性（盡十方世界）的緣起性空，而後者的彰顯亦必同時帶來前者的現成公案。不是先有所謂「緣起性空」或「諸法實相」，然後才觸發了實存主體的菩提心，而是實存主體發菩提心的同時，「緣起性空」或「諸法實相」自然彰顯出來，反之亦然。在任一時刻、任一場所皆是如此。道元借用「盡十方世界是一顆明珠」之語，開展獨自的禪道思索的深意，即在於此。

（四）〈卽心是佛〉

〈一顆明珠〉的說法之後，翌年四十歲時道元又在同處以〈卽心是佛〉爲題說法。道元破除身心活動背後固定不移的「靈知」、「心性」等實存性概念，言外之意似乎蘊涵著，他對幼少之時所學過的「天台本覺論」（眾生心性本已悟覺，不待修行）的嚴厲批評。

道元提到名叫先尼的印度外道說，先尼主張人人具有「靈知」，物有去來，境有生滅，「靈知」則了了不變，歷刼常住，亦有「眞我」、「覺元」、「本性」、「本體」之稱，未嘗流轉於生死大海，悟及「靈知」卽得證入不生不滅的性海。道元引用《傳燈錄》卷二十八所載南陽慧忠禪師破除先尼外道所謂「神性」（靈妙本性）之說，讚揚慧忠承繼六祖慧能之旨，同時貶斥臨濟義玄、德山宣鑑二位禪師，認爲見解不及南陽慧忠的高明。

道元進一步說，代代佛祖所保任的「卽心是佛」，非外道二乘所能通透。道元分解「卽」、「心」、「是」、「佛」四字，說道:「『佛』能拈卻百草，打失百草，然而說似丈六金身卽不中（意謂佛能自由自在取捨萬事，卻不是固定死板的一丈六尺黃金佛身）。『卽』指公案，旣不相待現成，亦不廻避敗壞（意謂不是死死等待公案的現成，也不廻避公案的敗退去除，公案卽現成，現成卽公案，非分別智所能干涉）。『是』卽三界，旣非退出（退失出現），亦非唯心（不是『卽心是佛』卽『唯心』）。『心』卽牆壁，旣未拖泥帶水（而受周遭汚染），亦免於（欲念、執著等等的）造作。或者參究『卽心是佛』，或者參究『心卽佛是』，或者參究

『佛卽是心』，或者參究『卽心佛是』，或者『是佛心卽』。如此參究，才是『卽心是佛』，舉此全體正傳『卽心是佛』。如此正傳，直至今日。正傳佛法的以心傳心，卽是『一心一切法，一切法一心』。」

簡單地說，道元的「卽心是佛」乃意味著，日日修行作佛的「心」卽是現成公案，大千世界的萬事萬物亦同時顯爲「佛」境，卻不是在修行作佛的背後有一塊「心」，從這塊「心」產生「佛」境。所謂「心」（主體性）、「是」（一切法或萬事萬物）與「佛」（涅槃解脫），無一不是現成公案（「卽」），於此三事一時並了，無有分別。

爲了修正傳統大乘佛學的「三界唯心」論調，道元引用潙山與仰山之間的問答，說道：「古德云：『作麼生是妙淨明心？山河大地，日月星辰』。由是可知，心是山河大地、日月星辰。然而於此道取（語言表現），如果稍進（唯心），則顯不足（損境）；如果稍退（損心），則顯過剩（唯境）。山河大地心，僅僅祇是山河大地，更無波浪風煙。日月星辰心，僅僅祇是日月星辰，更無霧霞。生死去來心，僅僅祇是生死去來，更無迷悟。牆壁瓦礫心，僅僅祇是牆壁瓦礫，更無泥水。四大五蘊心，僅僅祇是四大五蘊，更無馬猿。椅子拂子心，僅僅祇是椅子拂子，更無竹木。如是之故，卽心是佛，不染汚卽心是佛。諸佛卽是不染汚諸佛。」這裡所說的「不染汚」，卽是如如而毫無增損加減之意。道元在這裡所以特別強調，現成公案、身心脫落的作佛之心，並非有別於現成公案所顯山河大地、日月星辰等等境地，乃是爲了參學參究者體認到，並無所謂「靈知本覺（之心）」或「妙淨明心」事先刻意追求「成佛」，而後才去修行作佛，等到身心脫落之時此

「心」才彰顯出山河大地、日月星辰之為現成公案的佛境佛地的；倒過來說，也不是預先假定有所謂現成公案的佛境佛地，而後我們的「心」才去參學參究，悟道成佛之後體認出來的。現成公案（「即」）的「即心是佛」，既不假定「唯心」，也不假定「唯境」，亦不假定「唯佛」在先，前後上下、主客內外、大小多寡等等分別統統打御，這是道元所云「現成公案」或「不染污」的蘊涵。

道元再進一步說道：「如此，『即心是佛』即是發心、修行、菩提、涅槃的諸佛。如未發心、修行、菩提、涅槃、則非『即心是佛』。即使一刹那間發心修證，亦是『即心是佛』。即使一極微中發心修證，亦是『即心是佛』。即使於無量劫發心修證，亦是『即心是佛』。即使於一念中發心修證，亦是『即心是佛』。即使於半拳裡（短暫時間）發心修證，亦是『即心是佛』。然則如說長刼修行作佛乃非『即心是佛』，此人實不知見，亦不參究『即心是佛』眞諦所在，亦未遇見開演『即心是佛』之正師。」道元的意思是說，任一時刻發菩提心而修證（修行即證悟），就是「即心是佛」，除此之外無有「即心是佛」可言。道元「即心是佛」的創意，十分配合他的修證一等、現成公案、不染汚作佛等說，將在〈有時〉、〈佛性〉等卷更有深一層的哲理性開展。

（五）〈禮拜得髓〉

此篇開示，是在〈即心是佛〉說法一年之後，地點仍在觀音導利院的興聖寶林寺。據《傳燈錄》卷三菩提達磨章所載，達磨三位弟子各表所見，分別得到皮、肉、骨，最後慧可只是默然禮拜，而後依位而立。達磨大大讚許，說:「汝得吾髓」。此篇題名多半來自這個故事。《正法眼藏》七十五卷本與九十五卷本所收的本篇內容，有些差異，前者祇收後者的前半部，不及後者之全。

本篇前半部的主題是，對於體得佛法骨髓的悟道者，不論是男是女，是老是幼，是鬼神還是野狐，都應該向他們禮拜請教，甚至拜爲己師，當做自己修道的典範。道元說道:

> 修行阿耨多羅三藐三菩提的時節，求得導師極其困難。(上等)導師，不在男女等相之分，祇在是否大丈夫。他必須是恁麼人(即直趣無上菩提而開真實法眼之人)，卻非古今人(即現實時間之內生死之人)。即使是野狐精，也可能是善知識(成為導師)。……既已求得導師，則應拋卻萬緣，不徒費寸陰，祇求精進辦道。不論有心或無心，照樣修行，半心也要修行。……得髓傳法，必定出於至誠，來自信心。除誠信外，別無他途。務必以佛法為重，以己身為輕。離脫世俗，以道為歸宿。如以己身重於佛法，則佛法不得傳，道亦不可得。……所謂「以佛法為重」，即是對於保任大法、「汝得吾髓」者，不分露柱、燈籠、諸佛、野狐、鬼神、男女，皆應以自己身心為其床座，為之奉事，乃至無量劫。身心易得，世界如同稻麻竹葦，佛法則極其稀罕，得來不易。

道元引用唐代的趙州眞際大師一句名言，即「七歲童兒勝我者，我即問伊；百歲老翁不及我者，我即教他」(《古尊宿語錄》卷十三)，強調對於得法悟道的七歲孩童，老漢亦得禮拜問法。道元接著說道:「此乃古佛心術。得道得法的比丘尼出現於世，求法參學的比丘僧亦得投其門下，而禮拜問法，有如口渴飲水一般。」道元評斥世俗習氣深重的出家人說，這些頑迷的僧侶不以佛法爲重，對於悟道女性或傳法尼僧不肯禮拜問法或拜爲導師，幾與畜生無異。道元承接釋迦牟尼所倡「四姓平等，男女平等」的根本佛教立場，堅持「佛法之前，所有眾生一律平等」，且徹底打破傳統佛教長期積下的僧尊俗卑、男重女輕等等偏見陋習，重新專就得法悟道與否分出品位高低，在大乘佛教的勝義諦與世俗諦雙層，都有深遠的啓廸作用與改革意義。

祇在九十五卷本出現的本篇後半部，道元繼續發揮前半部主題的旨趣，並特別指出，在得法悟道一點，時有老不如幼，男不及女，居士強過僧侶等等事實。《法華經・提婆達多品》載有龍女成佛的故事，即龍王之女年僅八歲「忽然之間變成男子，具菩薩行，即往南方無垢世界，坐寶蓮華，成等正覺，三十二相，八十種好，普爲十方一切眾生，演說妙法。爾時娑婆世界菩薩聲聞、天龍八部、人與非人，皆遙見彼龍女成佛，普爲時會人天說法，心大歡喜，悉遙敬禮。」道元引此故事，強調「成等正覺，演說妙法」的七歲女孩，如同諸佛如來，亦有資格充當四眾導師(四眾指謂比丘、比丘尼、優婆塞與優婆夷)，亦應接受供養崇敬。不過道元並未進一步批判，《法華經》所云女性必須轉成男子之後，才有資格成佛的傳統偏見。此類男尊女卑的偏見，在其他佛教重要經典亦屢見不鮮。譬如淨土宗所奉持的第一部大經《無量壽經》，載有法藏菩薩發四十八大願，因願力終成阿彌陀佛的故事。其中第三十五願即云:「設我得佛，十方無量世界不可思議諸佛世界，其有女人聞我名字，歡喜信樂發菩提心，厭惡女身，壽終之後復爲女像者，（我）不取正覺。」傳統佛教鄙視女身女像竟至如此，道元當然可以大大批判才是。

道元雖未直接批判《法華經》作者的此一偏見，他卻強烈指摘，傳統佛教忌諱女性爲淫欲對象的謬誤看法。如說女身髒污，男身豈不亦然？不論就淫欲或身髒言，男女之間並無分別。不但男女都是淫欲對象，在夢中連神鬼之類也會成爲不乾淨的淫欲對象。如果男人嫌惡女身淫穢，女人也同樣可以嫌惡男身淫穢，男女如此嫌惡的結果，雙方都不可能出家修道了。據說唐代淨土宗高僧善導口稱念佛，誓願「生生世世不見女人」。道元問道：「此類誓願究竟根據甚麼道理？世間法，還是佛法？外道之說，還是天魔之說？女人到底有何過咎？男人到底有何德行？說到惡人，男人之中必有惡人；說到善人，女人之中亦有善人。就發願求法、求解脫言，根本沒有男女之分。如說未斷煩惱，男女皆然；如說斷惑證理，男女亦皆同然。如（像善導那樣）發願一生不看女人，則『衆生無邊誓願度』（大乘四弘誓願之一）也要捨棄女人嗎？如果捨棄（女人），自己就成不了菩薩，遑論佛的慈悲。」道元在這裡徹底超克了傳統（大乘）佛教本身在勝義諦與世俗諦雙層自造的男性中心主義矛盾，實有預期今日女權運動的時代意義。他在七百五十年前竟有如此「現代化」的見解，在東亞宗教發展史上幾不可得。

慧能在《六祖壇經》之中說過：「若欲修行，在家亦得，不由在寺。在寺不修，如西方心惡之人；在家若修，如東方人修善。但願自家修清淨，即是西方。」道元在本篇更進一步主張：「外道也有不娶妻者，不娶妻（有如佛教出家）而不求佛法，仍不過是邪見外道而已。在家道的善男善女，多半結婚。雖為世間夫婦，因屬佛弟子，人界、天界的其他眾生皆未能比肩。」換句話說，得法成道與否，與有否出家，完全是兩碼事；娶妻生子，成家立業，毫不妨礙修行作佛。道元在這裡實有依據二諦中道理念，強調勝義諦必須落實成就於世俗諦層次的用意。可惜道元到了晚年，捨離本篇的前進立論，嚴格堅持出家至上主義的傳統立場，容後細予評論。

(六)〈谿聲山色〉

〈禮拜得髓〉的開示之後不久，在夏安居期間道元以本篇篇題說法示眾。篇題取自蘇東坡詩，云：「溪聲便是廣長舌，山色豈非清淨身。夜來八萬四千偈，他日如何舉似人？」東坡遊廬山時，聞及溪水夜流之聲而悟道，即作此偈呈示照覺常總禪師，獲其印可。道元說道：

> 聞溪悟道的因緣，豈非對於晚流（後輩的我們）有所潤益？可歎諸佛多次現身說法，我們卻漏聞不識。不知為何，如今忽見山色，聞及溪聲（而悟道）。是一句嗎？是半句嗎？或是八萬四千偈呢？可惜的是，未能聞見隱藏在山水背後的（說法）聲色。可喜的是，現於山水（的說法）有其時節因緣。（諸佛說法的）舌相無倦懈，（佛的）身色亦豈有忽現忽沒（之理）？然而（諸佛）現身之時才算親近，還是隱身之際才算親近呢？應該當做全片，還是半片呢？（東坡在所過）從來的春秋，未曾聞見山水（實

相)，而在（盧山）夜來的時節，也不過稍稍聞見山水（實相）而已。現今學道的菩薩，應從『山流水不流』句開入學之門才是。（拙註：道元的『山流水不流』這句的靈感，出自《傳燈錄》卷二十七善慧大士詩偈：『空手把鋤頭，步行騎水牛。人從橋上過，橋流水不流』。）東坡居士悟道之夜的前日，曾向照覺常總禪師參問『無情說法』的深意，卻未即刻翻身（意謂悟道或身心脫落）。翌晚聞及溪聲之際，其聲有如逆水之波浪衝到天上。然則當時溪聲驚動居士（而悟道），這算是溪聲，還是禪師的流瀉（意謂話語或啓示）使然？很可能是禪師『無情說法』話語的餘響未停，暗中流入溪流夜聲的吧。（至於造成聲音的溪流分量究竟是）一升還是一海，誰又能够算計？畢竟居士悟了道，還是山水悟了道？有明眼者不會不注視到長舌之相（卽谿聲說法）、清淨之身（卽山色彰顯法身）的。

道元接著引用《傳燈錄》卷十一有關香嚴智閑禪師「一日因山中芟除草木，以瓦礫擊竹作聲，俄失笑間廓然惺悟」的故事。悟後禪師作詩偈云：「一擊亡所知，更不自修治。動容揚古路，不墮悄然機。處處無蹤跡，聲色外威儀。諸方達道者，咸言上上機。」

道元又引用了《傳燈錄》同卷所載，靈雲志勤禪師因桃花悟道而作的詩偈，云：「三十年來尋劍客（劍指般若之劍），幾回葉落又抽枝。自從一見桃花後，直至如今更不疑。」其師大潙和尚予以印可，說道：「從緣悟達，永無退失。」道元針對大潙此語，強調時節因緣的重要: 不論是「溪流夜色」,「擊竹作聲」, 或是「忽見桃花」, 處處都是時節因緣, 借此因緣悟道者永不退失, 不僅志勤禪師的場合如此, 任何人都應該如此, 問題是在如何把握時節因緣。關於時節因緣的眞諦, 道元在〈佛性〉篇有更深一層的哲理發揮。

對於時節因緣能有回應而悟道, 必須假定發菩提心而求正法的決意與毅力, 儘早發願, 與一切衆生同時聞習正法, 一旦求得正法, 則捨世法, 受持佛法 , 而與大地有情共同成道。如此發願, 則自然形成正發（菩提）心的時節因緣, 山河大地的一切處處都是悟道的契機。

即使發了菩提心, 求法中途容易懈怠, 道元對此加以警戒。譬如受到人天供養, 就誤以爲佛法的功德而沾沾自喜, 尤其受到國王大臣的歸依, 就誤以爲自己成道成佛, 此類混淆佛法與世法的自我誤解, 乃是「學道之一魔」, 非「正法之心術」。

道元又警戒說, 當懈怠之心或不信之念生起時, 應以誠心在佛前懺悔 。此佛前懺悔的功德力量自然生出淨化作用 , 助人建立無礙淨信, 培養精進功夫,「淨信一現之時 , 自他同樣轉依轉化」。道元提出懺悔的要旨說:「我過去的惡業積累甚多, 而有障道因緣, 諸佛諸祖對我憐憫, 助我自業累解脫, 學道無有障礙, 諸佛功德法門遍及無盡法界, 賜我一法憐憫。」如此懺悔, 則必有佛祖的冥助, 應將自己心念身儀（心身及其機能容儀）向佛誠心告白, 由是產生一股力量 , 消滅自己的罪障根源 , 這才算是「正修行, 正信心, 正信身」。

道元下結語說:「正修行時, 溪聲溪色 , 山色山聲, 槪皆不吝惜八萬四千偈之說法。自己如果不惜名利身心, 溪聲山色亦同樣不惜。即使溪聲山色是否現成八萬四千偈，（在東坡的場合）乃是『夜來』（意謂涉及前夜來的『流瀉』有無而定）之事，超越我們的分別心，如說舉似溪聲山色之爲溪聲山色的力量不夠徹底，則誰能使你聞溪聲、見山色？」

（七）＜諸惡莫作＞

〈溪聲山色〉示眾之後不久，道元又在同寺開示此篇。篇名取自著名的七佛通戒之偈，即「諸惡莫作，眾善奉行，自淨其意，是諸佛教」。巴利文經典的讀法與此稍異，即「不作眾惡，作善淨心，此爲諸佛之教」。也是說，巴利文經典的原文，強調自覺自然作善而不作惡，而不是自己強行「勿作」。道元在本篇所展開的意旨，比較接近巴利文經典的說法。依道元的理解，此偈不但是（包括釋迦佛在內的）七佛之教，而是共通於一切佛祖之教，自前佛至後佛，代代正傳。此偈眞諦是由諸佛的成等正覺所證成，換句話說，此偈即是諸佛悟道之聲，聽此悟道之聲，就無形中在我們自己產生修行力量，自然止惡，不必刻意「莫作」眾惡。

「眾善奉行」與「諸惡莫作」雖分爲兩句，其實構成一體兩面，因爲聽到諸佛正覺之聲，自然身心脫落而止惡，由止惡自然發展到行善，有如「驢事（「莫作」）未去，馬事（「奉行」）到來」一般。不但如此，一旦自然「莫作」而「奉行」一善，則二善、三善乃至萬善自然集中過來；也可以說，四大五蘊、山河大地、日月星辰與自己同時「莫作」，同時「奉行」，同時修行作佛。就這一點說，道元的道德觀與戒律論有其修證一如、身心脫落、現成公案等等獨特禪學的理論根基。對於康德以來在西方倫理學所探討的「應然」("ought") 問題，道元的解決辦法是:「悟覺」(awakening) 自然形成（止惡行善的）「應然」。由於本篇涉及善惡、戒律等佛教根本問題，份量很重，以下以直譯與意譯的兼顧方式論介本篇的旨趣。

諸佛代代相傳相嗣的七佛通戒之偈，卽是百千萬佛的教行證（說教、修行、證道）。偈中所云「諸惡」，卽是善・惡・無記等三性之一，惡性也者本來並無自性，故亦本來無生，其他二性亦是如此。就最勝義諦言，雖然三性本來無生，顯其中道實相；如就世俗諦言，有其各別的現象變化。就「諸惡」言，此界之惡與他界之惡有同有異。時代相隔，「惡」的含義就有差異。天上之惡與人間之惡亦有同有異。三性在佛道與世間亦大有殊異之處。道元說道:「善惡，時也；時非善惡。善惡，法也；法非善惡。法等・惡等，法等・善等。」此語言簡意賅，大意是說，善惡之分以及各別含義，乃時間所定而有變化，具有遍在性的時間卻與善惡無關。有善法，亦有惡法，然而法（正法、佛法）本身與善惡無涉。法旣平等，惡亦本來平等；法旣平等，善亦本來平等。

「諸惡莫作」並不是凡夫自己強行造作才有此說，而是聽到諸佛無上菩提的說法，就自然聽成此一偈句。聽此說法就無形中轉化自己，自然發願「諸惡莫作」，自然修行「諸惡莫作」。如此「諸惡」不被刻意「莫作」的情況下，修行之力立卽現成，乃盡大地、盡世界、盡時間、盡佛法而現成。於此「現成」情況，卽使自己處在「諸惡」生起的因緣，或在造作「諸惡」的友朋之間，也不會自行「諸惡」，蓋因「莫作」的力量現成之故。

舉自己全心修行，舉自己全身修行，拈來你我任何人的身心修行，則四大（地水火風）五蘊（色受想行識）之中的修行力量驀地現成，不但不染汙四大五蘊所成的自己主體，現時的四大五蘊也自然加入修行之列。不僅如此，四大五蘊所構成的山河大地、日月星辰也同時助我修行，與我修行。眾生作佛作祖的時節，既不奪眾生，亦不失眾生，眾生仍是眾生，然而身心自然脫落。此時雖依善惡、因果等等分別而去修行，自己卻不去強動所謂「因果」，亦不造作「因果」。善惡因果有時促我修行，然而「因果」的本來面目早就分明，即是「莫作」，無生，無常，不昧（不昧「因果」圈套），不落（不落「因果」圈套），蓋因身心脫落之故。

如此參究的結果，「諸惡」即現成之爲自然「莫作」，依此「現成」所助，所開發，自己也就對於「諸惡莫作」見得徹，坐得斷。不論在那一時刻，「諸惡莫作」如此自然現成。「諸惡」非因緣生，祇是「莫作」；「諸惡」非因緣滅，祇是「莫作」。停留在世俗諦層次，以「諸惡」爲因緣生，而不知此「因緣」祇是「莫作」（無作無生）的凡夫，未免可悲。道元以弔詭的法語說道：

> 非無「諸惡」，祇是（自然）「莫作」。非有「諸惡」，祇是「莫作」。「諸惡」非空，「莫作」也；「諸惡」非色，「莫作」也。「諸惡」非（造作意味之）「莫作」，祇是（自然而然之）「莫作」而已。例如春松非無非有，祇不造作也；秋菊非有非無，祇不造作也。諸佛非有非無，「莫作」也。露柱燈籠、拂子拄杖等，非有非無，「莫作」也。自己非有非無，「莫作」也。恁麼參學，即是現成之公案，公案

之現成也。自主格去顯功夫，自賓格顯功夫。既是恁麼，自悔本不應作而仍（自然）作，亦不可免，此乃「莫作」功夫之力也。然則擬想本既「莫作」，故去造作，則有如步向北方而欲至南越，（矛盾之至）。「諸惡莫作」云者，（驢馬覷見井時）不啻井見驢，更是井見井也。驢見驢也，人見人也，山見山也。（誠如為引驢井相見，曹山本寂所云）「說箇應底道理」（說出響徹井底之道），是故「諸惡莫作」也。『佛真法身，猶若虛空，應物現形，如水中月」（《五燈會元》卷十三所載曹山本寂之語）也。「應物」之（自然）「莫作」故，有「現形」之（現實）「莫作」也。「猶若虛空」，左拍右拍（無窒礙）也。「如水中月」，被水月礙也（如水中月被水月礙，此以水月為無礙自由之喻，引伸而謂水月祇在水月本身場所被礙而又無礙）。此類「莫作」，乃更不可疑之「現成」。

此段十分證示道元獨創無比的行文功力，有弔詭語，有雙關語（如「莫作」二義），有倒轉語（爲了勝義的強調），自由自在並用殺人刀（如「非有非無」）與活人劍（如「現成」），無非想要喩示，自現成公案的最勝義諦境界自然流出的修證一如工夫所肯定的「諸惡莫作」，與傳統大小乘佛教（跳不過世俗諦圈套的）「諸惡莫作」，本質上迥然不同。

「眾善奉行」的「眾善」，指謂善、惡、無記等三性之中的善性。善性雖具「眾善」，卻無預先已「現成」著的「眾善」，等待「眾善奉行」之人去做。自然而然作善的正當恁麼時，「眾善」無一不來。雖說萬善無有形象可言，會集自然作善之處，遠比磁石吸鐵更為疾速，作善之力更比暴風強大。不論是大地山河，世界國土，業增上力（來自以往宿業所積累之力），皆阻礙不了「眾善」的自然會集。

道元分辨「信行（信傳統教條而實行）之機善」與「法行（依佛法、正法而行之）機善」，信行與法行涉及各別機根的不同，因此產生的善亦是不同。例如小乘聲聞的持戒，在大乘反可能是菩薩的破戒，小乘戒律不准握女子手，故寧願持戒而不救溺水女子，大乘菩薩則寧破戒，伸手救起。於此場合，究竟是持戒，還是破戒，全在修行者的慧解如何而定。在勝義諦層次，說無分別法，三性本來無生無作，顯其無漏實相；在世俗諦層次，善惡分別，而（外在規範意味的）戒律（戒條戒規）亦因時地有所分別變化。道元在這裡顯然顯揚大乘菩薩戒的正法精神，貶斥小乘戒律的混淆二諦不清而又以分別智取代無分別智的極端保守立場。道元進一步說：

> 「衆善」非因緣生，亦非因緣滅。「衆善」雖顯為諸法，諸法卻非「衆善」（因時地而變之故）。因緣生滅與「衆善」各有首尾始終（存在條件）。雖云「衆善奉行」，非屬己（自己强行之事），非屬自知（刻意認知之為「應然」）；非屬他，非屬他知。自他（各別）知見，知中有自（己），有他（人），見中有自，有他，是故（自他）各各活眼睛，或顯為日光，或為月光，此即（自然自發之）「奉行」。「奉行」之正當恁麼時，雖有現成之公案，卻非公案之始成，亦非公案之久住，怎可說是（刻意强行意義之）「奉行」？雖云作善之為「奉行」，卻非（分別智所）測度之

事。現此「奉行」雖是活眼睛，卻非測度。……活眼睛（佛智）之測度異乎餘法（現實存在事相）之測度。「衆善」非屬有、無、色、空等（概念），衹是「奉行」而已。不論何地現成或何時現成，必定「奉行」。此「奉行」處必有「衆善」之現成。「奉行」之現成雖是公案（之現成）却非生滅，非因緣。「奉行」之入（開始）、住（堅持）、出（終止）等亦是如此。「奉行」「衆善」中之一善，盡法、全身、眞實地等，共皆同時「奉行」。此（勝義）善之（勝義）因果，同乎「奉行」之現成公案。雖然因不在先，果不在後，因顯圓滿，果顯圓滿，因等法等（因是平等，法亦平等），果等法等。雖云待因感果，非屬前後，蓋有前後（平）等之（佛）道故。

道元於此段亦分淸最勝義諦意義的「眾善奉行」，即是修證一等的現成公案在倫理道德、善惡取捨的自然功能，自然顯發，有別於落到世俗諦圈套的傳統佛教「善因善果，惡因惡果」的功利性有漏倫理道德之說。由是可知，「眾善奉行」與「諸惡莫作」乃是現成公案爲行善去惡根源，權且依從世俗諦所分善惡二性而有的偈句，其實是一體兩面，兩事一時並了。

關於「自淨其意」的旨趣，道元說道:「『自淨其意』者，『莫作』之『自』也，『莫作』之『淨』也，『自』之『其』也，『自』之『意』也，『莫作』之『其』也，『莫作』之『意』也;『奉行』之『意』也，『奉行』之『淨』也，『奉行』之『其』也，『奉行』之『自』也。故云『是諸佛教』。」道元的意思是說，「自淨其意」不離前二句，即與前二句的根本旨趣完全相同，無有分別。道元是難見的語言天才，有如莊子，常以弔詭難解之語絞盡讀者的腦汁；在這裡他的目的是在道出超越（世俗諦人間）語言分別性層次的無分別性最勝義諦，即修證一等的現成公案，由此本源自發自動的「莫作」、「奉行」與「淨意（或淨心）」三事一時並了，同時同地自然現成。既不是先想除惡（除去惡業），然後強行作善，之後再以淨心淨意修行成佛；也不是發菩提心時，先想自淨心意，而後再去設法作善去惡。我已暗示過，道元站在最勝義諦立場，一開始就要求修行坐禪即是現成公案，即是身心脫落，因此不聞七佛通戒之偈而已，一旦聞及此偈，不由自已地、自然自發地同時去惡作善淨意，既無善惡、因果等等分別，亦無主（心意）客（善惡性體）之分，這就是道元所理解的「諸佛之教」。

《白氏文集》卷七十五載有白居易到道林禪師處參學的故事。當居易問及佛法大意，道林答云:「諸惡莫作，眾善奉行」。居易認為，三歲孩兒都講得出來，毫不稀奇。道林說道:「三歲孩兒縱道得，八十老翁行不得。」居易乃拜謝而去。道元引用此段掌故，批評居易未踏正傳佛法的足跡，衹在世俗常識觀點接受「應當作善」、「不應作惡」的善惡兩橛觀，認取七佛通戒之偈的前二句，為連三歲孩兒都能懂能講的平常道理。居易毫不知悉，「即使戒禁造作之眾惡，即使勸勉造作之眾善，就其當體原是現成之（自然）『莫作』，而非其他。」

不過，道元也一樣批評那些輕視三歲孩兒，認為小兒無有資格談論佛法的凡愚之輩，實與白居易的陋見不相上下。箇中道理即是在乎，明見生與死的眞諦，本來就是佛家一大事因緣，道元故引《圜悟佛果禪師語錄》卷六所載法語，云:「生死去來，眞實人體」。(拙註: 原文應是:「更討甚麼生死去來, 地水火風, 聲香味觸, 都盧是眞實人體。還有人向箇裡承當得麼? 識取摩尼無價珠, 當來受用無窮極。」) 道元在這裡似乎想說, 佛道的根本著眼點即在生死問題的哲理探索與精神超克, 佛教自始至終即要建立最勝義諦的生死學(理論)與生死智慧(實踐), 在道元禪學展現之爲修證一如的現成公案、身心脫落, 據此自然導致作善去惡的佛教道德, 毫無世俗的「應然」造作。道元雖未如此明說, 就其字裡行間予以推敲, 確實寓有如此用意。因此他說:「道林所答之意, 即在: 三歲孩兒有道得(講得出來)之語, 應予參究; 八十老翁有行不得之道, 應予工夫。(道林所欲言者, 即是:)『孩兒之道得, 即任交汝(參究), 卻不任交孩兒(參究)。老翁之行不得, 即任交汝(參究), 卻不交任老翁(參究)』。」交任修行者參究甚麼? 就是要參究生死(問題), 建立(以禪爲本位的)佛教生死學與生死智慧, 所謂「諸惡莫作, 眾善奉行, 自淨其意」, 依此自然現成, 不待刻意造作, 這樣才能眞正彰顯佛教道德的勝義無漏善深意出來。我多年前初讀本篇, 無此深刻的體會。但三年前罹患淋巴腺癌, 死去活來之後, 在前年撰出《死亡的尊嚴與生命的尊嚴——從臨終精神醫學到現代生死學》(一九九三年正中書局印行), 試探心性體認本位的(中國)生死學與生死智慧理路; 有此基於生死體驗的理路探索之後, 今天細讀本篇, 特別能體會到, 道元所以要在本篇篇末, 以佛教探索生死這一大事因緣所獲致的終極眞實性與終極意義, 深化佛教道德觀的箇中道理, 頗感「英雄所見略同」。

(八) <有時>

同年(一二四〇)冬天,道元仍在觀音導利與聖寶林寺開示本篇,而由高弟懷奘書寫下來。道元構想《正法眼藏》之中最有哲理深度的本篇,正是在他不惑之年,正充滿著成熟的智慧與創造性思維。即使道元未曾留下《正法眼藏》以及其他長篇短論,憑此一小卷即可佔有佛教思想史上的崇高地位,足與龍樹、智顗、慧能等超級佛教思想家相比相況。<有時>這個篇題富有深意,似乎預期了七百年後海德格的不朽哲學名著《有(存在)與時(時間)》的出現,但就哲理深度言,非《有與時》所能企及。海德格劃分「有(存在)」(Being)與「時(時間)」(time),道元則並談「有時」(Being-time),「有」(每一存在與現象)即「時」(永恒的現在),「時」即「有」(being is time, time is being),如此將龍樹以來有非時間化之嫌的大乘佛教「緣起性空」觀予以時間化,即「有時之而今」現成化(每一「有時」即是現成公案,即是絕對不二的永恒)。如說海德格的《有與時》仍停留在「思維」(thinking)層次,道元的「有時」則徹底突破了「思維」限局,開展禪的「悟覺」(awakening)天地。本篇便是源於道元獨特無比的終極悟覺而所形成的哲理現成,代表了佛教最高的「生命的學問」。鑒於本篇義理的吃緊深邃,以下分段逐一試譯,並加詮釋,俾便有助於讀者的理解。

(1)古佛言:「有時高高峰頂立,有時深深海底行,有時三頭六臂,有時丈六八尺,有時拄杖拂子,有時露柱燈籠,有時張三李四，有時大地虛空。」所謂「有時」也者，「時」已是「有」也，「有」皆是「時」也。丈六金身卽是「時」也，是「時」之故，有其「時」之莊嚴光明，應於現今十二時（中之一「時」一「時」）學習（參究）。三頭八臂卽是「時」也，是「時」之故，應與現今十二時（中之一「時」一「時」）一如不二。十二時之長遠短促，雖未度量，卽稱十二時。去來之方跡明顯之故，（凡）人對此不疑著，雖不疑著，卻非知曉（所謂「去來方跡」之真相）。衆生對於不知曉之每事每物所疑著（妄想計度）者，並不固定，是故疑著之前程（前疑）與此時之疑著（後疑）並不符合。祇是，（凡夫之）疑著（因不離「時」故）暫（使前後去來之方跡形）成「時」而已。

《景德傳燈錄》卷二十八載有藥山惟儼和尙之語「須向高高山頂立，深深海底行」。道元借用此語，再從其他禪宗資料得些靈感，改寫成「有時」禪語，其中深意遠遠超過藥山原句，道元的禪籍學養，思辨功力，以及行文才華，於此可以窺見一斑。「高高峰頂立」與「深深海底行」分別指謂「向上眞如門」與「卻來差別門」。「三頭六臂」、「丈六八尺」、「拄杖拂子」、「露柱燈籠」、「張三李四」與「大地虛空」，則分別指謂不動明王、（一丈六尺及八尺的）佛像、法具、家常資具、眾生有情與盡天地法界。如就中文字面予以解釋，則原辭不過意謂，古佛有時候(sometimes)站立山頂，有時候動行海底，有時候顯出三頭六臂（的明王憤怒之相），有時候變爲一丈六尺或八尺的金身佛像，也有時轉成拄杖拂子等等，變化萬端，自由自在，藉以比喩禪者的大徹大悟與大機大用。道元在這裡故意創造地「誤」讀「有時」的慣用涵義，說成「所謂『有時』也者，『時』已是『有』也，『有』皆是『時』也。」他繼續說，一丈六尺的黃金佛身即是「有時」(存在一切的現成與每一時間的現成相卽不二)，故從佛身的「有時」放出莊嚴光明，禪者應在日日十二時（卽今天的二十四小時）的每「時」參究印證「(盡）有卽（盡）時、（盡）時卽（盡）有」的修證一等、現成公案之理。「有時」現成的莊嚴光明，與（同樣「有時」現成的）春花秋葉無有分別。我們凡夫不必去測量時間的長短如何如何，也依常識「知曉」過去、現在、未來的時間單向流逝的方跡（方向軌跡)，毫不懷疑，認爲明白不過。我們雖不去懷疑時間的單向流逝軌跡，卻又對於時間流逝歷程上的事事物物妄想妄計，前後常不符合而顯矛盾。正因我們毫不懷疑通俗（世俗諦層次）的單向時間流逝觀，就把前後並不符合的妄想妄念一律看成，從過去到未來的一連串時間相續的系列。道元在本篇就是要正面破除此類通俗的時間觀念，站在最勝義諦立場，以修證一如的無分別智肯定，盡法界一切存在事相卽是「有時」的現成。

(2)排列我自己之為盡（法）界，應予覷見此盡（法）界之頭頭物物（每一事物）為「時時」(亦卽「有時・有時」)。物物之不相礙，如同「時時」之不相礙。是故，有同時發心，有同心發時。說及修行成道，亦是同然。排列我自己（之為盡法界），我（如是知）見此（我與盡法界為「有時」之現成）也。自己卽為「(有）時」之道理，正是如此。

我把自已與盡界（整個世界一切）並排之爲「時時」或「有時・有時」的當下現成，則如莊子所云，「天地與我並生（這裡的「生」字可以解爲道元的「有時」之當下現成），而萬物與我爲一（「爲一」亦謂「有時」之當下現成）」，如此每一時刻瞬間、每一事物事相皆彰顯（被體驗體認）之爲（存在論或本體論意義的）「時」（道元所云「有時之而今」，亦即永恒的現在）、「有」（絕對不二的存在）的相卽現成，而「時時」卽是「有時」任一時候、任一場所的現成公案。在「有時」的當下現成下，物物、時時兩不相礙，物與物，時與時亦不相礙。因此，「有時」在同一時候各發菩提心，「有時」大家又以同心在不同時候發菩提心；祇要體認到不論是同心（佛與眾生無二）、異心（佛心與眾生之心有別），或是同時（老幼無別）、異時（老幼有別），初發菩提心的「有時」，亦是涅槃解脫的「有時」，從發心修行卽證悟成道的修證一等觀點去看，無有高下優劣之分。譬如說，不但釋迦牟尼在菩提樹下悟道成佛的那一時刻是「有時（之而今）」，他的出生、離宮、修行、說教乃至圓寂，無一不是「有時（之而今）」。祇是因爲我們凡夫隔斷生死與涅槃，分別修行與成道，才會覺得釋迦在「過去」修行，「現在」證悟，「未來」說教，而產生種種妨礙現成公案、當下頓悟的無謂價値判斷。從道元修證一等的「有時（之而今）」論去看，釋迦苦修卽不外是「時節佛性」（「有時」意味的任一時節卽是佛性）的當下現成，他的圓寂亦不外是「時節佛性」的當下現成。依照同理，我們凡夫的生死苦惱與發心求道也是「時節」佛性的當下現成。我們生命歷程的每一秒鐘都是「有時（之而今）」，祇是因爲我們妄加無謂判斷，才會覺得我們過去的掙扎摸索是時間的浪費，才會感到通過「現在」

的修行覓求「未來」的證悟，似乎遙遙無期。祇有跳過世俗諦層次，摒去凡夫的一切價值分辨，才會肯認修行的「有時」亦是證悟的「有時」，在最勝義諦層次無有高下優劣之別。當我們如實知見我自己（主）與盡法界（客）皆是「有時」的當下現成之時，則自然而然體驗到，坐禪修行或日常勞作的任何「時時」，皆是「永恒」與「現今」交叉融合，而當下現成（隨時隨地呈現而爲）盡法界一切存在爲絕對不二、如如平等的「有時」，既無自「時」分開出來的絕對存在（「有」），亦無自「有」游離出來的永恒現在（「時」）。

(3)因恁麼道理之故，盡（大）地有萬象百草。應予參學一草一象各皆（「有時」化）於盡地。如此之往來（反復參學），卽是修行之發足（開端）也。到恁麼田地之時，卽是一草一象（之「有時」）也，會象不會象也，會草不會草也。正當恁麼時而已之故，「有時」皆是盡時也，有草有象，共是「(有）時」也。時時之「為（有）時」，有盡有盡界也。且應觀想，有否而今之「(有）時」所遺漏之盡有盡界。

「因恁麼道理」卽指前段結語「自己卽爲『（有）時』之道理」而言。一旦體會到自己卽爲「有時」之現成，則盡法界一切存在，如萬象百草，皆彰顯之爲「有時」之現成。如此應該好好參究盡大地一切諸法，卽使是一草一象，皆是「有時」。如此反覆參究，卽是修行之始。弔詭地說，亦是修行之終，蓋因「始」與「終」皆不外是「有時」的當下現成之故。到恁麼一草一象顯爲「有時」現成的田地（最勝義境地）之時，不論會不會得一象，會不會得一草，皆不違背「有時」的當下現成。了解乎此，我們也就不必刻意分辨誰會得誰不會得，自己會得多少不會得多少了。修證既是一等，在會得不會得的分辨上費神推敲，未免太過違背「有時」現成之理。「正當恁麼時」指謂盡法界一切存在現成之爲「有時」之時，於「此時此地」(here and now)「有時」究盡一切時間，而有草有象之處，亦卽盡事盡物，同時彰顯之爲「有時」的現成。現實的時時（一切時間地點）統統現成之爲「有時」之時，盡有盡界亦卽一切法界存在，也同時現成之爲「有時」。堅持修證一等的修行者應該認眞觀想，此時此地的「有時」有否漏掉任何存在、任何時間。

(4)雖然如此，於不學佛法之凡夫時節（場合），皆有（錯誤）見解，聞及「有時」之言，卽（誤）思（誤解之為）：「有時（候）變成三頭八臂，有時（候）變成丈六八尺，有如渡河過山一般。（所渡過之）山河雖然現存，我已渡過，現今處於玉殿朱樓，山河與我乃是天與地（之別）。」然而道理並不限於此一條（世俗諦）。所謂過山渡河之「時」，已「有」我在，我應「有時」。我旣然已「有」，「時」不應離去。「(有）時」旣非往來（自以往流向未來）之相，則上山之時卽是「有時之而今」也。「(有)時」如保任（保護任持）去來之相，則於我存有「有時之而今」也，此卽「有時」也。上山渡河之彼時（卽「有時」），豈不呑卻、吐卻（呑吐把放）玉殿朱樓之此時（亦卽「有時」）耶？

一般凡夫未嘗參學道元所倡導的最上乘佛法，因此聞及「有時相卽」之說，就把（最勝義諦的）「有時」想成解成（世俗諦的）「有些時候」。同樣地，凡夫根據通俗的時間單向流逝觀，去理解渡河上山爲已經過去，此時此刻則處於玉殿朱樓，已過的山河（以往）與現處玉殿朱樓的我，就有天地之別。這也不過是世俗諦層次的一條道理而已，乃不過是一種邊見。其實，不但渡河之「時」，上山之「時」，渡河上山的我「有」，現處玉殿朱樓之「時」，處於玉殿朱樓的我「有」，無一不是「有時之而今」(the here-and-now of being-time),無一不是現成公案意味的「有時化」(onto-temporization)，無一不反映「有時」的不斷現成 (the ever-presencing of being-time)。由於「有時」原無往來（單向流逝）之相，因此任何時間、任何存在皆顯「有時之而今」。不過時間單向流逝觀旣是「一條道理」，我們也可以說，「有時」也保任了去來之相，於此去來時間歷程修行著的我亦顯「有時之而今」，卽不外是修證一如、現成公案的「有時」。曾經渡河上山過的「彼時」所以呑吐把放處於玉殿朱樓的「此時」，而「此時」亦同時呑吐把放「彼時」，乃是由於兩者皆是「有時之而今」現成之故。在這裡「呑卻、吐卻」具有「現成透脫」的深意，道元文章之所以難懂，主要理由是在他不時使用隱喩、弔詭語、倒轉語、雙關語等等，且大膽突破當時（漢字、假名混有的）古和文體，充分顯出他那超人一等的行文才華。

(5)三頭八臂者，昨日之時也；丈六八尺者，今日之時也。然而其昨今之道理，僅是直入此山之中環視千峰萬峰之時節而已也，（昨今之時）並非已過。三頭八臂卽於我之

「有時」一（次）經（歷），雖在彼方，卻是「而今」也。丈六八尺亦然，即於我之「有時」一（次）經（歷），雖在彼處，卻是「而今」也。然則松是「（有）時」也，竹亦是「（有）時」也。不應祇解「時」為飛去之事，不應祇學飛去為「時」之唯一性能。「時」若一任（祇是）飛去，則應有（時與時、時與我之）間隙。（凡夫之未嘗）傾聽「有時」之道（理）者，（誤）學（時間）僅有飛去（性能）所致也。要而言之，盡界一切盡有（盡法界一切法）相連相關（緣起緣生）而顯「時時即有(時)也」。（盡界盡有皆是）「有時」之故，吾（畢竟亦是）「有時」也。

所謂「昨日之時」、「今日之時」，並非昨日飛去、今日到來的單向流逝。「昨今之道理」是在「有時之而今」一點，就好像我在山中環視周遭群峯的情形一樣，環視群峯的同時，「有時」現成；「環視群峯」比喻時間乃是「有時」之經歷或環歷（passing around），即過現未三時之間不斷相互經歷，同時彰顯「有時之而今（當下現成）」，所謂單向「飛去」，祇是表面現象而已。「時」是如此，松竹等一切「有」亦是如此，無一不是「有時之而今」。「有時之而今」無去來故無過去與現在之間的間隙，亦無時間與我「有」的間隙。無去來，但又保任所謂「去來」，因此盡界盡有原是「有時」而空無自性，卻又相連相關而有所謂生滅因緣之事。道元在這裡提出的「有時之而今」論，可以說是龍樹「緣起性空」說的創造性詮釋，亦可說是龍樹之後最有突破性的思想創獲。

(6)「有時」有經歷之功德，卽所謂自今日經歷明日，自今日經歷昨日，自昨日經歷今日，自今日經歷今日，自明日經歷明日，「經歷」乃是「(有)時」之功德故。古今之「(有)時」雖非重重疊疊相續而積累，青原（行思禪師）卽是「(有)時」也，黃檗（希運禪師）亦是「(有)時」也，江西（志徹禪師）、石頭（希遷禪師）等等亦是「(有)時」也。自他已是「(有)時」之故，修（行）證（悟）卽是諸般「(有)時」也。入泥入水，同是「(有)時」也。如今凡夫之見，及此見之因緣，雖係凡夫之所見，卻非凡夫之法，祇是法暫且顯其因緣於凡夫而已也。（凡夫誤）學此「時」此「有」不是（佛）法之故，（誤）認丈六金身不是我也。（凡夫誤以）我非丈六金身而欲逃避，此亦卽是「有時」之片片（片面現成）也，未證據者（未見真實而立證者）之看看（查看參究）也。

「有時」的功能作用卽在道元所云「經歷」，不論是過去、現在、未來的任何時間、任何存在，既然都是「有時之而今」，則實可以說，「有時」自未來經歷現在，自現在經歷過去，自過去又經歷現在，自現在經歷現在，自未來經歷未來，乃至過去經歷過去等等；總而言之，任何時刻都經歷其他時刻，蓋皆反映「有時」在隨時隨地、任何時刻、任何地方的當下現成之故。如說一般凡夫的時間單向流逝觀是一種道理世俗諦，道元的「有時之而今」經歷盡時、盡有（一切時刻、一切存在）之說，卽是據修證一等、身心脫落的禪悟體驗而有的不可思議第一義諦之哲理表達。於此證悟境地，我與他人及世界一切，坐禪修行與證悟成道，入泥入水向眾生說法，代代禪師的各自修證，無一不是「有時之而今」現成，衹是凡夫執著於通俗的時間單向流逝觀，因此無法體會「有時」之當下現成罷了。佛法雖然暫且顯其因緣於凡夫邊見，使其暫有世俗諦層次的道理，也暫時不妨說是「有時」的部分現成，但還未證悟眞實的「有時」現成者，應該好好參究才是。「有時」不因凡夫邊見而失其經歷功德，衹是凡夫自己不認修行作佛是己份內事，如此自我貶低、自我逃避而已。

(7)如今世界之中通用午刻（早晨十一時至下午一時）、未刻（下午一時至三時）等等（一日十二時刻），亦是各住法位之恁麼昇降上下也。（十二時之）子刻亦是「(有)時」也，寅刻亦是「(有)時」也，（眾）生亦是「(有）時」也，佛亦是「(有）時」也。卽此「(有）時」，或以三頭八臂證悟盡界，或以丈六金身證悟盡界。如此，以盡界界盡盡界，稱為「究盡」。以丈六金身（究盡）丈六金身，現成之為發心、修行、菩提、涅槃，卽是「有」也，「時」也。衹去究盡「盡時」之為「盡有」而已，除此之外別無剩法，剩法卽是剩法之故。卽使半究盡之「有時」，亦是半「有時」之究盡也。卽使現出蹉過（差錯）之形段（情況），亦是「有(時)」也。進而專就蹉過自體言，蹉過現成之前之後，皆是「有時」之住位（正住法位）也。住法位之活潑潑地，此卽「有時」也。不應想成「無」，亦不應強為「有」。（凡夫）妄計時（間）單向(流逝)過去，卻未嘗解會之為未到。雖云解會亦是「(有)時」，（「有時」本身）卻無他者引去之（因）緣。（凡夫衹）認取(「有時」

之）去來（表象），卻無有皮袋（達人）徹見（正）住（法）位之「有時」，遑論透關（解脫）之「（有）時」耶？卽使（體）認（正）住（法）位，孰能道得（表達）既得恁麼（「有時」住位）之保任？卽使長久道得恁麼，卻仍（暗中）摸索（本來）面目現前（現成）。假若交任凡夫（猜）認「有時」（之本來面目），則菩提、涅槃等等僅成秖具去來（表）相之「有時」而已。

傳統中國及日本社會，以十二時算計每日時間，從道元的有時論看來，午刻、未刻乃至子刻、丑刻、寅刻等等時時刻刻，皆獨立地正住「有時」的最勝義法位，不論就子、丑、寅等刻的昇上或倒序自寅刻降下，時刻昇降之迹顯明，每一時刻皆獨立無伴而又絕對不二。再就佛與眾生的存在言，也都是「有時」；乃至三頭八臂、丈六金身，亦皆如此。萬時、萬有既是「有時」的現成，初發菩提心之時、坐禪修行之時、菩提樹下悟道成佛之時，就其價值意義完全相等。一切時間（盡時）與一切存在（盡有）通過禪者絕對主體性的證悟體驗，就彰顯出「有時」當下現成的終極眞實性，毫無餘剩，毫無遺漏。卽使「半究盡」，卽使「蹉過」，卽使半迷半悟，也是「有時」或隱或顯的部分現成。凡夫執著於通俗的時間單向流逝觀，未能解會（理解體會）所謂「過去」、「現在」、「未來」，無一不是「有時」當下現成的「而今」，亦卽永恒的現在。無論解不解會，毫不損及「有時」原本正住的法位，而「有時」除了修行作佛之人的主體性解會之外，別無他緣引出。卽使解會了「有時」住位，又有誰能表達如此弔詭難懂的最勝義境地及其長久不停的保任呢？道元在這裡似乎要說，除

〈有時〉篇作者的我之外，誰有如此天大本領「洩漏天機」！就算有人能藉文字長久表達箇中道理，表面上的文字功夫也掩飾不了，仍未顯出本來面目（「有時」現成）的苦苦摸索。如果交給凡夫去瞎猜「有時」的本來面目，則發心、修行、涅槃等等人生每一時刻，難免都變成「有時」坎陷（而非當下現成）而成的，即過現未三時單向流逝歷程上的時間表象而已了。

(8)「有時」現成，牢籠不住。如今現成於右界，現成於左方之天王天眾，亦是我所盡力之「有時」。其餘在外之水陸眾（生）「有時」，亦係現今我所盡力（而有之）現成。「有時」於冥陽（二界）之諸類諸頭，皆是我之盡力現成，盡力經歷也。應予參學：我於（「有時」之）而今如未盡力經歷，則無有一法一物得以現成，得以經歷。不（應）參學：「經歷」云者，如同風雨之東（去）西（來）。盡（法）界（之一切）非不動轉，非不進退，卻（始終）經歷（不斷）也。「經歷」也者，有如春日，春有許多般樣子，此之謂「經歷」。應予參學：（春）無外物而經歷。例如春之經歷，必是（「有時」）經歷春也。雖云經歷非春，春卻經歷之故，經歷成道於如今春（日之）時。應予審細參來參去。（凡夫誤解）經歷（真意而）謂，境在外頭，能經歷之法向東（方）而行過百千世界，經過百千萬刼，（此類誤解）乃未能專一（心志）參學佛道所致也。

「有時」之而今現成於盡時盡有，誰也牢籠不住。四天王與天部諸眾、地上水陸一切眾生、冥陽二界一切有情，總之盡法界一切存在及其現象樣狀，無一不是我（修證一如的修行作佛者）時時刻刻盡力經歷所顯出的「有時」之當下現成。做爲超人一等的禪者，道元深深體會到，不可思議的最勝義境地，亦卽「有時」之而今現成，必須假定不染汚的修行作佛者本身的絕對主體性禪悟體驗，無此體驗體認，道元自己提出的「有時之而今」或「有時之經歷」，也祇不過成爲紙上談兵而已。因此道元很吃緊地強調:「我於（『有時』之）而今如未盡力經歷，則無有一法一物得以現成，得以經歷。」道元在本篇已經說過，「經歷」卽是「有時」的功德；他在此段更進一步發揮「經歷」的義諦說，「經歷」並非風雨般的東西去來，藉此提醒我們，世俗的單向時間去來觀之不眞實、不深透。「有時」的經歷其實就是盡法界一切存在、一切時節、一切現象的「有時（之而今）」化，彰顯之爲現成公案，體驗之爲修證一等的身心脫落。全世界的一切無不動轉，無不進退，無不彰顯「有時」之經歷。譬如春天某時的花開，「有時」經歷(“passing around” or “ever-presencing”)「某時」、「花」、「開」，三件合致而不分離，「某時」卽是「花」卽是「開」，「花」亦卽是「某時」卽是「開」，「開」亦卽是「某時」卽是「花」，於此最勝義的不可思議境界，每一時、每一地、每一存在、每一現象卽是「有時」之「而今化」亦卽「經歷」意義的絕對不二眞實，此一絕對不二的眞實境界在禪者的身心脫落體驗中，亦彰顯出絕對不二的主體性，眞實境界與禪悟主體性皆是絕對不二 (absolute nonduality)，當然不存在著主客之分或心境之別。凡夫固執於世俗的時間觀，而刻意分別心內與境外、「有」與「時」、過去與未來等等，因此也就分別修行與證悟，衆生與諸佛，這是未能專心參學正傳佛法的結果。

(9) 藥山弘道大師因由無際大師之指示，参問江西大寂禪師:「三乘十二分教，某甲大致曉其宗旨。然而如何是祖師西來意?」大寂禪師答曰:「有時教伊揚眉瞬目，有時不教伊揚眉瞬目，有時教伊揚眉瞬目者是，有時教伊揚眉瞬目者不是。」藥山聞而大悟，向大寂申意:「某甲曾在石頭(無際大師)處，有如蚊子爬登鐵牛。」大寂道取之處，不同他人。眉目應是山海，因山海乃眉目之故。其「教伊揚」者，令其見山;其「教伊瞬」者，令其宗海(朝宗大海)。「是」慣習於「伊」,「伊」被「教」誘引。「不是」並非「不教伊」,「不教伊」並非「不是」。此等(「不是」與「不教伊」)皆是「有時」也。山是「(有)時」也，海亦是「(有)時」也。如非「(有)時」，則不應有山海(之存在)。不應(想成)「(有)時」不存在於山海之「而今」。「(有)時」如壞(滅)，則山海亦(同時)壞(滅)。「(有)時」如不壞(滅)，則山海亦(同時)不壞(滅)。因此道理，明星出現，如來出現，眼睛出現，拈花出現。此(皆)「(有)時」也。如非「(有)時」，則不恁麼(無此類事)也。

此段典故來自《聯燈會要》卷十九，藥山弘道係石頭希遷之法嗣，無際大師卽是石頭希遷，江西大寂指謂馬祖道一禪師，係南海懷讓之法嗣。藥山弘道奉命參問江西大寂:「如何是(菩提達摩)祖師西來(中土之)意?」道元在這裡以「創造的誤讀」方式，解釋原文的「有時(候)」(sometimes)爲己意的「有時」(being-time)，且對江西大寂的所答予以「創造的詮釋」，旨在建立自己獨特的「有時(之而今)」論。

「拈華微笑，揚眉瞬目」的典故出於《大梵天王問佛決疑經》(現已不存)，但引用在《人天眼目》。「世尊拈花，迦葉微笑」是涉及禪宗「以心傳心」的首要典故，「揚眉瞬目」則係後人所加，《人天眼目》載有「世尊以青蓮瞬目，示四眾」等語。盡十方界是釋尊「揚眉瞬目」之體之相，盡十方界亦是迦葉「破顏微笑」之體之相，眉目(主體)與山海(外境)乃是一體兩面，皆顯「有時之而今」現成公案境界，所謂「盡十方界(卽)沙門一隻眼」。「是」與「不是」並非邏輯上的是非對錯，而是禪家所擅用的建立門(活人劍)與掃蕩門(殺人刀)，向上掃蕩門之(有)時，一切「不是」；向下扶起門之(有)時，則一切「是」，一切「是」與「不是」皆不外是禪家大機大用的鮮活表現，在道元的場合卽是「有時之而今」現成。「是」與「伊」相互慣習(親密)而一體無二。「伊」與「教」(意謂「令使」)亦相互誘引，亦是一體無二。不論是「教伊」或是「不教伊」，不論「是」或「不是」，不論山河或大地，概皆「有時」現成。因此可說，「有時」與山海同時壞滅，同時不壞滅。也就是說，盡法界的一切生住壞滅，無一不是「有時」之經歷，「有時」之而今。據此「有時」的道理，半夜明星出現而釋迦悟道成佛，世尊拈花而迦葉微笑，乃至日常世界的一切存在、現象、活動、變化等等，都是現成公案的「有時」。當然，如無最勝義的身心脫落功夫，「有時」境界就隱而不顯。「有時」的而今現成與修行作佛者的絕對主體性相互「慣習」，相互「誘引」，一體無二。

(10)葉縣(河南省襄城縣西南)歸省禪師，乃臨濟(義玄禪師）之法孫也， 首山（省念禪師）之嫡嗣也。某時示大衆曰:「有時意到句不到，有時句到意不到，有時意句兩俱到，有時意句俱不到。」「意」「句」皆是「有時」也。「到」「不到」皆是「有時」也。雖云到時未了，乃不到時來也。意是驢也，句是馬也。以馬為句，以驢為意。「到」非已來，「不到」非未（來）。「有時」乃是如此。「到」被「到」罣礙，不被「不到」罣礙。「不到」被「不倒」罣礙，不被「到」罣礙。「意」盡徹於「意」而見「意」。「句」盡徹於「句」而見「句」。「礙」盡徹於「礙」而見「礙」。「礙」（罣）礙「礙」也，此卽「(有) 時」也。「礙」雖被他法使得，（罣）礙他法之「礙」未曾有也。我逢人也，人逢人也，我逢我也，出逢出也。此等（之事）若不得「(有) 時」，則不恁麼也。又，「意」者現成公案之「(有) 時」也，「句」者向上關捩之「(有) 時」也。「到」者脱體（透體脱落）之「(有) 時」也，「不到」者卽此離此之「(有) 時」也。應如此辨肯，如此「有時」。

此段所載葉縣歸省禪師的法語典故，出於《聯燈法要》卷十二。道元在這裡又依「有時」論見地予以創造地解讀，謂法語之中「意」(思維意念)、「句」(語言文字)、「到」(到達盡至) 與「不到」等等，皆是「有時」的現成。「到時未了，不到時來」的弔詭語，旨在破除世俗諦層次的通俗時間觀與語言觀，蘊涵「行取說不得底，說取行不得底」之義。意念盡到而語言未盡，或語言盡到而意念未盡，皆是「有時」，在世俗諦層次有「到」

與「不到」、「意」與「句」的分別，在勝義諦層次則顯弔詭的深意，彰顯現成公案的「有時」。「意是驢也，句是馬也」即謂「驢事未了，馬事到來」，喻示「意」與「句」一體無二，旨在破除凡夫「意念必到，語言才到」的語言觀。任一時地的語言表現既然也是「有時」的現成，道元進一步借用上述法語的「到」與「不到」，破除凡夫的單向時間去來觀，故弔詭地說：「『到』非已（經）來（到），『不到』（並）非（還）未（來到）」。站在修證一等的現成公案立場去重新證悟「意」、「句」、「到」、「不到」、「(罣) 礙」等等的「有時」理趣，則可以說，這些全皆顯現本身絕對不二的眞實性，卽顯「永恒的現在」，因此全皆盡徹於本身，罣礙於（獨自絕對不二於）本身。「到」的有「時」無有去來可言，故暫稱「到」而已，「不到」亦然。「意」的「有時」盡徹於「意」，「句」的「有時」盡徹於「句」，皆盡「有」盡「時」，無有主客、能所之分，無有他法混入而罣礙。「我逢人」等語，旨趣也在破除主客能所之分，旣要顯出「我」、「人」、「出」等等的「有時」，又要表現此等各自分享「有時」而有的絕對獨立性、永恒現在性，可以說是道元對於華嚴宗所強調的「一（「有時」）卽多（諸法），多卽一」的「有時」論詮釋。道元最後以「有時」當做動詞，示修行作佛者「應如此『有時』」，極富深意，卽要我們不執著於名詞形式的「有時」，以免誤解「有時」爲超越一切存在及其現象的終極「實在」。當做動詞的「有時」，卽是修行作佛者的絕對不二主體性的「有時」現成體驗，無此體驗，任何「有時」論調皆不過是戲論而已。有此體驗，則一切存在及其樣相立卽各顯「有時」的而今現成，也就自然各顯絕對不二的獨立性、永恒性出來。

(11) 向來尊宿皆恁麼說(「有時」), 難道更無道取之處耶? 應說:「意句半到也有時, 意句半不到也有時。」應如此參究。「教伊揚眉瞬目也半有時, 教伊揚眉瞬目也錯有時, 不教伊揚眉瞬目也錯有時, 不教伊揚眉瞬目也錯錯有時。」如此恁麼參來參去, 參到參不到, 即「有時」之「時」也。

道元爲了提醒我們, 上面江西大寂、葉縣歸省等禪師關於「有時」的法語, 亦不過是方便善巧, 不應執著, 還須更進一步道取一切存在、一切時間徹底「有時之而今」化 (all existents/all times as the ever-presencing of being-time) 的「本地風光」。因此, 道元說道: 意念、語言「半到」也好, 「半不到」也好, 皆是「有時」。他甚至說:「半有時」,「錯有時」,「錯錯有時」等等, 統統是「有時」現成, 因爲半不半, 到不到, 錯不錯, 甚至錯錯等等都是世俗諦的分別智所產生的意念、語辭, 絲毫動搖不了「有時」的現成公案這最勝義境地。「錯」字意謂無有順序次第的迷亂或意念的迷惑錯亂。道元使用此類弔詭語言所要表達的是, 如果我們了解修證一等的「有時」現成眞諦, 則即使我們從日常勞作到坐禪修行, 無一不是「有時」的本地風光, 所謂「迷」卽是「悟」, 所謂「錯」卽是「不錯」, 所謂「半」卽是「全」。專就「有時之而今」現成意義的坐禪修行而言, 坐禪修行不是爲了將來成佛, 而是「不染污的莫圖作佛」, 於此本體與工夫無二, 目的與手段的分別亦不存在, 「祇管打坐」, 如此而已。應用此一道理到世俗人間的一切行動, 一切作爲, 亦是如此。

道元的〈有時〉這一篇哲理份量特重，因此他所使用的語言也尤其弔詭，可與莊子相比。我在後面另劃章節討論道元禪學的理論與實踐時，再將他的「有時」論提出，說明「有時」論在佛教思想史上的劃時代意義。

（九）〈古鏡〉

仁治二年（一二四一）九月九日，道元仍在觀音導利院興聖寶林寺以本篇示眾。本篇的哲理深度雖然不及〈有時〉、〈現成公案〉等篇，它在整部《正法眼藏》之中算是名作之一，值得我們細予涵詠參究。

道元以鏡為題材，開展永恒與現在相即不二的代代佛祖所體現的「有時」境界。鏡子是我們日常生活的必需品，男女老幼都得透過鏡面看出自己的面目。道元特以古鏡（「古」即「永恒」之謂）之喻表達代代佛祖的最勝義境界，恰當不過。古鏡即不外是永遠映照萬事萬物「有時之而今」實相，尤其象徵著代代佛祖的「本來面目」。大乘佛教一向主張，就最勝義諦言，佛與眾生無別。據此可說，人人皆具一塊古鏡，顯其本來面目，如能追從代代佛祖，以祇管打坐、修證一等的作佛精神參究「現成公案」的妙諦，則磚瓦（喻指凡夫）亦自然而然磨成明鏡（喻指佛心佛性），終會體認鏡瓦本來不二。

道元在本篇開頭說道：「諸佛諸祖所受持單傳的是古鏡，同見同面，同像同鑄，同參同證。胡來胡現，漢來漢現，一念萬年皆是如此。古來古現，今來今現，佛來佛現，祖來祖現。」在古鏡所映照著的「有時之而今」世界，一切「有」與一切「時」如實彰顯，所有佛祖也同樣證悟此境此界。

道元從《景德傳燈錄》等書引用了六則有關鏡與禪悟的公案故事，借題發揮他那修證一等、現成公案的旨意。其中一則出自《傳燈錄》卷二十一，某僧問國泰院瑫禪師：「古鏡未磨時如何？」師云:「古鏡。」僧問:「磨後如何？」師云：「古鏡。」道元予以獨自的詮釋說:「應知此所謂古鏡，有磨時，有未磨之時，亦有磨後之時，卻仍是同一古鏡。然則磨時古鏡磨其全古鏡，並非混合古鏡以外的水銀等等而磨。雖非磨自（己），亦非（自己）磨磨，總是（古鏡）磨古鏡。未磨之時，古鏡並不暗，雖說它暗，其實不暗，（因爲）它是活古鏡。（磨鏡有種種方式，）如磨鏡成鏡，磨塼成鏡，磨塼成塼，磨鏡成塼，磨而不（刻意磨）成（甚麼），不磨而成等是。這些都是佛祖家業（家常作業）。」諸法實相乃至我們心性皆喻如古鏡，當我們有分別智之時，磨前鏡暗，磨後鏡明，其實彰顯「有時之而今」的活古鏡，磨或不磨皆增減不得它那「本來無一物，何處有塵埃」的永恒光明。凡夫刻意磨鏡（比喻修行），以求證悟的一天。然而勝義諦意義的修行即是證悟，坐禪修行之一刻即是不求成佛而行不染汚的作佛之一刻，代代佛祖修證一如的「修行」即是如此，因此採取甚麼磨鏡（修行）的方式都是一樣。

道元又從《傳燈錄》卷五引用了一則「磨塼」公案。有一天南嶽懷讓禪師看到馬祖道一禪師坐禪修行，問道:「大德坐禪，圖什麼？」道一答云:「圖作佛。」懷讓乃取一塼瓦於彼庵前石上磨。道一問:「磨塼作麼？」懷讓答曰:「磨作鏡。」道一問:「磨塼豈得成鏡耶？」懷讓曰:「磨塼既不成鏡，坐禪豈得成佛耶？」道一向懷讓請教:「如何即是？」懷讓答道:「汝爲學坐禪，爲學坐佛？若學坐禪，禪非坐臥；若學坐佛，佛非定相。於無住法，不應取捨。汝若坐佛，卽是坐佛，卽是殺佛。若執坐相，非達其理。」懷讓於此祇提「於無住法，不應取捨」的道理破除坐禪（磨塼）成佛（成鏡）的俗見，卻未能指出修行所以必需的個中道理。

懷讓破除磨塼成鏡的俗見，已蘊涵著修證一等的理趣，但他並未進一步說明修證一等意義的修行究竟是甚麼。我們已從道元少年時期的宗教體驗，知道未滿十五歲的道元敢於發問：「涉獵經論自有疑（惑），謂顯、密二教共談『本來本法性，天然自然身』。若如此，則三世諸佛依甚更發心求菩提耶？」經過正師如淨和尚親自指導「祇管打坐」而體悟到修證不二義諦的道元，回到日本之後將此修證一如的「祇管打坐」哲理化為現成公案、「有時之而今」等義。一旦建立本身獨創無比的禪道哲理，道元就有辦法對於傳統禪家公案一一予以創造的詮釋，他對懷讓「磨塼成不成鏡」公案的嶄新詮釋便是其中佳例之一。

道元說道：「數百年來人人皆云，此一公案旨趣是在南嶽對於馬祖的勉勵，勉勵他去體悟，執著於坐禪反而不能成佛，有如塼瓦磨不成鏡子一般。其實，公案深意並非如此。大聖（南嶽懷讓）的行履境地遠遠超出凡境。大聖如無磨塼之法，則那來得教化別人的方便？教化別人的力量卽是佛祖的骨髓。……佛祖功德卽在『直指』，就是說，磨塼成鏡之時，馬祖作佛。馬祖作佛之時，馬祖卽成馬祖；馬祖成為馬祖之時，坐禪卽成坐禪。是故，磨塼成鏡之事，持續於古佛的骨髓之中。然則實有塼瓦所成之古鏡，磨此鏡時，塼未成鏡已是未染汚。非塼原有汚塵，祇管磨鏡而已。於此乃有作鏡功德之現成。此卽佛祖之功夫也。磨塼若不作成鏡，同理磨鏡亦不作成鏡。孰能測知，此『作』有所作佛，亦有所作鏡？總不得懷疑，磨古鏡時誤磨成塼。磨（古鏡）時之消息，非餘時所能測量。然而南嶽之所道，乃道得（卽表達）所應道得之者，是故畢竟不得不道得之爲『磨塼作鏡』。今人亦應試磨今塼，必定成鏡無疑。塼若不成鏡，則人亦不成佛。輕視塼如泥團，則亦輕視人如泥團。人若有心，則塼亦應有心。孰知有塼來塼去之鏡子？孰又知，亦有鏡來鏡現之鏡子？」

古鏡喩指三界唯是「有時」，唯是現成公案，唯是諸法實相，映照於代代佛祖相傳的不染汚作佛之心。站在修證一等、祇管打坐的立場，道元並不承認從實際修行抽離出來的「心性」、「古鏡」等等的獨立存在，所謂「古鏡」必須在祇管磨塼磨鏡之時（卽是「有時」）才有當下彰顯諸法實相或本地風光的勝義，否則祇是紙上談兵，無濟於事。道元於此深化原先南嶽懷讓所倡「磨塼不成佛」的公案理趣，更進一步弔詭地講成「祇管磨（鍊），不管是塼是鏡」，完全配合他的禪道哲理：修行卽是證悟，除修行之外別無證悟；坐禪卽是作佛，除坐禪（祇管打坐）之外別無作佛的餘地。據此重解上述公案，則如道元所說，所磨的材料是塼（凡夫）是鏡（佛祖）毫不損益「祇管磨鍊」的「有時」功德，所謂「磨時」，卽外磨古鏡的「有時」，非修證有別的餘時（先有修行之時，後有證悟成佛之時）所能測知。懷讓「磨塼不成鏡」的公案，到了道元，就如此弔詭地表達成爲「祇磨卽是，不論是塼是鏡」了。由是不難窺見道元悟性之高，思維之深，行文之妙。

(十)〈佛性〉

仁治二年(一二四一)十月十四日,道元仍在京都・觀音導利興聖寶林寺以〈佛性〉向僧眾開示。就長度言,本篇僅次於〈行持〉上下篇;就深度言,實與〈現成公案〉、〈有時〉等篇平分春色,難分軒輊。

道元在本篇不但評斥外道等同佛性與「自我」或「梵我」的見解,也批判了傳統佛教,以「業力」、「因緣」、「法爾」等等概念理解佛性的種種說法。道元自己的佛性論基本立場,可用本篇中的名句「盡界一切無客塵,直下更無第二人」予以表達,也就是當代日本禪師久松眞一所說的「絕對主體性」(「絕對」意謂斷絕對立的不二之謂,而非對立於相對的「絕對」)。此一名句可以說是道元爲了從修證一等的禪學觀點,重新解釋釋迦那句「天上天下,唯我獨尊」而自創出來的禪語。釋迦的「我」當然不是個體生命所局限著的我,而是絕對(不二)主體性意義的無我之「我」,或即久松眞一所說的「無相的自己」(the formless self)。由於本篇的哲理份量極重,以下分段逐一中譯,並予解釋。

(1)釋迦牟尼佛言:「一切眾生,悉有佛性;如來常住,無有變易。」此乃吾等大師釋尊獅子吼之轉法輪,亦是一切諸佛、一切祖師之頂𩕳眼睛也。(釋尊以來繼法)參學迄今,已有二千一百九十年,正嫡僅有五十代(至先師天童如淨和尚),西天(印度)二十八代,代代住持,東地(中國）二十三世，世世住持。十方佛祖共皆住持。

世尊所云「一切衆生，悉有佛性」，其宗旨如何？此卽「是什麼物恁麼來」之道轉法輪也。或云衆生，或云有情，或云羣生，或云羣類；「悉有」之言衆生也，羣有也。卽謂「悉有是佛性」也。悉有之一悉，謂之衆生。正當恁麼時，衆生之內外卽是佛性之悉有也。不啻是單傳之皮肉骨髓而已，蓋因「汝得吾皮肉骨髓」之故。

應知而今佛性所悉有之「有」，並非有無之有。悉有是佛語也，佛舌也，佛祖眼睛也，衲僧鼻孔（禪僧眞面目）也。悉有之言，非謂始有，亦非本有或妙有，遑論緣有、妄有，亦與心、境、性、相等等無關。然則衆生悉有之依正（一切衆生所持依報正報，卽環境世界與衆生主體），不在業增上力，不在虛妄緣起，不在法爾，不在神通修證。如說衆生之悉有卽是業增上力或緣起、法爾等，則諸聖之證道以及諸佛之菩提、佛祖之眼睛亦應成為緣起、法爾，此實不可能也。盡界一切無客塵，直下更無第二人，蓋因「直截根源人未識，忙忙業識幾時休」之故。（悉有）非虛妄緣起之有，蓋因徧界不曾藏之故。所謂「徧界不曾藏」，非謂滿界是有也。徧界我有（一切存在卽是梵我）也者，外道之邪見也。（悉有）非本有之有，因（悉有）亙古亙今之故；非始起之有，因不受一塵之故；非條條（個別）之有，因合取（綜合的一體化）之故；非無始有之有，因「什麼物恁麼來」之故；非始起有之有，因吾「（平）常心是道」之故。應知悉有之中，衆生快便難逢（如不快走下坡，卽趕不上便船）也。會取悉有（義諦）

如此，則悉有自體卽透體脫落（超關透關而徹底脫落）也。

學者聞及佛性之言，多半邪計之為先尼外道所主張之「我」，未逢（真實之）人、未逢（本然之）自己、未見（正）師之故也。誤以隨風吹火燃而動之心意識為佛性之覺知覺了（認知作用）。孰謂佛性具有覺知覺了？（悟）覺者（證）知者雖是諸佛，佛性非是覺知覺了也。何況以諸佛為覺者知者之（真實）覺知，並非汝等邪解之覺知，不以風火之動靜為覺知。祇祇一兩之佛面祖面（個個真實、祇管打坐之佛祖面目），此卽（真實）覺知也。

往昔古老先德或往還於西天，或化道於人天，自漢唐至宋朝，衆多前輩誤計（隨）風火之動（而心意識亦動）為佛性之知覺，實為可嘆，由於學道轉疎，故有今日之失誤。如今佛道之晚學者、初心者，不應重蹈覆轍。卽使學習覺知之事，（本然真實之）覺知，非屬（見風火而心）動之類。卽使學習（見風火之心）動，（心）動並非（本然真實之）恁麼。如要會取真實之動，則應會取真實之覺知覺了。佛之與性，達彼達此（卽「佛」與「性」相卽不二）也。佛性必是悉有也，悉有卽是佛性之故。悉有非是百雜碎（粉碎的個別存在），亦非一條鐵（死板的全一存在）；因係拈拳頭（單純至極），故非有大小（差別）。旣云佛性，不應與諸聖齊肩（齊肩故有差別而非一），不應與佛性齊肩（佛性不二之故）。

有一類人誤思佛性有如草木種子。法雨潤濕之時，芽莖生長，枝葉花果亦呈繁茂，果實更孕懷種子。如此之見解，乃凡夫之情（識思）量也。卽使如此見解，亦應參究種子以及花果，皆是條條之赤心（個個出自眞實本然之處)。果裡有種子，種子雖不可見，卻生根莖等等；雖非集取，卻出許多枝條大樹。此非內（育）外（生）之論，乃亙古亙今之「(有）時」而不空（眞實）也。卽任凡夫之見解，根莖枝葉當皆同生同死，應是同一悉有之佛性。

道元常以創造的詮釋方式故意誤讀佛教原典的文句，藉以表達他那深邃的禪悟體驗（實踐）與極具突破性的禪道哲理（理論)，本篇便是其中一個佳例。道元獨創地誤讀《大般若涅槃經·獅子吼品》的佛言:「一切眾生悉有佛性，如來常住無有變易」，詮釋成爲「一切卽眾生，悉有卽佛性，所謂『如來常住』，卽『無』卽『有』卽『變易』。」「一切眾生悉有佛性」的原意應是:一切眾生本來具足可能成佛的種性，亦卽佛性或如來藏。道元站在獨自開展的修證一等、現成公案見地，批判分割佛性（或本覺）與修行（或始覺）爲二的傳統的佛性論或如來藏思想。道元故云:「悉有（一切存在）卽佛性，悉有之一悉（卽一分）爲眾生」。道元顯然深受承接般若系統的天台教義之影響，將（本來祇限於有情眾生的）佛性與（普現萬有實相的）法性視爲同義，且進一步肯定「悉有（卽）佛性」，亦卽性（本體本性)、相（悉有實相）相卽不二之義。道元於是又說：「佛性必是悉有，因悉有卽是佛性之故」。道元的意思是說：包括眾生在內的一切存在卽不外是佛性當下現成的「有時」；悉有的現前存在（樣相）與佛性的現成不斷，乃是同一件事，同樣彰顯「有時之而今」現成公案。道元「悉有（卽）佛性」論的根本旨趣是在，解開本覺、始覺的對立弔詭，而依修證一等的禪悟體驗，還出性、相不二的「有時之而今」面目，因此不得不說，有無之有、始有、無始有、本有、妙有（有而非有、無而非無之有）、妄有(虛妄緣起之有)，乃至心、境、性、相各別之有皆非「悉有（卽）佛性」之悉有（亦卽「有時」之而今現成)。「悉有（卽）佛性」雖難於表達，道元喜以禪家慣用之語「什麼物恁麼來」，描敍其中妙諦。

道元當然知道，「悉有（卽）佛性」論並不是獨立乎禪者修證（本證妙修）的所謂「客觀眞理」，而是祇管打坐而身心脫落的禪者之心所冥冥自證出來的絕對主體性道理，而「悉有（卽）佛性」則可以說是禪者本人的絕對（不二）主體性所自然而然呈現出來的證悟境相，亦卽「有時之而今」本地風光。

絕對（不二）主體性的覺知覺了，本質上完全異乎隨風動（喩指外界變動）而心動的凡夫業識覺知作用，等同此類覺知作用與佛性，根本誤解了修證一如的「悉有（卽）佛性」眞義，可見佛心佛性談何容易，修證工夫一步之差，卽謬以千里。

(2)佛言：「欲知佛性義，當觀時節因緣。時節若至，佛性現前。」今云「欲知佛性義」也者，非僅限於「欲知」，「欲行」、「欲證」、「欲說」、「欲忘」等等，亦是如此也。所云「說」、「行」、「證」、「忘」、「錯」、「不錯」等等，皆是時節之因緣也。欲觀時節因緣，卽以時節因緣觀之也，以（禪者之）拂子、拄杖等相觀之也。如用有漏智（世俗智)、無漏智（出世間智）、本覺（本來之悟覺本性)、始覺（修行成果之悟覺)、無覺（未曾悟覺)、正覺等等（分別出來之）智，則不能（如實）觀之也。

「當觀」云者，無關乎能觀、所觀（之別），亦與正觀、邪觀（之分）等等無涉，（未帶限定辭之佛觀）即是當觀（之義）也。（如實）當觀之故，不自觀（不偏於自我主體之能觀），不他觀（不偏於他人之能觀或客體之所觀）也。此即時節因緣也，超越因緣也，佛性也，脫體（身心脫落）佛性也，（突破固定「佛性」概念之）佛佛也，性性也。

古今凡夫之輩往往妄想「時節若至」之道，誤認之為：「向（今）後期待佛性現前之時節，如此修行下去，自然逢遇佛性現前之時節。如時節未至，無論是參師問法，或是辦道功夫（參究），（佛性）總不現前。」（凡夫）恁麼見取而徒返紅塵，空守雲漢。如此之輩恐屬天然外道之流類。「欲知佛性義」云者，即「當知佛性義」之謂也。「當觀時節因緣」云者，「當知時節因緣」之謂也。欲知所謂佛性，應知即在時節因緣。「時節若至」云者，「時節已至，有何懷疑餘地」之謂也。即於懷疑時節，還我佛性來也。須知，「時節若至」云者，十二時（即二十四小時）中不空過也。「若至」即「旣至」之謂也。蓋時節若至，則佛性不至也。然則時節旣至也者，此即佛性現前也。或即「其理自彰」之謂也。「時節若至」而未至之時節，「佛性現前」而未現之時節，皆未嘗有也。

《大般若涅槃經・獅子吼品》又有佛言「欲知佛性，應當觀察時節形色，是故我說，一切眾生悉有佛性。」百丈禪師曾引此言，但稍改字，云：「欲知佛性義，當觀時節因緣。時節若至，其理自彰」(見《續藏經》第一三六册《聯燈會要》卷七)。道元在本篇引用百丈此語，但改「其理自彰」爲「佛性現前」，且又故意加以天才的誤讀，創造地詮釋成爲:「欲知所謂佛性，應知卽在時節因緣。『時節若至』云者,『時節已至，有何懷疑餘地』之謂也。……須知,『時節若至』云者，十二時中不空過也。『若至』卽『旣至』之謂也。蓋時節（假若今後將）至，卽佛性（反而）不至也。然則時節旣至也者，此卽佛性現前也。……『時節若至』而未至之時節,『佛性現前』而未現之時節，皆未嘗有也。」從道元修證一等、現成公案的「有時之而今」觀點去看，任何時節因緣皆是佛性現前或當下現成，日日二十四小時不空過的修行歷程之中，每一時節卽是「有時」，卽不外是「時節（卽）佛性」，亦卽六祖慧能所云「無常（卽）佛性」。不是預先假定抽象的「佛性」(眾生的潛在本性)，且依凡夫的時間前後流逝觀，去刻意坐禪修行，然後才有所謂「佛性」現前，而是在任何時節因緣的修行，卽有佛性之當下現成。時節因緣（說法、觀行、修證、坐忘等等的「有時」）與佛性現前同「時」同「有」，並無前後之別，主客之分。「時節（卽）佛性」、「悉有（卽）佛性」等語，可以說是「有時之而今」或「修證一等的現成公案」的另一種表達，所要表達的眞諦則同一無別。

(3)第十二祖馬鳴尊者，為第十三祖說示佛性海，云:「山河大地皆依建立，三昧六（神）通由兹發現」。然則此山河大地皆是佛性海也。「皆依建立」云者，意謂建立之正當恁麼時(「有時」)，卽是山河大地也。旣已說是「皆依建立」，則須知，佛性海之形相卽是如此，更無關乎內外中間（方位方角等之規定）。既是恁麼，見山河（大地）卽見佛性（海）也，見佛性卽見驢腮馬嘴（任何存在）也。「皆依」也者，予以會取或不會取之為全依、依全也。「三昧六通由玆發現」也者，應知諸般三昧之發現或未現，同是「皆依佛性」也。全六通（六神通全部）之由玆不由玆，共是「皆依佛性」也。六神通並非僅是阿含經教所云六神通。所云「六」者，前三三後三三，乃六神通波羅蜜之謂也。然則切勿參究六神通為「明明百草頭，明明佛祖意」。（萬事萬物）如受六神通滯累，則有罣礙於（萬事萬物之）朝宗於佛性海也。

馬鳴大士之言出典於《傳燈錄》卷一，道元將原典所載「性海」，改爲「佛性海」。在道元的心目中，法性與佛性同義，因此附加「佛」字與否無礙乎「性海」原義，「性海」喩謂諸佛證悟所顯諸法實相、一切如如之勝義境界。道元根據修證一等的「有時」論，重新詮釋「皆依」、「由玆」之義，解成（山河大地、驢腮馬嘴等等）萬事萬物乃至（諸般三昧、六神通等等）主體性功夫實與佛性海（證悟境界）相卽不二，無分前後，亦無輕重之別。道元故云：「『皆依』也者，予以會取或不會取之爲全依（存在全體依歸佛性）、依全（佛性依歸存在全體）也。」道元以「全依」與「依全」的倒轉語辭，弔詭地表達一切法與佛性相卽不二的「有時之而今」現成義諦。道元並不看重三昧之有否實際奏效或六神通之實際威力，重要的是禪者能夠體悟，坐禪修行的任何時節因緣卽是佛性現前的「有時之而今」。「明明百草頭」喩指知覺的現實世界明明白白的個物，「明明佛裡意」則指明明白白的眞如、眞理而言，依修證一如見地，兩者亦相卽不二，如同山河大地與佛性海的相卽不二一般。

(4) 五祖大滿（弘忍）禪師，蘄州黃梅人也。無父而生，童兒得道，乃栽松道者也。初在蘄州西山栽松，遇四祖出遊。告道者:「吾欲傳法與汝，汝已年邁。若待汝再來，吾尚遲汝」。師諾。遂往周氏家女托生。因拋濁港中，神物護持，七日不損。因收養矣。至七歲為童子，於黃梅路上逢四祖大醫（道信）禪師。祖見師，雖是小兒，骨相奇秀，異乎常童。祖見問曰:「汝何姓？」師答曰:「姓卽有，不是常姓。」祖曰:「是何姓?」師答曰:「是佛性」。祖曰:「汝無佛性」。師答曰:「佛性空故，所以言無」。祖識其法器，俾為侍者，後付正法眼藏。居黃梅東山，大振玄風。

……五祖曰:「姓卽有，不是常姓」。此云「有卽姓」非是「常姓」，「常姓」不是「卽有」。

「四祖曰是何姓」者，「何」（所問全體）卽「是」（肯答全體）也，將「是」「何」之也。此卽「姓」（佛性之現成）也。「何」之所成，「是」之故也。「是」之所成，「何」之（功）能也。「姓」（佛性）卽「是」也，「何」也。此事當做蒿湯茶湯，亦當做家常茶飯也。

五祖曰:「是佛姓」。所云宗旨乃為，「是」卽「佛性」也。因「何」之故，成「佛」也。「是」者，豈僅限於「何姓」所究取耶?「是（佛性）」者，「不是」之時已是「佛性」

也。然則「是」即「何」也。雖說是「佛」，令其脫落、透脫，仍必是「姓」也。其姓即是周（周遍）也。然而（此周遍之姓或佛性）非自父祖承受，亦不與母氏（之姓）相似，更非與傍觀（他人之姓）齊肩。

四祖曰：「汝無佛性」。此語意謂：汝非誰人，雖任汝為汝，卻無佛性。應知應學：究竟於什麼時節而無佛性？登佛頭頂之時，無佛性耶？更上一層超越佛時，無佛性耶？切勿逼塞或摸索七通八達（之無佛性）。亦有修習無佛性是一時之三昧等事。應予問取、道取：佛性成佛之時，是無佛性，抑或佛性發（菩提）心時，是無佛性？應讓露柱問取，應向露柱問取，亦應讓佛性問取。（注：有僧問「如何是祖師西來意？」時，石頭希遷答謂：「問取露柱」。）

然則無佛性之言，遙從四祖之祖室傳來。（五祖）黃梅之所聽聞，趙州（從諗禪師）之所流通，大溈山（大圓禪師）之所舉揚。「無佛性」事，必須加以精進（參究）。切勿趑趄不前。雖迷惑於「無佛性」而費解，卻有「何」之標準，「汝」之時節，「是」之（展事）投機，「周」之同生（與周姓同為人而生），（藉此）直趣（解開「無佛性」謎題之目標）即是。五祖曰：「佛性空故，所以言無」。明予道取，空非是無。道取佛性之空，不云半斤，不云八兩，卻言取「無」也。空故不云空，無故不云無，佛性空故言無。然則無之片片乃是道取空之標榜也，空是道取無之力量也。所謂「空」者，非色即是空之空。所謂「色即是空」，非強（硬要使）色為空，非分別空而造作為色。

應是空是空之空也。所謂「空是空之空」，乃是空裡一片石也。然則四祖五祖之間卽予問取道取，「佛性無」、「佛性空」、「佛性有」。

道元借用四祖（道信）與五祖（弘忍）之間的「佛性」問答（「汝何姓」與「是佛性」），大大發揮他那修證一等、現成公案的佛性論。如就（自坐禪修行抽離出來的）佛性談佛性，則不論說成有、無或空，皆無甚意義，蓋所謂「佛性」祇有在坐禪修行的時節（卽「有時」），才眞正當下現前，除此而外講說「有無性」或「無佛性」，祇是流於紙上談兵而已，無濟於事。

(5) 震旦（中國）第六祖曹溪山大鑒（慧能）禪師往昔來黃梅山參謁。五祖（弘忍）問曰：「汝自何來？」六祖曰：「嶺南人也。」五祖曰：「欲須何事？」五祖曰：「唯求作佛。」五祖曰：「嶺南人無佛性，若為得佛？」（出典於《傳燈錄》卷三）

所謂「嶺南人無佛性」也者，非謂嶺南人無有（不具）佛性，亦非嶺南人（具）有佛性之謂，卻云「嶺南人（卽）無佛性」也。「若為成佛？」云者，期待如何作佛之謂也。大凡佛性之道理，明曉其義之先達甚尠，非諸阿含經敎或經論師之所能知者，僅由佛祖兒孫單傳而已也。佛性之道理也者，佛性不在成佛之前已經具足，但在成佛之後具足也。佛性必與成佛同參（同現）也。此一道理應予參究功夫，應予功夫參學二三十年，非（成佛前之）十聖三賢（等菩薩之類）所能知曉。道取「衆生有佛性，衆生無佛性」者，即此道理也。即是參學成佛以後方有（佛性）具足之法之正鵠也。若不如此參學，則非佛（性正）法；若不如此參學，則佛法不可能傳至今日。如不明白此一道理，即是未嘗明曉成佛，亦未嘗體驗成佛也。是故，五祖向他人説道之時，開示「嶺南人（即）無佛性」也。見佛聞法之最初，難得難聞者，「衆生無佛性」也。或從知識（善師）或從經卷學習而應喜悦者，「衆生無佛性」也。不在見聞覺知參飽「一切衆生無佛性」者，未嘗見聞覺知佛性也。六祖專求作佛而五祖善助六祖作佛之時，並無其他道取或善巧，僅云「嶺南人（即）無佛性」而已。應知「無佛性」之道取聞取，此乃作佛之直道。然則「無佛性」之正當恁麼時（「有時」），即是作佛也。未嘗見聞或道取「無佛性」者，未嘗作佛者也。

六祖曰：「人即有南北，佛性無南北」。應舉此一道取，功夫句裡（就此句深意苦下功夫）。南北之言，應以赤（子之）心照顧。六祖道得之句，含有（重要）宗旨。即有「人雖作佛，佛性不應作佛」之一分理趣在內。六祖本人知否？

四祖五祖所道取之「無佛性」（弔詭）語，實有千鈞力量。迦葉佛以及釋迦牟尼佛等諸佛承襲其中一分而作佛轉法（輪），有其道取「悉有佛性」之力量。悉有之有，豈不嗣法於無無之無（絶對不二之無）耶？然則「無佛性」之語，遙從四祖五祖之室傳聞也。此時，六祖若為其人（真正六祖），則應對此「無佛性」之語下功夫。應予問取「有無之無暫且擱置，如何是佛性？」應予問取「何者是佛性？」今人聞及佛性，並不問取「如何是佛性？」，卻云佛性有無等義，未免倉卒輕率。然則諸無（所意謂）之無，應於「無佛性」之「無」參學。六祖所道取之「人有南北，佛性無南北」，應予久久再三撈摝，撈波子應有力量。六祖所道取之「人有南北，佛性無南北」，應予靜靜拈放（把定放行）。凡愚之輩妄想：「人有（色蘊之）質礙而有南北，佛性則虛融（融通無礙）而不及南北之論」，如此推度六祖道取之意，未免太過愚蒙。應予拋卻此類邪解，直須勤學。

此段最吃緊的一句是：「佛性不在成佛之前已經具足，但在成佛之後具足也」。也就是說，預先定立佛性、本覺等等固定概念，然後才去坐禪修行，則有分割本體與功夫或證悟與修行之嫌。大乘佛教向來主張「生死即涅槃」，道元推進一步，更是積極主張，坐禪修行的時節因緣即是「有時之而今」的現成公案，亦即時節佛性的當下現前。因此道元緊接著上述一句說道：「佛性必與成佛同參（同現）也」。坐禪修行而身心脫落的「有時」，即是不染污的作佛之「有時」，亦即所謂「佛性」自然而然隨之現成現前的「有時」，於此並無手段與目的之分，這是最上乘的本證妙修。據此見地，道元不得不破除「無佛性」、「佛性無南北」等語之中「無」字的傳統曲解，而主張「有（具有）無（不具有）之無暫且擱置」，還出「無無（絕對不二）之無」義，實與莊子所云相得益彰。

(6)六祖示門人行昌（江西志徹禪師）云：「無常者即佛性

也，有常者卽善惡一切諸法分別心也。」（語出《傳燈錄》卷五）六祖所道取之「無常」，非外道二乘等所能測度。二乘外道之鼻祖鼻末雖云無常，彼等未能窮盡其義。然則無常自動說著、行著、證著無常，此皆應是無常。今（六祖）以現（無常）自身得度者，卽現（無常）自身而為說法也，此卽佛性也。更有（為了教化方便，時）或（顯）現長法身，（時）或（顯）現短法身。所謂常聖（常住聖者），此乃無常也；所謂常凡，此乃無常也。若是常（住）凡聖（凡夫永為凡夫，聖者永為聖者），則佛性不成。此為小量之愚見，測度之管見而已。佛者（祇變成）小量身也，性者（祇變成）小量作（略造作）也。是故六祖道取「無常者佛性也」。

常者未轉也。未轉也者，卽使變成（智慧之）能斷（煩惱），或化成所斷（之煩惱），卻不必關涉（生死）去來之蹤跡，（蓋因智慧常住之為智慧，煩惱常住之為煩惱，）是故常（住未轉）也。

然則草木叢林之無常，卽是佛性也。人物身心之無常，此卽佛性也。國土山河之無常，乃為成佛性之故也。阿耨多羅三藐三菩提（究竟證悟解脫）者，此卽佛性，故是無常也。大般涅槃者，此卽無常，故是佛性也。諸般二乘小見以及經論師等三藏（之徒），應於六祖之道取驚疑怖畏。如不驚疑，則屬魔（類）外（道）之類也。

六祖慧能雖云「無常卽佛性」，卻未進而推演「無常佛性」論，在《壇經》仍承襲傳統佛心佛性論說而談「明心見性」。「無常佛性（相卽不二)」，如同「悉有佛性」，完全是道元本人的創意。他在〈有時〉篇已爲此論舖下修證一等的禪宗時間論基礎。「無常佛性」與「悉有佛性」相比，意涵較爲深刻，因爲前者徹底「有時」化了悉有與佛性相卽不二的見地之故。萬事萬物生滅無常的每一「有時」，卽是佛性隨時現成的時節因緣，在祇管打坐的修行時節格外能夠體悟到。在無常之外別無佛性可言，而所謂「常住不易」，不論指謂佛性、涅槃、常聖或常凡，更是空談無益。道元故云：「草木叢林之無常，卽是佛性也。人物身心之無常，此卽佛性也。……大般涅槃者，此卽無常，故是佛性也。」傳統大乘的「生死卽涅槃」說，到了強調一切存在、一切時刻爲「有時之而今」的道元，更深化之爲「無常（卽）佛性」論，在佛教思想史上有其不可磨滅的哲理創新意義。

(7)第十四祖龍樹尊者，梵云那伽閼剌樹那 (Nagarjuna)。唐云龍樹亦龍勝，亦云龍猛。西天竺國人也。至南天竺國。彼國之人多信福業。尊者為說妙法。聞者遞相謂曰:「人有福業，世間第一。徒言佛性，誰能覩之。」尊者曰:「汝欲見佛性，先須除我慢。」彼人曰:「佛性大耶小耶?」尊者曰:「佛性非大非小，非廣非狹，無福無報，不死不生。」彼聞理勝，悉迴初心。尊者復於坐上現自在身，如滿月輪。一切衆會，唯聞法音，不覩師相。於彼衆中，有長者子迦那提婆，謂衆會曰:「識此相否?」衆會曰:「而今我等目所未見，耳無所聞，心無所識，身無所住。」提婆曰:「此是尊者現佛性相，以示我等。何以知之? 蓋以無相三昧形如滿月，佛性之義廓然虛明。」言訖

輪相卽隱。復居本座，而說偈言:「身現圓月相,以表諸佛體。說法無其形，用辯非聲色。」(語出《傳燈錄》卷一)

應知真實之「用辯」非是「聲色」之卽現，真實之「說法」乃是「無其形」也。尊者所曾廣說佛性者，不可數量也。今暫略舉一隅。「汝欲見佛性，先須除我慢。」此說宗旨，應卽辨肯。(見佛性之)見非無，其「見」卽是「除我慢」也。「我」不僅一箇，「慢」亦多般,「除」法又是萬差。雖是如此，此等皆是「見佛性」也。眼見目覩(無非是「見佛性」)。

……前後(代代)之皮袋(凡愚)，見聞流布於天上人間乃至大千法界之佛法，孰能道取「身現(圓月)相是佛性」耶？於此大千法界，唯獨提婆尊者道取，餘者衹是道取佛性非是眼見耳聞心識等等而已。不知「身現」卽是「佛性」之故，不如此道取也。(此輩)非不愛惜祖師之敎，然其眼耳有所礙塞而不得見聞之也。身識(五識之一)未起，不得了別也。望見無相三昧之形如滿月而禮拜，(此輩)卻「目未所覩」也。「佛性之義廓然虛明」也。然則「身現(圓月相)」之為「說佛性」，虛明也，廓然也。「說佛性」之為「身現」,「以表諸佛體」也。……「佛體」卽「身現」也，有身現之佛性也。道取、會取、佛體、佛性為四大五蘊(全宇宙)之佛祖力量者，亦是身現之造次也。旣已說是「諸佛體」，五蘊十二處十八界亦是如此(為佛體)也。一切功德，卽此功德也。佛功德究盡囊括此身現也。一切無量無邊功德之往來(種種)，卽此身現之一造次也。……應知欲畫「身現圓月相」之相，則須於

> 法座上有身現相。揚眉瞬目（舉手投足等等必須一一）端直。皮肉骨髓之正法眼藏，必須祇管打坐。破顏微笑（之正法眼藏）當必流傳，因作佛作祖之故。此畫如未成（圓）月相，則無形如（滿月之無相三昧）、無說法、無聲色、無用辯也。若求「身現」，則應心圖「圓月相」。若欲心圖圓月相，則應（認真）心圖圓月相，因「身現圓月相」之故。若欲畫圓月相，則心圖滿月相，（身）現滿月相。然而（凡愚之輩）不畫身現，不畫圓月，不畫滿月相，不圖諸佛體，不體會「以表」，不圖說法，卻徒然圖繪畫餅一枚，用作什麼？於此如能急著眼看（認真著眼），（不論是）誰皆會直至如今飽而不飢（飽嚐於佛道而不致飢餓）。月是圓形也，圓是身現也。學圓，切勿學成一枚（銅）錢，切勿學似一枚（畫）餅。身相圓月身也，形如滿月形也。一枚錢、一枚餅應向「圓」學習。

此段最吃緊的一句是，「佛體即『身現（圓月相）』也，有身現（圓月相）之佛性也」。修證一等的祇管打坐修行功夫，要求修行者絕對（不二）主體性的「身現」，現成之爲圓月滿月之相，喻指所顯眞實本然的主體性之身心脫落而圓滿無缺，亦即「時節佛性」或「無常佛性」之當下現前。凡夫分別修行與證悟，而以修行爲證悟而顯（常住）佛性、佛體的手段，因此畫虎不成反類犬，畫「(身現）圓月相」不成而畫出一枚畫餅。道元借用「圓月」等等比喻，提示所謂「佛性」即在祇管打坐的現成公案時節同參同現，「除我慢」者乃是佛性同參同現的其中一個必要條件。

(8) 予於當年雲遊行腳之時，行至大宋國。嘉定十六年（一二二三）之秋，始至阿育王山廣利禪寺（浙江省鄞縣之東）。於西廊壁間見及西天東地三十三祖變相之畫。此時未能領覽（領會畫意）。其後於寶慶元年（一二二五）夏安居期間再訪（原地），而與西蜀（名叫）成桂（之）知客同步走廊。予問知客:「這箇是什麼變相？」知客曰:「龍樹身現圓月相」。（知客）如此道取之顏色無有鼻孔而聲裡亦無語句（於其表情、音聲看不出確實把握到的樣子）。予曰:「真箇是一枚畫餅相似」。當時知客大笑，然而笑裡無刀（劍之銳利），破畫餅（之力亦）不得也。知客與予行至舍利殿及六殊勝地等處之間，雖數番舉揚（提到話題），（知客）卻毫無疑著（無有反應）。自動下語之僧侶，亦泰半都不是（回答不出）。予曰:「且問住持如何？」當時之住持為大光和尚。知客曰:「他無鼻孔，對不得。如何得知？」

是故，未問光老。桂兄恁麼道取，亦未領會。聞（及此）說之皮袋，亦道取不了（身現圓月相之義）。前後粥飯頭（前任與現任之住持）見（彼變相圖而）不起質疑，亦不改（圖畫）。不可畫之（佛）法，一律不宜畫出。如欲畫出，則應端直畫出為是。雖說如此，仍未有人能畫「身現（肉身具現）圓月相」。（凡夫）未從「佛性必是現時之慮知念覺」見解覺醒，故失通達「有佛性」、「無佛性」等語之端緒。……

根據他在中國遊學參禪的實際經驗，道元認爲泰半禪僧對於

「佛性」一辭毫無慧解，或誤認佛性爲常住不易，或祇當做「現時之慮知念覺「感知分別）」，因此看到「龍樹身現圓月相」的變相圖，也體會不出修證一等、現成公案的「無常佛性」同參同現的意義。變相圖也就成爲「眞箇是一枚畫餅相似」了。

(9) 杭州鹽官縣齊安國師為馬祖（道一禪師）下之尊宿。因示衆曰:「一切衆生有佛性。」所謂「一切衆生」之言，應即參究。一切衆生之業道（善業道、惡業道）與依報（依於正報而與其相應之環境）、正報（依善惡業道而感得之果報正體）非一，而各別之見解亦殊。凡夫外道、三乘五乘等，各自不同。今佛道所謂「一切衆生」也者，有心者皆衆生也，蓋因心是衆生之故。無心者亦應屬衆生，蓋因衆生是心之故。然則心者皆是衆生也。衆生皆是有佛性也。草木國土皆是心也，是心之故即是衆生也，是衆生之故有佛性也。日月星辰皆是心也，是心之故即是衆生也，是衆生之故有佛性也。國師所道取之「有佛性」，即是如此。若非如此，則非是佛道所云「有佛性」也。國師所道取之宗旨，祇是「一切衆生有佛性」也。非屬衆生者，非「有佛性」。且問國師:「一切諸佛有佛性也無?」應如此問取、試驗才是。不云「一切衆生即佛性」，應予參學「一切衆生（悉）有佛性」。「有佛性」之「有」，應即脫落。脫落是一條鐵也，一條鐵是鳥道也。然則「一切衆生有佛性」也。此一道理不但說透（說而超過）衆生，亦說透佛性也。即使國師不將所會得（體會）者，承當（轉受）之為道得（語言表現），亦非無承當之（時）期。

今日（國師之所）道得者，並非徒無宗旨。又，（國師）自己所具（備之）道理，雖自己不必已經會得，四大五陰亦在，皮肉骨髓亦然存在。然則旣有（窮盡）一生道取（說出）所要道取者（卽「有佛性」真諦），亦有據此（真諦之）道取而度生生（世世）者。

道元借用齊安國師之語，進一步講成「悉有（卽）佛性」，於此「悉有」意謂一切存在，亦卽一切「有時」，不論是有情之衆生還是無情之其他事物。道元承接天台宗，故不分佛性與法性。修證一等、身心脫落的「有時」，通過禪者的絕對主體性佛性自然現前，也等於說，全宇宙（法界）的一切存在（悉有）同時作佛成佛，「悉有」、「佛性」、「法性」、「有時」、「現成公案」所指謂的勝義相同，祇是用辭不同而已。在修證一等的「有時」境界，主體（修行者）與客觀世界（悉有）各自脫落而彰顯相卽不二的空性，因此又可相互交替，從主體轉到客體，從客體轉到主體。自己發菩提心時，全世界也同時發菩提心；自己身心脫落之時，全世界也同時身心脫落。

(10)大潙山大圓禪師有時示衆曰：「一切衆生無佛性」。聽聞此語之人天二界（衆生）之中，有喜悅之大機（根者），亦有驚疑之部類。釋尊之說道卽「一切衆生悉有佛性」也，大潙之說道卽「一切衆生無佛性」也。「有」、「無」所言之理極有殊異，道得之當否，有待勘辨。然而僅「一切衆生無佛性」之言於佛道為長（優秀）。鹽官（齊安國師）所道取者，雖與古佛（釋迦）同時分別伸出一隻手，卻仍不過是一條拄杖兩人舁。

大潙則非如此，乃以一條拄杖呑（釋尊與鹽官）兩人。何況國師是馬祖（道一）之子（徒弟），而大潙則是馬祖之（徒）孫。然而法孫於師翁之道卻成老大（殊勝），法子於師父之道反而年少。今大潙所道之理趣，乃以「一切衆生無佛性」為理趣，非云曠然繩墨之外（並非不受繩墨規格），但如此受持自家屋裡（「無佛性」之）經典也。更應摸索：一切衆生怎麼是佛性，怎麼有佛性？如「有佛性」，此卽魔黨也，（等於）將來魔子一枚加蓋於一切衆生。既然佛性卽是佛性，衆生亦卽是衆生也。衆生並非本來具足佛性，不可謂（衆生）求有（佛性）而佛性始來。（真正）宗旨卽在於此。勿謂張公喫酒李公醉。假若自（始卽）有佛性，則（此佛性）非是衆生。既然已是衆生，（衆生）終非佛性。是故百丈（懷海）曰：「說衆生有佛性，亦謗佛法僧；說衆生無佛性，亦謗佛法僧。」（語出《百丈廣錄》卷三，見藍吉富主編《禪宗全書》第三十九册第八十四頁。）然則說「有佛性」或「無佛性」，皆成（毀）謗（之辭）。雖云成謗，非謂不應道取（佛性）。

且問你，大潙、百丈且聽著。雖非無謗，是否已說得佛性也未？設使已說得，則所說（之自體與佛性應可）合致。又如說著，則與聞著同參（一旦說出則自然耳聞）。又應向大潙問云：卽使（汝已）道得「一切衆生無佛性」，卻未說道「一切佛性無衆生」，亦未說道「一切佛性無佛性」，遑論「一切諸佛無佛性」者夢也未見在（連在夢中都沒見過）也。試舉看！

道元有時以「無佛性」爲較「有佛性」有哲理深意（因近緣起性空義之故），有時更要超越有、無，隨同百丈懷海斥爲毀謗三寶，有時還要進一步考驗大潙、百丈等禪宗前輩，是否可說「一切佛性無衆生」、「一切衆生無佛性」、「一切諸佛無佛性」等等，目的是在破除佛（性）與衆生的分別觀，以及常住不易的佛性觀。從第一義諦的修證一等論去看，祇有在身心脫落、現成公案的「有時」，談佛性（現前）才有眞實意義。傳統禪宗在佛性有無的公案上一直團團轉而時有自縛自囿之嫌，就是因爲未能徹底突破印度大乘以來的佛性論或如來藏思想等眞常唯心論調之故。

⑾百丈大智（懷海）禪師示衆云：「佛是最上乘，是上上智。是佛道(上)立此人，是佛有佛性，是導師。是使得無所礙風，是無礙慧。於後能使得因果，福智自由。是作車運載因果。處於生不被生之所留，處於死不被死之所礙。處於五陰如門開，不被五陰礙。去住自由，出入無難。若能恁麼，不論階梯勝劣，乃至蟻子之身，但能恁麼，盡是淨妙國土，不可思議。」（語出《古尊宿語錄》卷一，見《禪宗全書》第四十三册第九頁。）

此卽百丈之道處也。所謂五蘊，卽（吾等）現今之不壞身也。今之造次（行住坐臥），卽門開（通行無阻），不被五陰（卽五蘊）礙也。使得生（命）而不被生（命）所止留，使得死（亡）而不被死（亡）所窒礙。切勿徒然愛（惜）生（命），切勿無謂恐怖死（亡）。（生死）已是佛性之處在也，（愛惜生命而心）動著，或（恐怖死亡而）

厭卻，皆是外道也。（體）認之為現前之衆緣，卽是「使得無（所）礙風」也。此乃最上乘「是佛」也。此「是佛」之處在，卽是淨妙國土也。

道元借用百丈懷海之語，申論修證一等的「無常（卽）佛性」之義，能夠如此體悟的禪者就其絕對主體性言，可說五蘊或身心不壞，蓋因於「有時之而今」身心脫落之故，不但日常生活的行住坐臥自由自在，且能破除生與死的二元對立，不貪戀生，亦無懼於死。道元特用「是佛」（不染汚的作佛）之辭取代「佛性」有其哲理深意。於此「是佛」的「有時」境界，一切同時顯爲淨妙國土。

(12)黃蘗（希運禪師）在南泉（普願禪師）茶堂內坐。南泉問黃蘗：「定慧等學，明見佛性。此理如何？」黃蘗云：「十二時中不依倚一物始得。」南泉云：「莫便是長老見處麼？」黃蘗曰：「不敢。」南泉云：「漿水錢且置，草鞋錢教什麼人還？」黃蘗便休。（語出《天聖廣燈錄》卷八，見《禪宗全書》第五册第六五八頁。）

所謂「定慧等學」之宗旨，非謂「如定學不礙慧學，等學之處有明心見性」，（反而卽謂）「明心見性之處有定慧等學之學」也。而道取之為「此理如何？」例如道取「明心見性，係誰所作」，亦同義也。「佛性等學，明心見性，此理如何？」之道取，亦是道得（真意）也。

黃蘗所云「十二時中不依倚一物」之宗旨，卽謂「十二時中卽使處在於十二時中，亦不依倚（十二時中）也。」

「不依倚一物」，此卽「十二時中」之故，「明心見性」也。此「十二時中」，究係那個時節之到來，究係那個國土？今所謂十二時，應是人間之十二時，或他那裡（黃蘗處）有十二時，或白銀世界（金色身）之暫時蒞臨耶？不論是此土，或是他界，總是「不依倚」也。（而今）已是十二時中也，應是「不依倚」。

「莫便是長老見處麼」云者，如謂「恐不便云此是（長老）見處」。卽使道取「長老見處麼」，亦不應回頭（看自己而）當做自己（之見處）。卽使的當於自己，卻非是黃蘗。黃蘗不必祇是（黃蘗）自己（一個）而已，蓋因長老見處乃露回回（露顯於全世界而無一物隱藏）之故。

黃蘗云「不敢」。此語於宋土意謂，被人問取自己之能（力）時，卽使欲云（己）能為能，亦（換）說不敢也。然則「不敢」之道（取），（真意）不在「不敢」。不應推測，（黃蘗）此所道得者，卽是（自己真意之）道取。卽使「長老見處」（之長老）是長老，或是黃蘗，道取之時應云「不敢」。應如一頭水牯牛（已閹去的雄水牛）出來道吽吽。如此道取才是（真正之）道取也。所道取之宗旨，更又道取之道取，應試予道取。

南泉曰：「漿水錢且置，草鞋錢敎什麼人還？」。此語意謂，「漿（茶）水錢暫且隔置不提，但草鞋價錢應付賬給誰」。此道取之旨意，長久生生（世世）應予參究。應予留心勤學：為何暫且不管漿水錢？為何總要管得草鞋錢，卽於行脚之（長久）年月，（不知）踏破多少草鞋之謂也。今應說道：「若不還錢，未著草鞋。」又應說道：「兩三鞆」。應是恁麼道得，應是恁麼宗旨。

「黃蘗便休。」此卽休（止問答）也，非被（對方）不肯（認）而休（默），亦非（自動）不肯而休。（具有）本色（之）衲子不會如此（便休），應知，休裡有道（休默之中有其悟境），如同笑裡有刀也。此乃佛性明見之粥足飯（足）也。

擧此因緣，潙山（大圓禪師）問（其弟子）仰山（智通禪師）曰：「莫是黃蘗搆他南泉不得麼？」仰山曰：「不然。須知，黃蘗有陷虎之機。」潙山云：「子見處，得恁麼長（如此殊勝）。」大潙之所道，卽謂「當時南泉豈非搆不得耶？」仰山云「黃蘗有陷虎之機。」旣已陷虎，則應可捋（撫）虎頭。陷虎捋虎，異類中行（於異獸中行走，喩比菩薩濟度之行）。明見佛性也，開一隻眼；佛性明見也，失一隻眼（不論開眼失眼，皆是佛性現前，無有差異）。速道速道。

是故半物全物，此皆不依倚也；百（物）千物亦皆不依倚也；百（時）千時，不依倚也。故云：「籮籠一枚，時中十二，依倚不依倚，如葛藤依樹。天中及全天，後頭未有語」也。

道元之熟知、精通中國公案，由此可見一斑。道元評斥慧能以來中國禪（尤其臨濟乃至大慧宗杲一系）片面強調「明心見性」（而後成佛）之險，卻要站在修證一等的現成公案立場，堅持定慧等學與佛性相卽不二，同參同現。此段最吃緊的一句應是：「十二時中卽使處在於十二時中，亦不依倚（十二時中）

也。」就是說，「十二時中」皆是「有時之而今」，全法界之個別時節、個別存在皆與禪者同修同證，亦即「悉有（即）佛性」之當下現前，於此十二時中之「有時」現成，一切「時」、一切「有」皆各自徹於其（佛）性，徹底脫落透脫，無有任何「依倚」可言。「籮」是漁撈之網，「籠」指鳥籠，籮籠喻比繫縛煩惱妄執之類，「一枚」則指謂此類之普遍的存在。十二時中世俗人間充滿著煩惱妄執，所謂「一切皆苦」，依倚如葛藤，不依倚如樹，本來無所謂依不依倚，因凡夫未免煩惱妄執而有所依倚，故應病與藥不得不談不依倚。然如大乘佛教所云，「煩惱即菩提，生死即涅槃」，就最勝義諦言，一切如如，顯爲「有時之而今」境界。跑遍天中及全天（全宇宙的天涯海角），如何找到最恰當的語言表達呢？道元於此卻說:「後頭未有語」，有待我們繼續參究、道取了。

⒀有僧問趙州真際大師：「狗子還有佛性也無？」（語出《宏智禪師廣錄》卷一，見《大正大藏經第四十八册第十七頁中。）

應予明瞭此問意趣。狗子卽狗犬也。非問取彼有佛性抑或無佛性，卻是問取「（悟道）鐵漢須否（繼續）學道」也。雖然誤遇（趙州）毒手之恨深，三十年來有更見半箇聖人（趙州）之風流（風趣）也。

趙州曰:「無」。

聞及此語，實有應予習學之方路。佛性自稱之「無」，應是恁麼（道取）。狗子自稱之「無」亦應恁麼道（取）。旁觀者（趙州）喚作之「無」亦應恁麼道（取）。其「無」

必有消石之日（溶化巖石的大功德的一天）。

僧云：「一切衆生皆有佛性，狗子為甚麼無？」此語之宗旨即謂：如一切衆生是「無」，則佛性亦「無」，狗子亦應云「無」，其中宗旨作麼生？狗子之佛性何必待「無」耶？

趙州云：「為他有業識在。」

此語旨在，「為他有」（狗子生命）是「業識」（造業妄識）也。「業識有」雖是「為他有」，「狗子無（佛性）」者，即「佛性無」也。業識尚未（理）會狗子，狗子如何能遇佛性？即使雙放雙收（不論放下否定狗子與佛性，或攝取肯定雙方），此皆業識之始終（全體）也。

此段主旨是在，不必去管狗子有否佛性之類的第二義問題，祇管鐵漢（修證一等的禪者）繼續修行「不染汚的作佛」。眾生是「無」的「有時」，佛性即「無」；眾生是「有」的「有時」，佛性即「有」。從第一義諦的「有時之而今」觀點去看，一切皆是現成公案，說成「無」或「有」，皆無礙於祇管打坐時節的佛性現前。於凡夫「業識的始終」，即有狗子與佛性二者對立的雙放雙收與否的問題；但於修證一等的禪者，所謂「業識的始終」乃是無分別智的現成公案，亦即「悉有（即）佛性」的當下現前。

⒁趙州（處）有僧問：「狗子還有佛性也無？」

此一問取，應是此僧搆得（理會）趙州（心懷）之道理。然則佛性之道取問取，即是佛祖之家常茶飯也。

趙州曰：「有」。

此「有」之樣子，非教家論師（經論學者）等之「有」，亦非（小乘說一切）有部之「有」也。應進而學習佛「有」。佛「有」是趙州「有」也，趙州「有」是狗子「有」也，狗子「有」是佛性「有」也。

僧云:「旣有，為甚麼卻撞入這皮袋?」

此僧之道得（發言），乃問取（趙州之「有」）為今「有」，古「有」，或旣「有」。（佛性之）旣「有」雖與諸（般之）「有」相似，旣「有」是孤明（孤立而明白）也。此旣「有」應撞入（皮袋），抑或不應撞入耶?撞入這皮袋之行履（日常生活），並非徒然蹉過（佛道）之功夫。

趙州云:「為他知而故犯。」

此語雖以世俗語言長久流布於世，現今卻是趙州之道得（發言），即「知而故犯」之謂也。對於此一道得，不予疑著者甚尠。今一字之「（撞）入」雖難於闡明，「入」之一字亦不用得（無用）也，遑論「欲識庵中不死人，豈離衹今這皮袋」也。不死之人不論是阿誰，從不與皮袋分離。「故犯」不必是「入皮袋」。「撞入這皮袋」不必是「知而故犯」。「知而」之故，應有「故知」也。須知，此「故犯」即覆藏著脫體（全體解脫）之行履，說此之為「撞入」也。脫體之行履於其正當覆藏之時，覆藏自己，亦覆藏他人。勿謂「雖是如此，尚未脫離（覆藏）」，（真是）驢前馬後漢（見性安心未了之漢）。何況雲居高祖嘗云:「即使學得佛法邊事，早就錯用心了也。」

然則雖云半枚學佛法邊事久誤如此，已是日深月深，此應是撞入這皮袋之狗子。雖「知而故犯」，應有佛性。

趙州現又改說狗子有佛性，此佛性「有」即是道元所強調的「有時（之而今現成）」，非屬過現未三世之「有」。「欲識庵中不死人，豈離祇今這皮袋」意謂：如欲辨識禪修庵中不死（悟道成佛）之人，必須了解到，就修證一如的「有時」現成言，此人並不脫離自已現時身心，佛性也祇有於此身心脫落的「有時」現前，「撞入這皮袋」或「故犯」的深意即在於此。

⒂長沙景岑和尚之（集）會上，竺尚書問：「蚯蚓斬為兩段，兩頭俱動。未審佛性在阿那箇頭？」師云：「莫妄想。」尚書云：「爭奈動何？」師云：「祇是風火未散。」（語出《聯燈會要》卷六，見《禪宗全書》第五册第四三六頁。）

今尚書所云「蚯蚓斬為兩段」者，應否決定未斬時（原為）一段？佛祖之家常，並不恁麼（如此）也。蚯蚓原非（祇是）一段，蚯蚓亦非斬（而變）為兩段。正應功夫參學一兩（與否）之道取。

「兩頭俱動」之「兩頭」，應以原先未斬（之蚯蚓）當做一頭，或以佛向上（超越佛而更向上一步）當做一頭耶？兩頭之語，毫不關涉尚書之（理）會不（理）會，（要在）不捨（不予忽視）此一話語。已斬之兩段是否一頭，或且更有一頭？又其動之云「俱動」者，定動智拔（《涅槃經・獅子吼品》云「（禪）定動（煩惱之根），智（慧）拔（其根）」）應卽謂之俱動也。

應云「未審佛性在阿那箇頭」、「佛性斬為兩段，未審蚯蚓在阿那箇頭」。應予細審此一道得。「兩頭俱動，佛性在阿那箇頭」云者，是否應說：既是俱動，佛性不堪（居其常住）所在？旣是俱動。而「動」謂共皆俱動，則是否應說：佛性之所在究竟處於其中那一頭？

師云：「莫妄想。」此宗旨卽謂，作麼生（怎麼了），勿妄想也。然則是否說，「兩頭俱動而無妄想、非妄想」，或說「佛性無妄想」？應予參究：且不（提）及佛性之（議）論、兩頭之（議）論，祇管道取「祇是無妄想」。

「爭奈動何」云者，是否道取「一動則更加重佛性一枚」，抑或「一動則非佛性」？

「風火未散」云者，應謂令佛性出現。是佛性耶？風火耶？不可說佛性與風火俱出，不可說一出一不出，亦不可說風火卽是佛性。是故長沙不云蚯蚓有佛性，不云蚯蚓無佛性，卻祇道取「莫妄想」，或道取「風火未散」。佛性之活計（活生生之動行），應就長沙之所道（取）卜度。應予靜靜功夫「風火未散」之言語。「未散」云者，有何道理？風火之已集而散期未至，道取之為「未散」耶？不應是如此也。「風火未散」者，佛在說法；「未散風火」者，法在說佛。譬如一音之說法卽時節到來也；說法之一音，卽到來之時節也。法卽一音也，因一音之法故。

又，（妄）想佛性祇在生時有、死時則無，蓋是少聞薄解也。生時有佛性也，無佛性也；死時亦有佛性、亦無佛性也。旣已論（議）風火之散未散，應卽指謂佛性之散不散。卽使散時，應有佛性、無佛性；卽使未散時亦應有佛性、無佛性。然則邪執（妄想）佛性應由（現時存在之）動不動而在不在，應由識不識而神不神，應由知不知而性

> 不性者，乃外道也。
>
> 無始刼（以）來，癡人泰半（誤）以識神（業識主體）為佛性，為本來人，實笑殺人也。如更（進一步）道取佛性，雖非是拖泥帶水（以造牆、壁、瓦、礫），牆壁瓦礫（即是佛性）也。向上道取之（有）時，（試予參究）「作麼生，此佛性」。還委悉麼（是否十分理會）？三頭八臂（此為如何形相）！

傳統大乘對於佛性的說法大致有二：一是站在思議言詮的勝義諦層次肯定眾生本有佛性或如來藏，一旦明心見性，則潛能轉爲現成，即是證悟成佛；另一是更上一層，就不可思議的最勝義諦完全破除眾生與佛性的分別，如果強予言詮，則如《華嚴經・夜摩天宮菩薩說偈品》所示，「心、佛、眾生三無差別」。道元當然不同意「眾生本有佛性」的說法，因有分別修行與證悟爲二之故。就道理言，他較能接受「心、佛、眾生三無差別」的說法，但此說法屬於「諸法實相」的存在論（ontology），並無法藉以解決修行與證悟的相即不二弔詭關係的實存論（existential）課題。道元的修證一等佛性論，可以說是徹底貫通最勝義諦的存在論與修證有關的實存論，而形成的獨創性說法。他在此段借用蚯蚓的一頭兩頭，與風火散或未散的比喻，批判地超越「有佛性」、「無佛性」等空談無益的抽象議論，同時有意綜合他自己的「悉有佛性」論與「有時之而今」論，故云：「譬如一音之說法，即時節到來也；說法之一音，即到來之時節也」。

道元在他不惑之年（一二四〇年冬至一二四一年十月）開示〈有時〉與〈佛性〉，思維功力已臻登峯造極，此後所開示的，就哲理深度言，無有匹敵或超越這兩大名篇者，不過仍能顯出各具特色的理趣意涵。

(十一)〈行佛威儀〉

道元開示〈佛性〉的同時，撰成此篇，自云：「仁治二年（即一二四一）辛丑十月中旬記於觀音導利興聖寶林寺」。「行佛威儀」也者大致意謂，實踐著的諸佛的行爲舉措，或謂禪修人踐行佛道的行爲舉措。修行實踐既與證悟解脫無有分別（修證一等），則修行者的日常威儀卽不外是諸佛本身的威儀，這對道元來說，乃是最上乘的行佛，亦卽「不染汚的作佛」。

修證一等的行佛必須超越佛的境地，決不爲成佛而行佛，亦不刻意自覺爲佛而行佛，故其威儀祇是自然無爲。道元開頭便說：「諸佛必定行足（日常）威儀，此行佛也。行佛非是報身佛，非是化身佛，非是自性身佛，非是他性身佛，非是始覺（佛），非是本覺（佛），旣非性覺（佛），又非（性外）無覺（之佛）。如是等佛，不得與（修證一如意義之）行佛齊肩（相比）。應知，諸佛之行佛道，不待（正）覺。唯有行佛能於佛向上（卽超越佛境）之道通達（日常之）行履。自性佛等，夢也未見在也。」道元於此完全超越傳統大乘佛教的三身佛說（不論是法相宗的自性身、受用身、變化身，或天台宗的法身佛、報身佛、應身佛），《起信論》以來的始覺與本覺之分別，乃至有關「佛」與「覺」的無繩自縛。

道元又說：「修證旣非無，亦非有；修證不受（有與無等等任何二元相待對立之）染汚。無佛無人之處所（〈證道歌〉云

『(修證之處）亦無人亦無佛』）雖有百千萬（之修證），卻不染污行佛。是故行佛不被修證（之分別）染污。非謂修（行或）證（悟之分別）不染污，卻謂此（修證一等之）不染污，即是不無也。」也就是說，不染污的行佛在一切「有時」的行履威儀，祇是實踐，祇是無爲，如有目的（成佛、證悟、涅槃解脫等）與手段（坐禪、打坐、修行等）的自纏自縛，則是染污，違背道元所倡導的修證一等、現成公案的正傳佛法。道元引用了六祖慧能（對其弟子南嶽懷讓所說）之語「祇此不染污，是諸佛所護念。汝亦如是，吾亦如是，乃至西天諸祖亦如是」，予以創造的詮釋說，我們捨離所有個我的自纏自縛而祇管行佛之時，即不受任何染污，如此則佛與祖師，祖師（如慧能或如淨）與徒弟（如南嶽或道元），甚至諸佛與如此行佛著的眾生凡夫毫無差別，如此不染污的行佛即受諸佛所護念。不染污的行佛，既是我修行人的行佛，倒過來說也是諸佛（向我）所行。由是，「有爲法捨身，有爲身捨法（法與身既是一如，行佛之時祇成忘法行佛之身），有不惜身命，有但惜身命（行佛必須以身，故惜行佛之身）。不僅祇爲法而捨法，亦有爲（身心一如、一切法即一心之）心捨法之威儀。勿忘捨有無之量（方式）。」

道元所倡導的行佛，不能光從佛的一面或心的一面去規定。以法身、報身、化身等佛身去量行佛大道，祇會落到一邊。做爲覺者，佛如花開，但缺種植。不染污的行佛貫通花開的「有時」與種植的「有時」。一根草的大小即是佛祖之心的大小，一心之大亦可以說包含無量之佛，然而不染污的行佛威儀遠遠超過此一心之大，非任何大小之量可比。

道元的行佛威儀既是修證一等、現成公案的「有時」體現，生下之時已在行佛，臨死之前也在行佛，甚至天地全體或全世界也被悟覺之爲行佛威儀。道元引用一句大聖之言，「大聖任生死於心，任生死於身，任生死於（佛）道，任生死於生死」（出典不明），藉以提示，第一義諦意義的行佛威儀毫不受生死輪廻（世俗諦）的牽制，自然無爲地祇管行佛，祇管打坐而已。道元說道:「（行佛威儀）非被物牽，即不牽物也。非緣起之無生無作，非本性、法性，非住法位，非本有然。非祇以如是爲是，祇是威儀行佛而已也。然則爲法爲身之消息，宜任於心。脫生脫死之威儀，暫且一任於佛。是故有道取云：『萬法唯心，三界唯心』。更向上予以道得，則有唯心之道得，所謂『牆壁瓦礫』（南陽慧忠禪師語）也。非（片面）唯心，故非（片面）牆壁瓦礫。此即行佛之威儀，任心任法（任生死於心，任生死於法）、爲法爲身之道理也。非始覺、本覺等之所及，遑論外道二乘、三賢十聖之所可及耶？」道元這裡所說的「非（片面）唯心，故非牆壁瓦礫」，意謂唯心之「有時」祇是絕對不二的唯心，而非片面的唯心；牆壁瓦礫之「有時」，亦祇是絕對不二的牆壁瓦礫，而非片面的牆壁瓦礫。也就是說，行佛威儀的「有時」，破除唯心、唯物之相待對立。由是，禪者修證（修行即證悟，亦即行佛）之時（「有時」），亦是牆壁瓦礫修證之時（「有時」）。行佛不是「我」一個人之事，而是超越唯心、唯物的全世界的行佛。

（十二）〈佛教〉

據本山版所載，道元撰〈行佛威儀〉後約過一個月，仍在興聖寶林寺向僧眾開示此篇。道元於此篇評斥傳統禪宗「教外別傳」之旨，主張教禪一致，「以心傳心」之心與佛祖所說之教（三乘十二分教）相卽不二，不可分別。道元開頭便說:「諸佛之道現成，此佛教也。此乃佛祖爲佛祖說法之故，教之爲教正傳也。此卽轉法輪也。於此法輪之眼睛裡，令使諸佛祖現成，令使諸佛祖般涅槃。」他的意思是說，佛教經文卽不外是諸佛所道所行的現成。由於佛祖爲佛祖說法（唯佛與佛），而非凡夫成佛之教，因此說法之教乃以絕對眞實之教正傳下來，這也是佛轉大法輪之意。轉大法輪處，卽有諸佛現成之爲佛祖，實現般涅槃（*parinirvāṇa*），亦卽完全至上的涅槃解脫。道元又說:「佛教卽是教佛也，佛祖究盡之功德也。非謂諸佛高廣而法數狹少。是故應知，佛及教非大小之量，非善、惡、無記等之性，非爲自教、教他。」也就是說，佛祖之教與所教（說法）之佛祖無有分別，佛、教一致之故，佛教彰顯了佛祖究盡之功德，不能說諸佛旣高又廣而佛教狹小。應知佛大教亦大、佛小教亦小，佛與教決不能以大小之量去測定，也不能以善、惡、無記等三性去作膚淺的說明，又不能把佛教說成專爲教自已或他人而有。道元於此所倡佛（佛祖）、教（佛教）與心（一心或佛心）完全合致無二之說，顯然已假定了他那獨特的禪學哲理（包括修證一等、有時等論），作爲他在此篇所理解的「佛教」眞義的根本理據。

道元極力攻擊六祖慧能以來的禪者過份強調「教外別傳」，而忽視正傳佛法意義的佛教經典。他們總說「釋迦老漢除了曾經宣說一代教典之外，更以上乘一心之法正傳於摩訶迦葉，而嫡嫡相承。然則（經典之）教是赴機之戲論也，心是理性之眞實也。此正傳之一心，稱爲『教外別傳』，非等於三乘十二分教之所談。一心上乘之故，云『直指人心，見性成佛』。」日本禪佛教著名學者柳田聖山教授在他《初期禪宗史書研究——關於中國初期禪宗史料成立的一個考察》(一九六七年京都・禪文化研究所出版)這本書裡說道:「『教外別傳，不立文字，直指人心，見性成佛』四句確將禪宗的本質表露無遺，歷史上可說源於曹溪慧能的『單傳宗旨』，於此可以看出中國禪宗的正式開演」(第四三三頁)。慧能以來的正統禪宗確實奉持此一「單傳宗旨」，鈴木大拙等當代禪宗學者亦借此旨宣揚禪學眞諦。日本曹洞宗的開宗祖師道元卻要指摘「單傳宗旨」或「教外別傳」，非屬正傳佛法，謂「此(教外別傳之)道取，尙非佛法之家業，無有出身之活路，非是通身之(行佛)威儀。如此之漢，即使數百千年之前號稱先達，應知作恁麼說話，(證明其)對佛法、佛道毫不明白通曉，蓋因不知佛，不知教，不知心，不知內，不知外之故。……祇云正傳一心而不正傳佛教者，不知佛法也。未知佛教之一心，未聞一心之佛教也。(汝)謂一心之外有佛教，汝之一心仍非一心;汝之佛教，仍非佛教。……釋迦老漢既已施設單傳教法(包括三乘十二分教)，(代代)豈敢予以否定?是故，上乘一心云者，即三乘十二分教之謂也，即是大藏小藏(大小乘佛經典藏)也。」

道元自解「上乘一心(之正傳)」說:「佛心云者，佛之眼睛也，破木杓也，諸法也，是三界之故，即是山海國土、日月星辰也。佛教云者，乃是萬象森羅也。謂之(佛心之)外者，這裡也，這裡來也。……上乘一心者，土石砂礫也，土石砂礫即是一心之故。土石砂礫是土石砂礫也。如云上乘一心之正傳，應是如此。」由於道元已經破除(片面唯心意義)的佛心佛性、如來藏、一心等等，而以佛性與法性爲無二，且又肯定心(實存主體性)之「有時」與物(三界的土石砂礫等等森羅萬象)之「有時」，內外心物同時發菩提心，同時修證，同時現成公案，因此一味偏重「唯心」的「直指人心」、「教外別傳」等說，不能算是正傳佛法。

然而正統禪宗可以反駁道元說，既然道元也承認釋迦佛祖傳給大迦葉的佛法是正傳，此正傳佛法的「以心傳心」宗旨，正是表明跳過三乘十二分教的文字葛藤，直截了當地回歸佛教的本根，及釋迦三十五歲菩提樹下那一時刻的開悟解脫之「心」，此心（佛心或一心）之悟覺乃是整個佛教的根本命脈，非三乘十二分教或任何佛教經典所能取代。做爲曹洞宗一支的禪者，道元豈可誤解「教外別傳」本意，且不說他完全漠視了文字圈內的一切大小乘經教，皆不過是種種善巧方便或方便設施（upāya-kauśalya）而已？豈可等同「教」與「禪」呢？道元對此反駁，如何置答呢？

道元從《傳燈錄》卷二十五引用了下一段話語：「玄沙（師備禪師）因僧問:『三乘十二分教卽不要，如何是祖師西來意？』師云:『三乘十二分教總不要』」，而說「三乘十二分教總不要」顯示佛教的大法輪。問題是在，如何理解「總不要」三字的弔詭義理。就字面上看，「三乘十二分教總不要」意謂拋卻經教不用，似合教外別傳之旨。但道元故意創造地誤讀「總不要」，說:「祖師西來意之正當恁麼時，將此法輪『總不要』也。『總不要』云者，非謂不用，亦非破棄。此法輪，此時（『有時』），祇轉『總不要』輪而已。不云無有三乘十二分教，卻應覷見『總不要』之時節（爲『有時』）。因『總不要』之故，有三乘十二分教也。因是三乘十二分教之故，（卽顯『總不要』），非爲三乘十二分教。是故，道取『三乘十二分教，總不要』也。」依道元的弔詭之意，一心與經教既是不二，則「總不要」並不意謂無有必要，而是意謂一心接受三乘十二分教的時節（亦即「有時」)，經教本身就成「總不要」。

道元先就三乘之中的聲聞乘說，若依正傳佛法修行，則苦、集、滅、道四諦同時皆是唯佛與佛（的世界），同時皆是法住法位(四諦之各諦自身安住於佛教眞理之位)，同時皆是實相，皆是佛性，不必涉及傳統天台宗所云無生四諦、無作四諦等議論了。（按：天台大師智顗就有包括此二種在內的四種四諦之說。）道元亦反對經論學者的見解，以苦集二諦爲世俗諦，而以滅道二諦爲第一義諦。

次就緣覺乘言，道元亦取獨家哲理見地，捨去傳統小乘與唯識法相宗以過現未三世的時間劃分及能觀、所觀之分，去理解十二因緣的義理，但主張以弔詭意的「總不要」去參究十二因緣的任一因緣，即謂「總不要十二因緣」，就是要徹底體認十二因緣自「無明」至「老死」的每一因緣的「有時」現成，由於修證一等，價值肯定上無有高低優劣之別。因此，「無明」如是一心，則「行」、「識」亦是一心，如「無明」自身即是滅或涅槃，則「行」、「識」亦同時即是滅或涅槃。生的「有時」即是滅的「有時」，故云「總不要因緣」。

再就依照六波羅蜜(即包括布施、持戒、忍辱、精進、禪定、般若的六度）的教、行、證去成就究竟正覺的菩薩乘言，道元也反對以布施爲始而以般若（智慧）爲終的菩薩修行次第之分，但依自家見解，認爲「波羅蜜」即「彼岸（已）到或（必）到」，而不是通過「將到彼岸」之意。道元說道：「彼岸雖非古來之相貌蹤跡（無有往來彼岸與此岸之性質跡象），『到』（必）現成也，

『到』（必）公案也。切勿認取修行（之後）應至彼岸。因於彼岸有修行(因證悟故能修行)之故，一修行即彼岸到。此一修行，必定具足徧界現成（全世界於今『有時』完全實現）之力量故。」此語充分表明，道元詮釋有關各別三乘的佛教教義的獨自見地。

道元對於十二分教或十二部經（包括契經、重頌、授記、諷誦、無問自說、因緣、譬喻、本事、本生、方廣、未曾有（神力）與（理法）論議）的義理了解亦然，引用了南嶽懷讓（在六祖慧能處修行八年之後所說）的一句「說似一物卽不中」，去說明「總不要」的弔詭意思，謂「舉拈此宗旨時，祇有佛祖（舉拈）而已，更無半人，一物，乃一事未起也。正當恁麼時，如何？應云:『總不要』。」

從上面討論，不難窺知道元理解佛教經文及其教義的一斑，乃從最上乘的修證一等「有時」觀點去談三乘十二分教的「總不要」弔詭義理（第一義諦），藉以評斥傳統禪宗強調唯心本位的佛心佛性論、教外別傳說以及明心見性之類的義理偏差，不能不說有他的詮釋學貢獻。但這不等於說，他完全推翻得了傳統禪宗的宗旨，證明得了祇有他所理解的佛教、佛法才是唯一的正傳佛教、佛法。道元於篇末豈不也引用了「此是世界悉壇，爲悅衆生故，起十二部經」與「我此九部法，隨順衆生說。入大乘爲本，以故說是經」（《法華經·方便品》）等經文，來支持己說，但是他也應當知道，所謂「世界悉壇」乃是佛陀「隨順衆生」、「爲悅衆生」而應衆生不同機根，宣示有關世界的方便說法。旣然如此，道元所解釋的「佛教」，也祇能說是有見於（大乘）第一義諦，而無見於應機與藥、善巧方便之理趣。如說傳統禪宗有其取「禪」捨「教」之過，則道元所宣揚的「正傳」佛法與佛教也難免有其一味強調第一義諦的思維偏差。

(十三)〈神通〉

道元向僧眾開示〈佛教〉之後過兩天(即十一月十六日),於同寺開示此篇。此篇旨趣是在,指摘凡夫所迷的所謂(專顯奇蹟或外在靈通威力意義的)「神通」,非屬第一義諦之事,惟有起居、飲茶、吃飯等表面上看來平平凡凡的日常踐行才是眞正的大神通,但要領會此中日禪家所特別強調的神通,必須假定我們具有修證一如的佛道體認才行。

此篇開場白云:「如此(依眞實生命力所表現之日常)神通,是佛家之茶飯也,諸佛現今仍不懈怠也。此有六神通(天耳、天眼、宿命、神足、他心、漏盡等六通),有一神通,有(百丈大智禪師之)無神通,有最上通。(不論如何說此神通),是以朝打三千、暮打八百(朝夕有數不清的日常踐行)爲體。雖與佛同生,不被佛知;雖與佛同滅,卻不破佛。上天同條(同一神通)下天(下來人間)亦是同條。修行取證,皆同條也。同雪山(皚皚之淸白)也,如木石(之全然不動)也。過去諸佛乃釋迦牟尼佛之弟子也,(向釋迦佛)獻奉袈裟、寶塔。此時釋迦牟尼佛云:『諸佛神通不可思議也。』(見《法華經》卷六)由是可知,現在未來亦復如是。」如依道元修證一等的「有時之而今」論,則很容易理解此開場白的旨趣。「朝打三千、暮打八百」的禪家繼續不斷的日常修行實踐,即是正傳佛法的大神通,此大神通的「有時」,即是全世界一切(天上人間、雪山、木石等等)的「有時」,無有過去、現在、未來之分,任何「有時」的大神通,才是眞實的不可思議，無關乎一般宗教所說的奇蹟。

道元引用了一段禪宗典故（載於《傳燈錄》卷九、《五燈會元》卷九等禪籍，但道元予以改寫之爲和文），說明有別於（凡夫所迷的）小神通的大神通究竟是甚麼。一日大潙（潙山靈祐）正臥床時，仰山慧寂（潙山法嗣）來參，大潙便轉面向壁臥。仰山云：「和尚何得如此？」大潙云：「我適來得一夢，寂子原了（爲我解釋）。」仰山取一盆水與一手巾與師洗面。少頃香嚴智閑（亦係潙山法嗣）亦來問訊。大潙云：「我適來與寂子顯上乘神通，不同小小。」香嚴云：「智閑在下，了了得知。」大潙云：「汝試予道取。」香嚴乃點一碗茶來。大潙讚云：「二子之神通智慧，遠勝鶖子（即佛十大弟子之一舍利佛，號稱智慧第一）與目連（另一佛弟子，號稱神通第一）。」

上面大潙的一句「我適來與寂子顯上乘神通」，在《傳燈錄》則爲「我適來得一夢，寂子原了」。並無「上乘神通」字眼。道元爲了提示修證一等的「神通」眞諦，稍改原文。「二子之神通智慧，遠勝鶖子、目連」的原文是，「二子見解過於鶖子」，道元將「見解」改爲「神通智慧」，另加以神通第一著稱的目連之名，也是爲了表明大神通的第一義諦。因此道元說道：「勿謂說夢、洗面，應決定爲上乘神通。旣云『不同小小』，則與小乘、小量、小見不同，亦不同於十聖三賢等。彼等皆學小神通，祇得小身量，不及佛祖之大神通。……二乘外道、經師論師等但學小神通，不學大神通。諸佛住持大神通，相傳大神通。此卽佛神通也。如非佛神通，則無有『盆水來、手巾來』、『轉面向壁臥』、『洗面了纔坐』。」

《臨濟錄・勘辨》有云：「毛呑巨海，芥納須彌。爲是神通妙用？（抑或）本體如然？」《法華經·妙莊嚴王品》云：「於是二子，念其父故，踊在虛空，高七多羅樹，現種種神變。於虛空中，行住坐臥，身上出水，身下出火，身下出水，身上出火。」道元斷定此類毛呑巨海、芥納須彌、身上出水、身下出火等等把戲，皆不過是小神通。如無大神通之力所包，小神通本身無甚意義。如無修證一等的佛神通或大神通，則也就未嘗有諸佛之發心、修行、菩提、涅槃了。一旦顯出大神通，則「不僅毛呑巨海，毛（卽自己）保任巨海（萬法），毛現巨海，毛吐巨海，毛使巨海。一毛呑卻、吐卻盡法界之時（卽「有時」），勿學一盡法界祇是如此而更無盡法界。芥納須彌等亦是如此。有時芥吐須彌，亦有芥現法界、無盡藏海之時。毛吐巨海、芥吐巨海，有吐卻於一念之時（『有時』），亦有吐卻萬刼之時。」道元借用此類比喻有意表示，佛教史上高僧大德的種種小神通，祇有拉回到修證一等的有時論意義的日日修行實踐，亦卽大神通，才有意義可言，否則小神通之類祇屬膚淺無謂或可有可無的世俗把戲而已。

道元在篇末引百丈懷海之語（《廣燈錄》卷九），云：「眼耳鼻舌，各各不貪染一切有無諸法，是名受持四句偈，亦名四果（卽阿羅漢果）。六入無迹，亦名六神通。祇如今但不被一切有無諸法礙，亦不依住知解，是名神通。不守此神通，是名無神通。如云無神通菩薩，蹤跡不可得尋，是佛向上人，最不可思議人，是自已天。」道元解釋這裡「不貪染」的深意說：「不貪染卽是不染汚也。不染汚云者，平常心也，吾常於此切也。」也就是說，所謂「神通」，卽不外是修證一等本位的禪者在不染汚的行佛的「有時」，通過飲茶、吃飯、洗碗、睡眠、運水、搬柴等等日常舉措（亦卽行佛威儀），所顯現出來的平常心，平常心卽是佛心，即是一心，一心是「有時」的現成公案，而萬法亦然。禪者平常心的本地風光顯露之時，也無所謂神通不神通，故亦可云「無神通」。

（十四）〈大悟〉

開示〈神通〉兩個多月之後，即在仁治三年（一二四二）春正月二十八日，道元仍在同寺以本篇示眾。道元所云「大悟」，非謂迷者一次證悟（轉迷開悟）即已了事，而是本來所悟覺者日日不斷深化、日日修行實踐之謂，亦即本證妙修或證上修行。「大悟」亦如「行佛威儀」，乃是修證一等本位的不染污的行佛作佛的另一說法，可以說是大乘佛學（尤其中觀或天台）所倡「生死卽涅槃，煩惱卽菩提」更進一步的義理深化。

道元認為，佛祖的修證無有止境，大悟亦無有止境，不可限定。佛祖（或任何「莫圖作佛」的修證者）雖因大悟的「恁麼現成」而繼續妙修，這並不等於說，「渾大悟」（大悟全體）即是佛祖，而渾佛祖（佛祖全體）也不等於是渾大悟。道元說道：「佛祖跳出大悟之邊際，大悟亦顯自佛祖（境地）向上跳出之面目。」也就是說，佛祖與大悟皆非一次完成的靜態結果，而是任何時刻動態的「有時」現成，佛祖不斷修行，大悟不斷驗證。

站在修證一等的「有時」立場，道元認為人（修行者）的機根雖有生知、學知、佛知、無師知等等的表面差別，但就其大悟言，各顯各的「功業」（亦即前篇所說的「神通」），不分上下，亦無利鈍之分，佛祖與凡夫在修（即）證上完全平等。道元特別引用臨濟宗慧照禪師之語「大唐國裡覓一人不悟者難得」，藉以表明此意。道元說道:「自己之昨（日）自己非是不悟者，他己（卽他人）之（現）今自己亦非不悟者。自古迄今求索山人、水人（樵夫與漁夫）之不悟者而始終不得。學人如此參學臨濟之道，切勿虛度光陰。」這裡「大唐國裡覓一人不悟者難得」之語，亦極類似後來王陽明心學一派所說的「滿街皆是聖人」，但如祇就字面上理解，實有陷入道元幼少時期曾被困惑的本覺論（人人早已本覺，不待修行）的危險。因此，道元跳過臨濟之道，更進一步說道:「祇知『不悟者難得』，而不知『悟者難得』，則（誤以）未足爲足也。」如果一味強調「不悟者難得」，就有證不待修的偏差；如果太過堅持「悟者難得」，則有修而無悟的另一偏差。道元雖未說明淸楚，他的用意當然是在宣揚莫圖作佛的修證一等之說。

道元又說:「有雪山爲雪山而大悟之時（「有時」），有木石爲木石大悟之時。諸佛之大悟乃爲衆生大悟，衆生之大悟，（卽又）大悟諸佛之大悟，（二者之大悟）無關乎（時間之）前後，（蓋皆『有時』之而今現成之故）。而今之大悟，不屬自己，亦不屬他人，雖非來自外界，塡溝塞壑（到處有大悟的充實充足）也。亦非向外離去，切忌隨他（人）覓（大悟）也。」我們如果推廣道元此語所示修（卽）證意味的大悟深意，則可以說，道元的大悟不僅僅是修行人自己的涅槃解脫而已，而是蘊含著「不屬自己、不屬他人」的社會性涅槃解脫（ultimate enlightenment or liberation of the entire human society），有其大乘菩薩道意義；同時又蘊含著雪山、木石等等盡法界一切事物的同時大悟，亦卽宇宙性涅槃解脫（ultimate enlightenment or liberation of the entire universe）。可惜道元在此點到爲止，並未進而開展成爲一套有關「涅槃」的新論。

(十五)〈坐禪箴〉

道元開示〈大悟〉之後還不到兩個月，卽在同年三月十八日，記下此篇，而在翌年冬十一月，於越前吉田・吉峰精舍示眾。此篇與同月開示的〈坐禪儀〉相互關聯。〈坐禪儀〉專講坐禪的方式，此篇則細說坐禪的精要與旨趣，「箴」字卽意謂規勸、警誡，道元依其獨自的著想，表明坐禪的本意本分。

《景德傳燈錄》卷十四載有一段問答如下:「師(藥山弘道)坐次有僧問:『兀兀地(如山不動般坐禪，究竟)思量什麼?』師曰:『思量箇不思量底。』僧云:『不思量底如何思量?』師曰:『非思量』。道元開頭便引用此一公案，旨在超越「思量」與「不思量」的相待對立，以「非思量」點出二者的相卽不二性，藉以暗示「祇管打坐，身心脫落」的坐禪眞諦。榑林皓堂在他的《道元禪研究》聯貫此三者與〈現成公案〉的開頭三段而加以說明，意味深長。第一段「當諸法之爲佛法的時節，卽有迷悟，有修行，有生死，有諸佛，有眾生」，第二段「萬法不屬於我的時節，無迷悟，無諸佛，無眾生，無生滅」，與第三段「佛道原本跳出豐儉，故有生滅，有迷悟，有(眾)生(與諸)佛」，分別對應「思量」、「不思量」與「非思量」。就是說，在第一段萬法諸法依然存在於現成公案的世界(諸佛自受用三昧)；同樣地，「思量」儼然存在於「兀兀地(坐禪)」。在第二段如從現成公案這一邊去看萬法諸法，則萬法諸法已經不是萬法諸法，而是公案現成的莊嚴世界；同樣地，兀兀地的思量是純化了的思量，故是思量而又不是思量，即「不思量」。在第三段萬法諸法既是萬法諸法，又不是萬法諸法，旣是非萬法諸法，又是萬法諸法；同樣地，思量而又不思量，不思量而又思量，此即「非思量」。（見該書第一五四頁）道元借用「思量」、「不思量」、「非思量」的辯證弔詭性公案，想要表達的是「莫圖作佛」的行佛或不染汚的修（卽）證所彰顯出來的「祇管打坐，身心脫落」之現成，這是道元所堅持的最上乘坐禪工夫，卽是他所認爲的正傳佛法。

道元指摘某些坐禪的見解爲誤。譬如「功夫坐禪，得胸襟無事了，便是平穩地也」這類坐禪觀，還比小乘學者之說或人天乘更差。又有臨濟宗的餘流主張：「坐禪辦道卽是初心晚學之要機也，不必是佛祖之行履。行亦禪，坐亦禪，語默動靜體安然。勿對現時之（坐禪）功夫太過專心。」強調「祇管打坐」的道元，當然不得不嚴厲批判此類幾近反坐禪的論調。道元說道：「應知學（佛）道所確定之參究，卽是坐禪辦道，其榜樣之宗旨是，不求作佛之行佛。因（祇）行佛而非作佛之故，公案現成（絕對的眞實實現）也。（卽）身（是）佛而非作佛，如籮籠打破，則坐（禪卽）佛而非作佛。正當恁麼時（「有時」），卽有自千古萬古入佛（界）入魔（界）之力量。不論進步或退步，皆有充滿溝壑之力量。」道元於此明白指出，祇管打坐、現成公案的坐禪辦道，卽是不斷地修（卽）證的行佛，而非刻意想去作佛或成佛，並無目的或本體（成作爲佛）與手段或工夫（坐禪）的分別，修證一等的眞諦亦卽在此。

《傳燈錄》卷五載有下列一則公案：「開元中有沙門（馬祖）道一，住傳法院，常日坐禪。師（南嶽懷讓）知是法器，往問曰：『大德坐禪，圖什麼？』道一曰：『圖作佛。』師乃取一塼，於彼庵前石上磨。道一曰:『師作什麼?』師曰:『磨作鏡。』道一曰:『磨塼豈得成鏡耶?』師曰:『磨塼既不成鏡,坐禪豈得成佛耶?』道一曰:『如何卽是?』師曰:『如人駕車,車若不行,打車卽是?打牛卽是?』道一無對。師又曰:『汝學坐禪,爲學坐佛。若學坐禪,禪非坐臥;若學坐佛,佛非定相。於無住法不應取捨。汝若坐佛,卽是殺佛。若執坐相,非達其理。』」

此則公案的旨意明白不過,南嶽借用磨塼不成鏡之喻,指出執著於坐禪、坐佛(之相)而意圖成佛的修行工夫終歸無益,有違無住(於任何定相、取捨等等分別之)法。道元引用此則公案,藉以說明修證一等、莫圖作佛的祇管打坐,恰當不過。但是,創造的詮釋家道元對此公案另加獨特的說法。在第一面,如南嶽所說,不能假借坐禪功夫去刻意作佛、成佛。在第二面,坐禪的意義獲得深化,祇管磨塼而莫圖成鏡,反使磨塼自然現成之爲鏡,同樣地,祇管打坐而莫圖作佛,亦反使坐禪自然現成之爲佛。道元故意創造地誤讀原文「若執坐相,非達其理」講成如下:「所謂『執坐相』,意卽捨坐相而又觸坐相(不被坐相綁縛而祇現成之爲坐相本身的自覺)。道理(道元解此『道理』爲『具體進路』)是在,既要坐佛,則不得不執坐相(道元解『執坐相』爲『正經地坐相』)。因不得不執坐相之故,執坐相(正經坐禪之自相)玲瓏(如玉),應成『非達其理』(道元解此四字爲『不具抵達終點的眞實現成』)恁麼功夫(卽無有終點的不斷修行坐禪),謂之『脫落身心』。」在第三面,如此正經地祇管打坐,則如古鏡、明鏡等等一切鏡自然必然現成之於「磨塼」一般,一切(莫圖作佛的)行佛卽是作佛、成佛的境界亦自然必然現成之於「坐禪、坐佛」無疑。

在本篇篇末，道元特舉宏智正覺禪師的〈坐禪箴〉，並讚賞說：「前佛後佛以此箴為箴，今祖古祖自此箴現成。《宏智廣錄》卷八載有此〈坐禪箴〉如下：「佛佛要機，祖祖機要。不觸事而知，不對緣而照。不觸事而知，其知自微。不對緣而照，其照自妙。其知自微，曾無分別之思。其照自妙，曾無毫忽之兆。曾無分別之思，其知無偶而奇。曾無毫忽之兆，其照無取而了。水清徹底兮，魚行遲遲。空闊莫涯兮，鳥飛杳杳。」

道元很有自信地說，此箴的表現雖非不夠充分，不過為了宣揚單傳正印的坐禪之道，不妨改寫。道元撰出自己的〈坐禪箴〉如下：「佛佛要機，祖祖機要。不思量而現，不回互而成。不思量而現，其現自親。不回互而成，其成自證。其現自親，曾無染汚。其成自證，曾無正偏。曾無染汚之親，其親無委而脫落。曾無正偏之證，其證無圖而功夫。水清徹地兮，魚行似魚。空闊透天兮，鳥飛如鳥。」

（十六）〈行持〉

在《正法眼藏》之中，此篇最長，分為上下兩卷。上卷於仁治四年（一二四三）正月十八日書寫，而在同年三月八日由高弟懷奘校點完稿；下卷則在仁治三年（一二四二）四月五日書寫於觀音導利興聖寶林寺。「行持」意謂日常生活中莫圖作佛的修（即）證行佛威儀之繼續不斷。

道元開頭便說：「佛祖之大道，必有無上之行持。道環而不斷絕、發心、修行、菩提、涅槃，毫無短暫之間隙，即是行持道環。是故，非自己之強為，非他者之強為，卻是不曾染汚之行持。……現成彼（無上）行持之行持，即是吾等現今（『有時之而今』）之行持。行持之現今（『有時之而今』）非是自己之本有元住（如常住佛性或外道神我之類），亦非於自己之中去來出入。『現今』（即『有時之而今』）云者，非存在於行持之先；行持現成（之於『有時之而今』）之謂『現今』。」修證一等的坐禪人必須肯定，在任何「有時之而今」莫圖作佛的日常行持即是公案現成，即是身心脫落。

道元接著說道：「一日之行持即是諸佛之種子，諸佛之行持也。於此（『有時之而今』）行持，有諸佛之現成，有（諸佛之）行持。然則不（如此）行持，即是厭嫌諸佛，不供養諸佛，厭嫌行持，不與諸佛同生同死、同學同參之也。現今（『有時』）之花開葉落，此乃行持之現成也。磨鏡破鏡，無非行持。是故，擬將隔置（修證一等之）行持（之心），乃是爲了隱藏逃避此行持之邪心。（分別修與證而意圖）行持者，雖與志向於（修證一等之）行持類似，其實等於捨離寶財於眞父之家鄉，而爲他國跉跰之窮子一般。跉跰期間之風水，即使不至於喪失身命，卻不應捨離眞父之寶財。（如果捨離，則是）失誤眞父之寶財。是故，行持乃是無有絲毫懈惓之（正傳佛）法也。」

爲了表達行持現成的旨趣，道元於上卷提到釋迦牟尼佛、摩訶迦葉尊者、六祖慧能、馬祖道一、雲居道膺、百丈懷海、鏡淸道怤、趙州從諗、大梅法常、宏智正覺、洞山良价、南嶽懷讓、香嚴智閑、臨濟義玄、雪峰義存等等歷代佛祖或禪師的日常行持，並予以獨特的說明。譬如釋迦牟尼本人於十九歲（應是二十九歲）出家而行持於深山，至三十歲（應是三十五歲），而有大地有情同時成道之行持。直至八十歲之佛壽，一直行持於山林，行持於精舍。不返王宮，不領國利，一時一日未曾獨處，卻與眾多弟子共同生活，不辭人天供養，忍辱外道訕謗。釋尊一代之化導，即是行持現成，淨衣乞食之行佛威儀，無不皆是行持現成。

道元於下卷繼續提到菩提達磨、二祖慧可、石頭希遷、大醫道信、玄砂宗一、潙山靈祐、芙蓉道楷、大滿弘忍、天童如淨等等歷代禪師的行持故事。雖說道元自謂，當年辭別其師如淨和尚而返日本，完全是「空手返鄉」，我們從〈行持〉上下二卷可以看出，道元具有極其豐富的禪宗典籍與禪宗史傳知識，令人驚嘆。道元於下卷卷尾特舉先師如淨和尚祇管打坐、身心脫落的一生行持，譽爲佛祖單傳的眞實行持。

（十七）〈身心學道〉

仁治三年（一二四二）重陽之日（九月九日），道元於興聖寶林寺向僧眾開示此篇，翌年二月二日由懷奘書寫下來。所謂「身心學道」，乃以身與心的兩面說明學佛道的基本態度。一般的修行修養總以精神重於身體，道元則同時注重身、心兩面，甚至強調身重於心。本篇篇名就以身爲先於心，而在篇中雖先講說「以心學道」，後講「以身學道」，卻有偏重後者之勢。強調身重於心的「即物」傾向，是日本佛教的特色，不但道元是如此，他宗如空海的眞言宗亦是如此，不言「即心是佛」，而倡「即身是佛」。

道元說道：「以心學道，即是以一切諸心修學也。諸心云者，質多心（即慮知心）、汗栗馱心（即肉團心或草木心）、矣栗馱心（即積集精要心）等是也。又，感應道交而發菩提心後，歸依佛祖大道，學習發菩提心之行李是也。卽使眞實之菩提心尚未發起，亦應學習已發菩提心之佛祖之法。（以心學道卽是）發菩提心也，赤心片片（一片片眞實之心）也，古佛心也，平常心也，三界（卽）一心也。」道元在這裡所說的心，並非有別於日常作用著的心識，所謂「諸心」其實就是同一個心在一切「有時」現成之爲古佛心、平常心、發菩提心、慮知心等等而已。因此，「以一切諸心學道」亦不外是同樣一心在一切「有時」繼續不斷地修證或行佛。

道元所謂「三界一心」，既非唯識法相宗所主張的「三界（虛妄）唯心（眞實）」或「萬法唯識」，亦非如來藏思想或傳統大乘佛心佛性論所主張的「眞如心或如來藏心顯爲一切法」。道元所云「以心學道」，無有心與三界的分別。修行學道必須通過修行學道者的心（以及身）去體認體會，但如道元所說，於此體認體會，「山河大地、日月星辰卽是心也」，心與山河大地、日月星辰同時現成，同時脫落。因此，道元又強調說:「牆壁瓦礫，此卽心也。更非三界唯心，亦非法界唯心，（直是）牆壁瓦礫也。」道元始終避談實體性、抽象性的「心」，但說日常實踐的具體的心之一念二念等等，故云:「一念二念卽是一山河大地也，二山河大地也。山河大地等，此非有無，非大小，非得不得，非識不識，非通不通，不隨悟或不悟而變。」也就是說，在最上乘的修（卽）證境界，一念一念都與山河大地、日月星辰等等森羅萬象照應交融，無有孰主孰客之分。

關於「以身學道」，道元說道:「盡十方界是箇眞實人體，生死去來眞實人體。動此身體，離十惡（卽殺生、偸盜、邪淫、妄語、綺語、惡口、兩舌、貪欲、瞋恚、邪見），守八戒（卽八齋戒)，歸依三寶，捨家出家，即是眞實之學道也。是故，謂之『眞實人體』。」此身即是眞實人體，即是盡十方界。道元在這裡雖沒有說得清楚，眞實人體的深意是，修證一等的身心脫落自然現成坐禪坐佛之身爲眞實人體，亦即生死去來之「有時」現成，生不礙死，死不礙生，凡夫的生死流轉對於身心脫落的眞實人體來說，卻是「生也全機現，死也全機現」(圜悟禪師之語)，不過道元認爲此語仍不夠充分表達「全機現」以上的生死義諦。《正法眼藏》另有一篇〈全機〉，道元在這一篇對於圜悟此語，另作創造的詮釋。總之，道元的「身心學道」，簡單地說，就是學習修證一等、身心脫落的佛道，就是道元所理解且始終堅持的正傳佛法。

(十八)〈道得〉

仁治三年(一二四二)十月五日，道元在興聖寶林寺書寫此篇，並示僧眾。「道得」與「道取」都是道元擅長之辭，意謂佛祖大道的眞實表現，既是語言的表現，也是修行的表現。如果分開「道」與「得」，則可以說，「道」是語言表現，「得」是體得，亦即修證一如的體會體認。道元在本篇特別強調，正傳佛法的語言表現固然重要，「道得」的深意是在祇管打坐、身心脫落的修證功夫之表現，不是純粹的語言表現問題，且不說「道得」的眞諦是在終極的「不道」(不可思議、不得言詮)上面。

學道功夫即是「道得」(禪句等等語言表現)與「見得」(修證工夫之所見所得、體會體得)繼續不斷而無有間隙的同時進行，此一修證工夫積月累年，終又脫落(解脫於)從來積累的功夫。（身心）脫落之際，皮、肉、骨、髓各自同時脫落。國土、山河亦皆一起脫落。如此身心乃至山河大地同時脫落的「有時」，就有「道得」（佛道的語言表現）的自然現成。

道元又說：「然而道得此一道得之時，不（可）道得者，卽不道也。雖認（知體）得（可）道得之爲道得，如未證究不（可）道得底爲不道得底，則非佛祖之面目，非佛祖之骨髓。然則（二祖慧可）三拜依位而立之道得底，如何可與皮肉骨髓等輩之道得底等同拉平？」道元的意思是說，「道得」有其弔詭性根源，卽是「不道」或「不道得底」。例如當年菩提達摩試他四大弟子，各別道出心得之時，獨獨二祖慧可向師禮拜之後依位而立，不發一言。達摩賞其「不道得底」的契證，曰：「汝得吾髓」，予以印可。道元又引《古尊宿語錄》卷十三趙州從諗之語：「你若一生不離叢林，兀坐不道十年五載。無人喚作你啞漢，已後諸佛也不及你哉」，而加以詮釋說：「然則十年五載之在叢林，（自春至秋）經歷霜華，思此一生不離叢林之功夫辦道，坐斷（意根）之兀坐（祇管打坐），乃是如許無數之道得也。……不道云者，道得之頭正尾正也。」老莊亦常強調，有名出於無名；莊子更說「言無言，終身言，未嘗言；終身不言，未嘗不言」（《莊子・寓言》），實與道元「不道」之旨，前後相互輝映，相得益彰。

（十九）〈全機〉

仁治三年（一二四二）十二月十七日，道元在京都・六波羅蜜寺前側的雲州刺史波多野義重官邸，向僧衆說示此篇，翌年正月十九日由高弟懷奘書寫而成。

此篇與〈生死〉篇最能代表道元根據正傳佛法的獨特生死觀，有其「有時」現成論的哲理基礎，可以說極盡傳統大乘佛教所倡「生死卽涅槃」此勝義諦深化之能事，也充分顯示道元本人自由自在透脫生死、出入生死的極大能事。

道元開頭便說:「諸佛之大道，於其（徹底）究盡處，卽透脫也，現成也。所云『透脫』也者，『生』透脫『生』(之本身)，『死』亦透脫『死』(之本身)。是故，有出生死也，有入生死也。皆是究盡之大道也。有捨（離）生死，亦有度（脫）生死。皆是究盡之大道也。『現成』卽是『生』也，『生』卽是『現成』也。於其現成之（有）時，生必全（機）現成，死必全（機）現成。」道元這裡的開場白簡明易曉，不外是說第一義諦的佛道，必須講求生命的徹底透脫（通透超脫），死亡的徹底透脫；生命的每一時刻皆是生命全體全機的「有時」現成，而生命到了盡頭就死的片刻亦是同等的「有時」現成。就生之全機與死之全機的「有時」現成言，無有生、死之間孰重孰輕、孰貴孰賤的世俗性價値判斷在內。正因如此，達道之人旣能（在超世俗的高度精神性層次）徹底捨離、超出生、死（表面上的二元對立），亦能同時進入生、死，助人度脫（世俗諦意義的）生死葛藤或枷鎖。

道元接著說道:「此一機關，令『生』成就『生』，令『死』成就『死』。此一機關現成之正當恁麼時（『有時』），不必是大，不必是小。旣非遍界，亦非局（限之）量。旣非長遠，亦非短促。現今（現成）之『生』卽在此一機關，此一機關卽在現今（現成）之『生』。『生』非（外）來，亦非（外）去。『生』非『現』，『生』非『成』。然而『生』是全機現，『死』亦全機現。

應知，於自己無量法（相）之中，有『生』，亦有『死』。應靜靜思量，現今此『生』以及與此『生』同生之眾法，是否伴隨『生』，或不伴隨？（應知）一時一法（任一『有時』、任一存在）無有不伴隨『生』者，一事一心（任一事象、任一心識）無有不伴隨『生』者。所云『生』也者，例如人乘（船）舟之（有）時。於此（船）舟，我在用帆，我在操舵。雖云我在操舵，（船）舟載我，除（船）舟外無有我在。我乘此舟，而令此舟爲舟。應對此正當恁麼之時，予以功夫參學。此正當恁麼之時，無非是（我與船）舟（無有分別）之世界。不論是天，是水，是岸，一切（法）皆（現）成（之爲我與船）舟（無有分別）之時節。是故，『生』者乃是我（自己）所『生』，『我（自己）』者乃是『生』所成『我』也。乘舟之時，身心依正（環境依報與主體正報）皆是（船）舟之機關也。盡大地、盡虛空，皆是（船）舟之機關也。『生』之『我』，『我』之『生』，即是如此。」

上述一段所說的「機關」，指謂生命活動的中心樞紐，令人聯想到回轉門扉的軸或鍵，喻指使「生」之爲「生」、令「死」之爲「死」的樞要軸心，亦即「有時」現成著的絕對（不二）主體性本身。道元尤其強調「生」的場合，機關全體現成之爲「生」。譬如乘舟之時，舟外無我，我外無舟，而且天、水、岸等世界全體都關係著舟船的行進。於此「有時」現成之時節，舟即是「生」，即是「我」，世界全體或一切法皆化成之爲船舟的機關。如此，於任何「有時」體認體現自己之『生』，即是『生』之徹底透脫，即是「生」之全機現成。道元在此段雖也並談「生」之全機（機關全體之眞實本然性活動）與「死」之全機，但對「死」著墨較少，難道是由於「死」對於人畢竟構成永不可解的謎或奧祕，無法直接觸及的緣故嗎？

最後，道元特別引用圜悟克勤禪師（臨濟宗楊岐派）的一句名言「生也全機現，死也全機現」（語出《圜悟錄》拈古第五十一則），予以創造的詮釋說：「此一道取，應予闡明參究。所應參究者，『生也全機現』之道理，毫不關涉始與終，雖云（『生』是）盡大地、盡虛空，（『生』本身）既不罣礙『生也全機現』，亦不罣礙『死也全機現』。『死也全機現』之（有）時，雖云（『死』是）盡大地、盡虛空，（『死』本身）既不罣礙『死也全機現』，亦不罣礙『生也全機現』（蓋因『生』是『生』，『死』是『死』，各為全機現成，非對立對待之故）。是故，生不罣礙死，死不罣礙生。盡大地、盡虛空，皆有（時現成）於生，亦有（時現成）於死。然而非謂一枚盡大地、一枚盡虛空同時全機（現之）於生，全機（現之）於死（蓋因生是絕對絕待，死亦絕對絕待，不可能同時全機現之故）。（生與死）非（同）一非（別）異，雖非（別）異卻亦非（相）卽（合致），雖非（相）卽（合致）卻亦非（雜）多。是故，生有其全機現之衆法（衆多事象），死亦有全機現之衆法。非生非死（之『有時』），亦有全機現（成）。全機現（成之『有時』），亦有生亦有死。……正當（恁麼）現成（之有）時，於其現成因有全機活動，乃生現成之前無有現成（有如灰前無灰、祇有薪炭）之見解。然而此現成之前，有以前之全機現（有如灰前之薪卽是薪之全機現成）。雖有以前之全機現，並不罣礙現今之全機現。」

上面一段所示道元的生死觀，如與莊子生死自然循環而對立對待的道家生死觀相較，更能顯出道元禪學哲理的獨創性與突破性。從道元的「有時」全機現觀點看來，莊子的博大眞人仍要假定自然無爲的天道，於此天道之中，有無、美醜、善惡乃至生死形成對立對待的循環反覆，博大眞人順受自然無爲的生死循環，建立齊物哲理予以超克人道的限制，獲致道家的達觀解脫。道元則不然，毫不假定亦不承認生與死的對立對待，卻硬心腸地主張生是「有時」的全機現成，死也是「有時」的全機現成，任一「有時」的生是絕對絕待（斷絕對立對待的勝義不二），任一「有時」的死亦是絕對絕待，生與死如同薪與灰，前後毫不相續，各顯「全機現」。道元如此打掉生與死的任何相續性、相干性，而絕對（不二）化了任一「有時」的生，任一「有時」的死，祇是要我們徹頭徹尾體現「有時」的生，「有時」的死，此生此死各別都是絕對不二的「永恆的現在」，毫不假定任何價値理念或判斷，那怕是（刻意）作佛成佛之心，那怕是涅槃解脫之念，那怕是莊子超越生死循環對待的齊物心靈。我們在這裡不難看出，道元講活且深化「生也全機現，死也全機現」這句禪家名言的思維功力，在佛教思想史上千古難得一見。

（二十）〈生死〉

此篇既未收在七十五卷本，亦未出現在（七十五卷與另十二卷輯成的）八十七卷本《正法眼藏》，與〈菩提薩埵四攝法〉、〈法華轉法華〉、〈唯佛與佛〉、〈道心〉等篇一樣，直至今日未被確認之爲道元本人的著作。不過從此篇內容看來，實與道元的禪學哲理相合，很難想像道元之外還有具此思維功力的另一日本禪師存在。現時的文獻學考察雖然未能斷定此篇出於道元親筆，我們仍不妨暫且看成道元之作，而與〈全機〉一篇相得益彰。全篇甚短，一氣呵成，意味深長而不難領會。我將全文中譯如下：

> 生死之中有佛，則無生死。又云：生死之中無佛，則不被生死所迷惑。
>
> 上述二句乃係夾山善會（船子德誠之法嗣）與定山神英（潙山靈祐之法嗣）二位禪師所言。既是得道之人所言，必非無稽空設之談。
>
> 意願捨離生死之人，應予明曉其中旨趣。假若有人求佛於生死（自生至死之日常生活）之外，則是如同朝北置轅（於牛車之前），而想南行越國，或如顏面朝南而想視見北斗星一般。此乃勤集生死之因，徒失解脫道路而已。但應衹管生死當做涅槃，而不厭棄生死，亦不期求涅槃。於此（有）時，始有捨離生死（執著）之（本）分。自認生（自然）移轉至死，乃是錯誤之見。「生」乃住於一個（有）時之（法）位，有前有後（然又前後際斷，每一有時之「生」卽是絶對永恆）。是故，佛法之中，「生」謂之「不生」。「滅」（卽「死」）亦住於一個（有）時之（法）位，亦有前有後。因此「滅」卽謂之「不滅」。謂「生」之（有）時，「生」外無他，謂「滅」之（有）時，「滅」外無他。由是之故，「生」來則衹管「生」（之有時），「滅」來則衹管「滅」（之有時），如此奉仕卽是。勿厭（死滅），勿（刻意）期（求生命）。
>
> 此一生死卽是佛之生命。如欲厭棄此一生死，則無異喪失佛之生命。如執著於此一生死，則亦等於喪失佛之生命，

無異刻意留住佛（之外表而佛卻消失）。勿厭（死）勿期（生），於此（有）時始至佛心。然而勿以心思量，勿以言談說。祇管捨忘我之身心，投入佛家，自佛本家出而（莫圖作佛地）行佛順佛，則（自然）毫不用力費心，離脫生死（執著）而成佛。如此，孰能於己心中仍然停滯？（不染污地行佛）成佛，有易行之道。不造諸惡，無有執著生死之心，為一切衆生，深切憐憫，敬上憐下，無有嫌厭萬事萬物之心，亦無刻意期求（成佛）之心，心無牽掛憂慮，此之謂「佛」。勿問其他。

此篇亦如〈全機〉篇，依據「有時」現成論見地，強調生命歷程上的每一「生」之「有時」即是絕對不二的「永恆的現在」，前後際斷，前面之「生」與後來之「生」究竟平等，亦即涅槃的「有時」彰顯，唯一的條件是莫圖作佛，不污染地行佛順佛，祇管打坐、現成公案的「有時」，即是修行人之身心自證佛身佛心自然顯現的「有時」。道元尤其強調，切勿刻意期求生命，嫌惡死滅，蓋因就第一義諦言，「生」即是「不生」，而「死滅」即是「不死不滅」之故。無有生死執著之心，而於生命歷程的每一日常之「有時」，體現修證一如，不作惡，不染污，敬上憐下而無世俗的價值揀擇或牽掛憂慮，這就是道元所理解的「佛」，也可以說是道元對於《華嚴經》名言「心、佛及眾生，是三無差別」的創造性詮釋，於平凡的日常世界體現行佛順佛的宗教意義。

（二十一）〈古佛心〉

寬元元年（一二四三）四月二十九日，道元在六波羅蜜寺向僧眾說示此篇，翌年五月十二日在吉峰庵由懷奘書寫而成。「古佛心」代表正傳佛法的根源境界，「古」也者，從道元的「有時」現成論看來，無所謂古不古，亦無所謂今不今，蓋佛教開創祖師釋迦牟尼的「古佛心」，六祖慧能的「古佛心」，道元師父天童如淨和尚的「古佛心」，道元自己的「古佛心」，以及道元以後代代禪師修證一等的「古佛心」，無有二樣、究竟平等而皆顯「有時」現成之故。換句話說，「古佛心」即不外是隨時隨地「有時」現成的一切法（界），不論心法（界），或是心外之萬法（萬事萬物）。道元依據獨特的「有時」現成論見地開展出來的「古佛心」世界，似乎遠比傳統禪宗的「以心傳心」之旨，更有哲理深意，更能表現勝義諦（「古佛心」）落實成就於世俗諦日常世界之一斑。

表面上道元承認歷代相承的佛祖傳燈（以心傳心），有「過去久矣」的古佛心，也有「未曾過去」的古佛心。但深一層地看，「即使未曾過去，即使過去久矣，皆應同為古佛之功德。參學古佛之道，即是證成古佛之道，即是代代（同等之）古佛（現成）。『古佛』云者，雖謂新古之古，其實超出古今（之別），直通古今（之有時）。」道元特舉先師天童如淨之語「與宏智古佛相見」，說明「古佛心」直通古今之意，說道：「天童屋裡有古佛，古佛屋裡有天童。」也就是說，時代雖隔，天童如淨因修證一等而不染污的古佛心，能夠跳過時代而與宏智正覺相見相證，同顯「有時」的現成公案，同享「無常（卽）佛性」之妙。道元又引圜悟克勤禪師之語「稽首曹溪眞古佛」，說道：「圜悟禪師因有古佛之莊嚴光明（修行一等之古佛生活），故得與古佛相見，有恁麼禮拜。」

雪峰義存禪師嘗云：「趙州古佛。」（語出《聯燈會要》卷二十一）。雪峰自己如無古佛的力量，如未跳過公案問答的死功夫，而眞正學到古佛家風與威儀，也就不可能同等分享趙州從諗的古佛心了。又如疎山光仁禪師有云：「大庾嶺頭有古佛，放光射到此間」（語出《聯燈會要》卷二十二）。其實整個大千世界，隨處隨地皆有古佛（心）的「有時」現成，疎山自己有其古佛的日常行履威儀，故能感受到大庾嶺頭的古佛之光射到他處。

某日有僧拜訪大證國師（卽南陽慧忠），問道：「如何是古佛心？」國師答云：「牆壁瓦礫」（語出《景德傳燈錄》卷二十八）。道元解道：「花開之萬木百草，此卽古佛之道得（發言說法）也，古佛之問處也。世界起（般若多羅之遺偈『花開世界起』）之九山八海，此卽古佛之日面月面也，古佛之皮肉骨髓也。更且應有古心之行佛，古心之證佛，古心之作佛，佛古之爲心（恆時不變之眞實爲心）。古心也者，心古之故，心（卽）佛必爲（恆）古（眞實不變）之故。古心卽是椅子竹木也，『盡大地覓一箇會佛法人不可得』也，『和尚喚這箇作甚麼』也。現今之時節因緣及塵刹虛空（微塵般無數之佛國土），無一不是古（佛之）心。……此等道取（卽『牆壁瓦礫』之語）所現成之圓成十成處，有千仭萬仭之壁立（此古佛心之壁乃千仭萬仭之堅壁），有迎地迎天之牆立，有一片半片之瓦蓋，有乃大乃小之礫尖。如此存在（而表現古佛心之『有時』現成者），不啻（此）心而已，卽此身亦是，乃至依正（環境之依報與主體之正報）皆是如此。……不論是在天上人間，或是此土他界之出現，古佛心（依然）卽是牆、壁、瓦、礫，（牆壁瓦礫以外之）任何一塵出頭而染汙（古佛之心）者，未曾有也。」道元此段詮釋，可以說是「(古佛之）心卽一切法，一切法卽（古佛之）心」的「有時」現成論表達，不難理解其中深意。

此篇最後又載一段公案問答，語出《傳燈錄》卷十一末山章。漸源仲興大師因僧問：「如何是古佛心？」師云：「世界崩壞。」僧云：「爲甚麼世界崩壞？」師云：「寧無我身。」道元解釋「世界崩壞」之「世界」爲十方皆（有古）佛（心）的世界，並且說道：「關於崩壞之形段，應向此盡十方界參學，勿向自己參學（卽不當做自己本身之修行，但當做古佛世界之修行）。因不向自己參學，崩壞之當恁麼（有）時，一條兩條、三四五條（卽條條一切無限而眞實）之故，無盡條也。彼之條條，卽是『寧無我身』也，『我身』乃『寧無』也。」「世界崩壞」喻指「寧無我身」，如能體會自己的身心脫落之（有）時，卽是古佛心於自己身心當下現成，卽是古佛心代代貫通條條一切的十方世界之(有)時，則修行的「我」豈不哈哈大笑，覺醒於身心之「無我」而「我」身「崩壞」嗎？

道元在本篇善於廣徵博引，卷帙浩繁的禪宗典籍之中有關「古佛心」的語錄公案，可見「空手還鄉」的他其實也是罕有的博學之士，祇是他以「祇管打坐，身心脫落」爲修證一等的正傳佛法，因此不屑於所謂「博學」罷了。道元的博學在《正法眼藏》諸篇處處可見，如在〈空華〉一篇大量引用有關「空華（花）」的語錄公案等是。

(二十二)〈葛藤〉

寬元元年(一二四三)七月七日,道元在京都宇治郡觀音導利興聖寶林寺,向僧眾說示此篇,翌年三月三日懷奘在吉峰寺書寫而成。道元這裡所說的「葛藤」,異乎傳統禪宗的常識見解。依照普通的理解,葛藤如同絆腳石,喻指心識、煩惱,乃至語言文字所造成的種種障礙,如不予切斷此類障礙,則涅槃解脫或證悟成佛遙遙無期。在禪宗的公案參究或坐禪修行,葛藤即成所謂「大疑團」,如不能衝破,則免談頓悟,遑論修行。然而道元還要跳過「葛藤」的傳統說法,給予正面積極的意義,弔詭地肯定「葛藤」之爲佛法佛道的正傳正受,不待刻意切斷或破除。道元說道:「大凡諸聖雖然趣向截斷葛藤根源之參學,卻不(深一層地)參學,以葛藤切除葛藤才是『截斷』眞義,亦不知葛藤對於葛藤變成葛藤。何況如何了知(眞實佛法即在)自葛藤至葛藤(連綿不已)之嗣續。了知嗣(續佛)法即是葛藤者,幾不可得。無人聞及此(弔詭之)說,講及此說者亦未曾有。實證此說者又有多少?」

爲了說明他的「葛藤」新說,道元引用《景德傳燈錄》卷三達摩章那段有關「皮肉骨髓」的禪宗故事。道元所引的原文是:「第二十八祖(菩提達摩)謂門人曰:『時將至矣。汝等盍言所得乎?』時門人道副曰:『如我今所見,不執文字,不離文字,而爲道用。』祖曰:『汝得吾皮。』尼總持曰:『如我今所解,如慶喜見阿閦佛國,一見更不再見。』祖曰:『汝得吾肉。』道育曰:『四大本空,五陰非有,而我見處,無一法可得。』祖曰:『汝得吾骨。』最後慧可禮三拜後，依位而立。祖曰:『汝得吾髓。』（慧可）果為（中國禪宗）二祖，傳法傳衣。」

依照以往的解釋，達摩四位門徒按皮、肉、骨、髓的禪悟淺深差別而受達摩的高低評價。慧可的證悟智慧，有如維摩的一默，「禮三拜後，依位而立」，不言一語，故得達摩眞髓，繼承他的衣鉢，而為二祖。但道元完全推翻此說，認為無有皮肉骨髓之別，得皮肉即得骨髓，得骨髓即得皮肉，因為「祖師之身心即在皮肉骨髓，通通皆是祖師。非謂髓親而皮疎。」表面上分別四解之淺深優劣，才是自造無謂葛藤，突破淺深差別而了知修證一等的現成公案，所謂「葛藤」才顯眞實意義出來。祖師的說示超出一切而又條條片片地說法，如此師徒同時參究，成為一體。徒弟聞法亦超出一切而又是條條片片地聽道，如此師徒同參。道元本人就有與他師父如淨和尙的「同參」體驗，感應道交而蒙受如淨當面讚嘆「身心脫落，脫落身心」，於此同參境界，豈容皮肉骨髓的分別餘地？道元說道:「師資之同參究，即是佛祖之葛藤(眞相）也。佛祖之葛藤，即是皮肉骨髓之命脈也。拈花瞬目，即是葛藤也。(摩訶迦葉)破顏微笑，即是皮肉骨髓也。更應參究，葛藤種子即有脫體(脫落身心)之力量，故有纏遶葛藤之枝葉花果而回互不回互（又融通又各別自立），如此佛祖現成，公案現成。」

為了說明皮肉骨髓的弔詭性葛藤道理，道元又從《趙州錄》(亦載《古尊宿語錄》卷十三）引用一段如下:「趙州眞際大師示眾云:『迦葉傳與阿難。且道，達摩傳與甚麼人？』因僧問:『且如二祖得髓，又作麼生？』師云:『莫謗二祖。』師又云:『達摩也有語: 在外者得皮，在裡者得骨。且道，更在裡者得甚麼？』僧問:『如何是得髓底道理？』師云:『但識取皮，老僧這裡，髓也不立。』僧問:『如何是髓?』師云:『與麼卽皮也摸未著。』」

道元解釋此段說,弟子得師,同時又是師得弟子,例如迦葉傳法給阿難,阿難卽藏身於迦葉, 迦葉亦藏身於阿難, 師徒同參,師弟同時得道,站在修證一等的現成公案立場,無有師弟高低優劣,祇有感應道交,因此達摩傳與二祖之(有)時,達摩卽是二祖, 而二祖得髓之(有)時, 二祖亦是達摩,相得益彰,「得」的葛藤眞義卽在於此,乃非皮肉骨髓之「得」。因此道元弔詭地說:「『皮也摸未著』之(有)時,『髓也摸未著』也。摸得皮時,亦得髓也。 應予功夫(參究)『與麼卽皮也摸未著』之道理。……然則現今(門人)四員之(已成)達摩者, 共皆參究(百千萬)條條之皮肉骨髓之向上(一路)。勿想髓上不應更有向上(一路)。(應知)更有三五枚之向上(修行)。」道元的意思是說, 達摩四位高弟分別取得達摩皮肉骨髓之(有)時, 其實就是修證一等的公案現成, 各有千秋而平等無二, 但是「得皮」、「得髓」之(有)時, 卽是修行不斷、向上無限之(有)時,亦是莫圖作佛的(修)行(卽證)佛之(有)時。道元同意雪峰眞覺禪師的讚辭「趙州古佛」, 認爲趙州道取「與麼卽皮也摸未著」, 正是顯示趙州禪師做爲「古佛」, 所以高過臨濟、德山、大潙、雲門等等禪師的殊勝所在。

(二十三)〈說心說性〉

寬元元年(一二四三)道元在越州吉田縣的吉峰寺以此篇說示僧眾。三年前道元在興聖寶林寺說示〈山水經〉時, 所說的「說心說性」,與本篇旨意迴然相異。在〈山水經〉篇道元說道:

「（心）轉境（境）轉心，大聖之所呵也。說心說性，佛祖之所不肯也。見心見性，外道之活計也。滯言滯句，非解脫之道著（發言）也。」這裡所說的「說心說性」，指謂設立「心」（主觀）與「性」（主觀之本體）而後說示「心」與「性」如何如何；「明心見性」亦然，乃先假定本心本性或佛心佛性，而後設法「明心見性」。此類六祖慧能以來的禪宗葛藤，便是道元所要切除的最後絆腳石，任何乖違修證一等、現成公案等正傳佛法的佛教觀念，即使是禪宗內部的「明心見性」之類，都是道元批判的對象。

但在本篇，道元卻正面提出「說心說性」，外表上看，似乎與〈山水經〉所云矛盾，事實上本篇所說的「說心說性」，指謂隨時隨地不斷說示佛法的「心」或「性」，或謂「心在說示，性在說示」，極有弔詭義涵，而「心」、「性」云者，實與三界萬法無有分別。我們在本篇不難發現，道元多年來的自受用三昧體驗與思維功力更上一層。

道元在本篇開頭引用《洞山錄》的一段問答如下：「神山僧密禪師與洞山悟本大師（即洞山良价）行次。悟本大師指傍院曰：『裡面有人說心說性。』僧密師伯曰：『是誰？』悟本大師曰：『被師伯一問，直得去死十分（相待世界中的自我完全死去）。』僧密師伯曰：『說心說性底誰？』悟本大師曰：『死中得活』。」

此段深意不易理解，道元卻有本身富於創意的詮釋，依照上述具有「有時」現成意味的「說心說性」新義，加以解說，謂：「說心說性，乃佛道之大本也，由是現成佛佛祖祖也。如非說心說性，則無轉妙法輪，無發心修行，無有大地有情同時成道之事，一切眾生亦不可能無（有）佛性（之葛藤所纏）。拈花瞬目即說心說性也，破顏微笑即說心說性也，禮拜依位而立即說心說性也，祖師入梁（達摩見梁武帝事）即說心說性也，夜半（慧能之傳法）傳衣即說心說性也，（禪師）拈拄杖即說心說性也，橫拂子即說心說性也。凡是佛佛祖祖之一切功德，皆是說心說性也。有（南泉普願）平常（心是道）之說心說性，有（南陽慧忠所云古佛心即）牆壁瓦礫之說心說性。所謂『心生（則）種種法生』（《起信論》語）之道理現成，『心滅（則）種種法滅』之道理現成（亦《起信論》語）。然此全體一切，即是心所說示之時節，性所說示之時節也。雖是如此，不通心亦不達性之庸流，（昏）暗而不知說心說性，亦不知談玄說妙，卻（誤）謂、（誤）教此爲佛祖之道所不應有者。不知（眞實意義之）說心說性爲說心說性之故，（誤）認（言說假立之）說心說性爲說心說性。之所以如此，乃是由於不予批判（地考察）大道之通塞（通與不通）故也。」

道元上面所說，雖然跳過傳統大乘的「說心說性」，旨意卻具體而明白。站在不斷修行的時節（有時）即是佛心佛性不斷現成的時節（有時）這個修證一等立場，道元決不許任何佛法的言說假立，不論是「涅槃」、「佛心」「佛性」或「眞如」之類，擺在祇管打坐的修行之前，當做理論指南。佛教理論是爲修行實踐而設，祇有在修行實踐之時，有所謂「說心說性」的道理現成，而舉拂子、牆壁瓦礫（即古佛心）等禪家公案、山水草木等自然景物、釋迦拈花而迦葉微笑、五祖弘忍夜半傳法傳衣給六祖慧能，乃至如淨和尙印證道元的「脫落身心，身心脫落」等等，統統變成「說心說性」之種種「有時」現成。道元之前之後，恐怕沒有一位佛祖禪師能把「說心說性」講得如此透徹，如此深切。道元這裡所說的「說心說性」不但不與〈山水經〉所云矛盾，反可看成後者的哲理與體驗雙重深化，且與〈佛性〉篇所云「無常（卽）佛性」、「悉有（卽）佛性」相得益彰。在修證一等的「有時」，萬法與禪者同時發心、同時成道，也正是山水草木等景物或牆壁瓦礫等事物說示（佛）心、（佛）性的時節，亦卽生滅無常的悉有一切「說心說性」而佛心佛性同時現成的時節。六祖慧能雖然提過「無常佛性」，且以「明心見性」的禪宗宗旨謀求大乘佛學的義理突破，但仍難免留下假立佛心佛性或本心本性的言說葛藤。兩相比較，道元「說心說性」的弔詭性義理似較慧能的「明心見性」，更具勝義諦的深度。

《傳燈錄》卷三（達摩章別記）有下列一段記載：「爾時初祖（菩提達摩）謂二祖（慧可）曰：『汝但外息諸緣，內心無喘，心如牆壁，可以入道。』二祖種種說心說性，俱不證契。一日忽然省得。果白初祖曰：『弟子此回始息諸緣也。』初祖知其已悟，更不窮詰。只曰：『莫成斷滅（斷見滅知）否？』二祖曰：『無。』初祖曰：『子作麼生？』二祖曰：『了了常知，故言之不可及。』初祖曰：『此乃從上諸佛諸祖，所傳心體。汝今旣得，善自護持。』」

道元站在修證一等、現成公案的立場，又對此段所云「說心說性」賦與極有深意的詮釋，認爲凡庸之輩祇就字面去看慧可，由於「說心說性」而未證契，後來捨棄「說心說性」這才使他證契，好像「說心說性」變成了絆腳石。此一誤解來自凡夫之未能體認，「心如牆壁，可以入道」所蘊涵著的佛道眞諦。道元說道：「昨日說心說性之百不當，卽成今日之一當也。行佛道之初心（有）時，卽使未練（修練未足）而不通達，如捨佛道而行餘道，則無獲致佛道（之理）。未達佛道修行之始終（眞諦）者，難於了知此通塞之道理。佛道於初發心之（有）時卽是佛道也，成正覺之（有）時亦是佛道也。初中後（之各別『有時』）皆是佛道也。……證契以前之說心說性，雖亦是佛道，（必定）說心說性而有所證契也。不應參學，證契云者，必等迷者大悟之後方稱證契。迷者亦大悟，悟者亦大悟，不悟者亦大悟，不迷者亦大悟，證契者亦證契也。」分別迷與悟的時間先後，或「說心說性」（的初發心以及修行）與證契的前後質差，並非正傳佛法。凡夫未能明曉修行卽是證悟之旨，故誤以爲「學佛道時，未臻佛道，果上（得佛果）之時方是佛道。」

道元又弔詭地說:「於佛道有（說）『有』之人之說心說性，有（說）『無』之人之說心說性，有有人之不說心說性，有無人之不說心不說性。有說（示之）心與未說（示之）心，有說（示之）性與未說（示之）性。如不學無人時之不說心，則說心未到（眞實）田地也。如不學有人時之說心，則說心未到（眞實）田地也。應學說心無人，應學無人說心，應學說心是人，應學是人說心。」道元於此又使用了他那弔詭無比的說有說無、非有非無甚至倒轉語句語法的獨特表現，藉以破除固定不移的「說心說性」，暗示「說心說性」的多樣變化與功能，旨趣當然是在表露「說心說性」的「有時」現成之深意。

（二十四）〈諸法實相〉

寬元元年（一二四三）九月間，道元在吉峰寺以此篇示眾。

「諸法實相」一辭源自《法華經・方便品》中的名句「唯佛與佛，乃能究盡，諸法實相」。天台宗以《法華經》爲本經，開展法華一乘圓教，成爲中國大乘佛學之中的實相論系代表，而與承接《起信論》如來藏思想而演發（屬於緣起論系的）性起論別圓教的華嚴宗互相對立。道元早年出身於比叡山，自然熟知天台思想，他的天台知識，除本篇外，亦散見於〈法華轉法華〉、〈看經〉等篇。道元在本篇各處展現了他對《法華經・方便品》的創造性詮釋，藉以透示他那獨特的正傳佛法觀點。依照天台宗的一般理解，「諸法實相」意謂一切存在的如如眞實之性相，道元突破此一傳統天台觀想觀照意味的靜態「諸法實相」觀，強調不斷示現「諸法（卽）實相」的實踐性、動態性，進而主張佛祖乃至修證一等的禪者不斷「究盡」諸法（卽）實相的「有時」現成，卽是諸法（卽）實相的不斷自我說示、自我現成。諸法（卽）實相已經不是所謂眞實本然的如如（法）性（法）相或（法）界，有待行佛作佛的禪者去「發現」或「體認」。

道元開頭便說：「佛祖之現成卽是究盡之實相也。實相卽是諸法也。諸法卽是如是相也，如是性也，如是身（身心皆如是眞實）也，如是心也，如是世界也，如是雲雨也，如是行住坐臥也，如是憂喜動靜也，如是拄杖拂子也，如是拈花破顏也，如是嗣法授記也，如是參學辦道也，如是松操竹節也。」此一開場白有兩點值得我們注目。第一點是，所謂「實相」（法性、法相、法界、涅槃、眞如等等佛法的終極眞實）不是孤伶伶的永恆實在，如如不動，而是存乎行佛的主體不斷究盡萬法的眞實修證處所顯出的佛祖之「有時」現成；並非作佛成佛之後，才有「實相」彰顯。第二點是，實相不是諸法之實相，諸法卽不外是實相。道元在這裡更妙有化、日常化了「卽事而眞」的天台假諦，比傳統天台的「一色一香無非中道」的說法更有突破性，肯定身心、雲雨、行住坐臥、參學辦道等等日常事相的「有時」現成。天台原先的空假中圓融三諦如此解消於修證一等意味的假諦之中，「假」（諸法）卽是眞「諦」（實相）。也就是說，祇有在不斷修行的「有時」，才有說示「諸法實相」的佛法意義。

〈方便品〉有云：「唯佛與佛，乃能究盡，諸法實相。所謂諸法，如是相，如是性，如是體，如是力，如是作，如是因，如是緣，如是果，如是報，如是本末究竟等。」我們知道，天台大師智顗的「一念三千」，是百界千如而後乘三（卽三種世間，卽五陰世間、眾生世間、國土世間）所成，百界來自佛界、菩薩界、獨覺界、聲聞界、天界、人界、阿修羅界、畜生界、餓鬼界與地獄界等上下十界互具，而十界互具所成的百界演為千如，則是百界乘「十如是」（卽上面的「如是相」到「如是本末究竟等」共十）的結果。如此，「一念三千」所代表的傳統天台如實觀，乃是建立在抽象牽強的思辯玄想上面，正是道元修證一等的「有時」現成論所要突破超克的佛教理論之一。我將道元對於上面一段的「十如是」名句所予創造的詮釋，中譯如下：

> 所謂如來道之「本末究竟等」者，諸法實相之自道取（自我說示）也。闍梨（至佛道者）之自道取也。（修證）一等之參學也，參學卽是（修證）一等之故。「唯佛與佛」（而無餘物）者，「諸法實相」也。「諸法」（卽）「實相」者，「唯佛」（卽）「與佛」（之同一真實）也。「唯佛」卽（與）「實相」（同一）也，「與佛」卽（與）「諸法」（同

一）也。聞取「諸法」之道，不應參（學之為）一或多。聞取「實相」之道，不應（參）學（之為實而）非虛，亦不應（參）學（之為相而）非性。「實」者「唯佛」也，「相」者「與佛」也。「乃能」者「唯佛」也，「究盡」者「與佛」也。「諸法」者「唯佛」也，「實相」者「與佛」也。「諸法」正為「諸法」（之有時），稱為「唯佛」。「諸法」自爾即是「實相」（之有時），稱為「與佛」。

然則「諸法」自爾成為「諸法」（之有時），有「如是相」，有「如是性」。「實相」正為「實相」（之有時），有「如是相」，有「如是性」。以「唯佛與佛」而「出現於世」（〈方便品〉云「諸佛世尊唯以一大事因緣故，出現於世」），即是「諸法實相」之（自爾）說取也，行取也，證取也。其說取者，「乃能究盡」也。雖云「究盡」，應是「乃能」（之不斷修行）。因非（有）初中後（之時間先後分別）故，「如是相」也，「如是性」也。是故，初、中、後（皆同）稱之為善。

「乃能究盡」者，「諸法實相」也。「諸法實相」者，「如是相」也。「如是相」者，乃能究盡「如是性」也。「如是性」者，乃能究盡「如是體」也。「如是體」者，乃能究盡「如是力」也。「如是力」者，乃能究盡「如是作」也。「如是作」者，乃能究盡「如是因」也。「如是因」者，乃能究盡「如是緣」也。「如是緣」者，乃能究盡「如是果」也。「如是果」者，乃能究盡「如是報」也。「如是報」者，乃能究盡「本末究竟等」也。「本末究竟等」之道取，乃即（佛佛「有時」）現成之「如是」也。是故，果果之果非是因果之果（意謂果非相對於因之果），因果之果亦應即是果果之果（意謂因果之果即是無上大涅槃之真實佛果）。此（無上涅槃之佛）果即與相、性、體、力（等）相罣礙故，諸法之相、性、體、力等無量無邊（而不可測知），皆是實相也。此果即不罣礙相、性、體、力（等）故，諸法之相、性、體、力等，皆是實相也。（又就十如是言，）如一任此相、性、體、力等與果、報、因、緣等相罣礙之時，則有八九成（泰半成就）之（佛）道。如一任此相、性、體、力等不相罣礙果、報、因、緣等之時，則有十成之（佛）道。

所謂「如是相」，乃非一相。「如是相」亦非一如是，而是無量無邊不可道不可測之如是也。不應以百千之量為量，應以諸法（無限）之量為量，應以實相（無限）之量為量。蓋因唯佛與佛乃能究盡諸法實相之故也，唯佛與佛乃能究盡諸法實性之故也，唯佛與佛乃能究盡諸法實體之故也，唯佛與佛乃能究盡諸法實力之故也，唯佛與佛乃能究盡諸法實作之故也，唯佛與佛乃能究盡諸法實因之故也，唯佛與佛乃能究盡諸法實緣之故也，唯佛與佛乃能究盡諸法實果之故也，唯佛與佛乃能究盡諸法實報之故也，唯佛與佛乃能究盡諸法實本末究竟等之故也。

有如此道理之故，十方佛土祇是唯佛與佛也，無有一箇半箇非是唯佛與佛（之「有時」現成）。「唯」與「佛」者，即如「體」之具「體」，「相」之證「相」，又如以（實）性為（自己正）體而（保）存（實）性。是故，（〈方便品〉有）云：「（如是大果報，種種性相義。）我及十方佛，乃能知是事。」然則「乃能究盡」之正當恁麼時，與「乃能知是（事）」之正當恁麼時，同是各自面面之有時也。「我」若與「十方佛」或同或異（而非相卽不二），則何能現成「及十方佛」之道取耶？遮頭（此地）無有「十方」（之方向差別）之故，「十方」卽是「遮頭」（之「有時」現成）也。由是，「實相」之與「諸法」相見（形成一體），有如春（之有時）入花（之有時），人（之有時）逢春（之有時）。（又如）月映照月（之有時，亦是）人逢（面對）自己（之有時）。或如人之見火（自己之實相與諸法之實相相見相卽），同是此「相見底」之道理也。

是故，（自己之）「實相」參學於（諸法之）「實相」，卽為佛祖（究盡自己之實相者）嗣法於佛祖。此乃「諸法」授記（預言成佛）於「諸法」也。「唯佛」為「唯佛」傳法，「與佛」為「與佛」嗣法也。

是故，（實相之中）有（實相自爾之）生死去來。是故，（生死去來之實相中）有發心・修行・菩提・涅槃。擧發心・修行・菩提・涅槃而參究、接取（體認）生死去來之真實人體，卽有（修行之）把定、放行（如此自由自在）。以此為命脈而花開結果。以此為骨髓而有迦葉、阿難。

風雨水火之「如是相」，卽是「究盡」也。青黃赤白之「如是性」，卽是「究盡」也。依此「（如是）體」、「（如是）力」而轉凡入聖。依「（如是）果」、「（如是）報」而超佛越祖。依「（如是）因」、「（如是）緣」而有握土成金。依「（如是）果」、「（如是）報」而有傳法附衣（傳附袈裟)。

我在上面中譯一大段原文，目的是在一方面例示道元縱橫馳騁、自由自在地驅使具象性語言（明喻、暗喻、語句倒轉、弔詭語等等）的才華，另一方面展示、比較，他依修證一等的「有時」現成觀點所建立的「諸法實相」論，與智顗以來傳統天台圓教極其抽象，富於玄想而有分割教、觀妙修與本證、或始覺與本覺之嫌的「諸法實相」論，藉以窺見道元禪學突破後者之一斑。譬如道元不再遵循傳統天台理路，肯定所以形成諸法之實相的所謂「十如是」，更不承認所謂「一念三千」之類的天台教義，有其獨立於修證一等、「有時」現成的存在意義，反而堅決主張，行佛的主體「乃能究盡」（亦即不斷修行）的「有時」，諸法自然而然現成之實相，如是春的「有時」即是花的「有時」，即是行佛主體面對自已的「有時」，亦是發心、修行、菩提、涅槃等等現成公案的「有時」，也可以說是「諸法（即）實相」自爾說示、自爾現成的「有時」。道元在此篇以及〈諸惡莫作〉、〈山水經〉、〈身心學道〉、〈空華〉、〈三界唯心〉等篇，借用圜悟克勤、長沙景岑等禪師的（生死去來的）「眞實人體」這個禪家用辭，描敍在發心、修行、菩提、涅槃的任一「有時」，不染污行佛者本身身心脫落著的絕對（不二）主體性，於此「有時」現成的絕對主體性，無有初中後（即過去、現在、未來）的前後時間差別，亦無發心、修行、菩提、涅槃等等的任何差別。所謂「唯佛與佛」並非有別於生死去來的「眞實人體」，「眞實人體」生死去來的「有時」，即是「唯佛與佛」又修行又究盡「諸法（即）實相」的「有時」，而〈方便品〉所云「諸佛世尊唯以一大因緣故，出現於世」也者，也祇有在「眞實人體」生死去來的「有時」才有意義，因爲並非諸佛世尊爲了「一大因緣」而「出現於世」之後，才有所謂「眞實人體」在生死去來之中的發心、修行、菩提、涅槃。我們如果順著道元的「有時」現成觀點，去重新詮釋整部《法華經》，所獲致的結論當與傳統天台的說法大大不同。

《法華經・法師品》有云：「一切菩薩阿耨多羅三藐三菩提，皆屬此經。此經開方便門，示眞實相。」道元又予以創造的詮釋如下：

> 所謂一切菩薩卽是一切諸佛也。諸佛與菩薩乃非異類。（兩者之間）旣無老少（之別），亦無勝劣（之差）。此菩薩與彼菩薩，非屬二人，亦無自他（之別）。（菩薩境位）雖在過現未三時皆不確定，作佛卽是行菩薩道之法儀也。於初發心（之有時）成佛，於妙覺地（之有時亦同樣）成佛。有無量百千萬億度（無限數次）作佛之菩薩。（是故）如謂作佛之後，廢（菩薩修）行而不應更有所作，此乃不知佛祖（佛）道之凡夫也。所謂一切菩薩卽是一切諸佛之本祖也。一切諸佛卽是一切菩薩之本師也。此諸佛之無上菩提，卽使修證於過去，修證於現在，修證於未來，修證於身先，或修證於心後，於初中後（三時之任何「有時」）皆指謂（修證一等、「有時」現成之）「此（法華）經」也。能屬（生死去來之真實人體）、所屬（諸法之真實或日常之行履）皆指此經也。於此正當恁麼（有）時，此經如是（實）證一切菩薩也。

(法華)經非有情，非無情。經非有為，非無為。然而證菩提之（有）時，證（真實）人（體）之(有)時，證（諸法即）實相之（有）時，證此經之（有)時，即是「開方便門」也。方便門者，佛果之無上功德也，「(是)法住法位也，世間（相）常住」(《法華經》語)也。方便門者，非暫時之伎倆，卻是盡十方界（真實人體）之參學也，拈諸法（即）實相而參學者也。雖云此方便門出現而蓋十方界於盡十方界，如非一切菩薩（不染污地不斷行佛作佛)，則（盡十方界者）亦非（真實）境界也。……「開方便門」云者，「示真實相」也。「示真實相」者，蓋是（有）時（現成)，初中後際斷也。其「開方便門」之正當（恁麼時）開（顯）之道理，即是在乎「開方便門」於盡十方界（一切法、一切處）也。……「示真實相」云者，風聞「諸法（即）實相」之言句於盡（十方）界也，成道於盡（十方）界也。令使盡人(「乃能究盡」之真實人（體）領覽（領會)「實相」(即在)「諸法」之道理也，令（此道理）出現於盡（一切）法。然則四十佛四十祖之無上菩提，「皆屬此經」，屬此經也，此經屬也。蒲團、禪板之阿耨菩提，皆屬此（經）也。拈花破顏，禮拜得髓，皆屬此經也，此經之屬也。「開方便門，示真實相」也。

傳統天台主張「(聲聞乘、緣覺乘、菩薩乘等）三乘（之高低優劣差別乃是）方便」，「（佛乘之）一乘（才是）眞實」，如此分割「方便」與「眞實」，從道元的修證一等、現成公案觀點看來，毫無意義。如上面的道元詮釋所示，在道元的心目中，不斷行佛的菩薩與所謂證悟解脫的諸佛並無任何本質上的差別，蓋因諸佛亦須證上修行之故。通過道元的創造性詮釋，《法華經》的妙義眞諦就彰顯於眞實人體生死去來的「有時」現成之中的拈花破顏、禮拜得髓、坐禪修行（蒲團、禪板爲喩），亦彰顯於盡十方界之諸法（卽）實相，則那來得天台五十二位（十信→十住→十行→十迴向→十地→等覺位→妙覺位）的修行次第，又那來得方便門（三乘）的手段到眞實門（「唯佛與佛乃能究盡諸法實相」）的目標或圓教歸宿說法？我們從道元對於《法華經》的此類獨特詮釋，可以想見他如何站在修證一等的正傳佛法立場詮釋其他所有佛教經論及其教義了，也可以想見他那「天上天下，唯我獨尊」的自信與堅持最勝義諦而毫不妥協的態度。

第四章

道元禪學的現代理解

(一)根本立場——修證一等的正傳佛法

甚麼是宗教？甚麼是佛教？甚麼是正統正傳的佛法？對於此類根本問題，在經歷過兩千年以上大小乘各種宗派分裂分立的今天，已經無法給予可望共識共認的統一性回答。我們已從道元《正法眼藏》重要篇章看到，道元禪學的根本立場是，以修證一等的端坐參禪爲唯一法門，遵循乃師如淨和尚的曹洞宗風格，規定此正法禪爲莫圖作佛的不染汚「祇管打坐（修）即是身心脫落（證）」。但他否認包括本宗在內的一切禪宗宗名，也大大批判了傳統禪宗刻意判教而有的所謂「教外別傳」主張。道元心目中所認可的佛教歷代祖師，除了開創此一宗教傳統的釋迦佛之外，頂多包括六祖慧能、宏智正覺、圜悟克勤、尤其他的正師天童如淨等寥寥數位而已。由是可知，他如何強硬地堅持本身獨特的正傳佛法主張，純化到毫無妥協的餘地。他的正傳佛法主張共有下列幾點。

第一，正傳佛法排除一切外道見解，也不接受宋代禪宗開始流行的儒道佛三教合一說。道元在〈四禪比丘〉、〈佛教〉、〈諸法實相〉等篇，批判宋代禪者不但混淆了孔、老的道德之教與佛法的解脫道，且以萬機之心為佛祖之心，如此向帝王獻媚，完全失去出家道的純粹性。

第二，道元在〈佛道〉篇抨擊宋代禪的五家七宗等宗派分立，認為此類宗派宗名有違釋迦佛以來歷代祖師的正法禪，令人慨嘆。道元更認為，修證一等的端坐參禪法門為釋迦所創的正法禪，故不應被「禪宗」此一宗名所制限。道元如此超越禪宗宗名以及五家七宗宗派而標榜正法禪的護法精神，可說極受乃師如淨和尚的影響。道元於《寶慶記》說：「堂頭和尚（即如淨）示云：『不可以佛祖大道，猥稱禪宗也。今稱禪宗，頗是澆運之妄稱也，禿髮之小畜生所稱來也。古德皆所知也，往古之所知也。儞曾看石門《林間錄》？』道元曰：『未曾看《錄》。』和尚云：『儞看一遍則好，彼《錄》說得是也。大凡世尊大法，單傳摩訶迦葉。嫡嫡相承二十八世，東土五傳而至曹谿，乃至今日如淨則佛法之總府也。大千沙界更無可齊肩者也。』云云。」由此段話語不難猜知，道元如何服膺如淨「佛祖大道非禪宗」的說法，如何深信釋迦以來「佛法之總府」獨存於自己正師如淨之處了。至於曹洞宗等宗名，道元說道：「洞山（良价）大師正以青原四世嫡嗣（身分）正傳正法眼藏，開眼涅槃妙心。此外更無別傳，亦無別宗。大師曾未（使用）以曹洞宗名稱示眾之拳頭，亦無此瞬目，而於其門人之中無有此類（平）庸之流混入，無有猥稱洞山宗之門人，何況曹洞宗之稱。」

第三，柳田聖山教授在《初期禪宗史書研究》曾說，「教外別傳，不立文字，直指人心，見性成佛」這十六字心傳，乃是六祖慧能以來中國禪宗的「單傳宗旨」，這也是東亞禪家的一般常識。然而道元站在他所理解奉守的正傳佛法立場，完全排除此一宗旨，也不接受「禪宗卽是佛心宗」的傳統見地。「教外別傳」意謂禪宗完全獨立於傳統大小乘教義教派，自成一家。理由很簡單，禪宗就是要在釋迦牟尼三十五歲那一禪定時刻的悟道成佛，發現到超越一切教義教派的佛教的本質，而以佛心或涅槃妙心爲歷代禪師以心傳心的宗旨所在。道元反對禪宗宗名與「教外別傳」的理由則是，此說容易引起聖教以外更有祖師道的祕教祕法這種「密傳」錯覺。道元所否定的祇是教外之法、別傳之心，他並不否定做正法眼藏的一心（卽涅槃妙心）。自此一心開顯出來的，卽不外是三乘十二分教，由是教與心的關係應是教外無心、心外無教才對。道元在〈佛教〉篇說道：「某漢曰，釋迦老漢除了宣說一代教典之外，更有上乘一心之法正傳於摩訶迦葉，嫡嫡相傳至今。然則『教』者赴機之戲論也，『心』者理性之眞實也，此正傳一心稱爲『教外別傳』，不可等同於三乘十二分教之所談。一心上乘之故，卽云『直指人心，見性成佛』。此一道取實非佛法之家業。……祇云正傳一心而無佛教相傳，乃不知佛法者也。如云一心之外另有佛教，則汝之一心，實非一心。」

道元所強調的一心，旣是教禪無別的正傳佛法之謂，則心卽教、教卽心，心卽三界唯心、萬法唯心之心，而說此心者卽不外是三乘十二分教，無有教外別傳之心可言。道元說道：「上乘一心卽是土石砂礫也」，「佛心云者……破木杓也……山河國土、日月星辰也」（〈佛教〉篇）。難怪道元反對禪宗卽是佛心宗的傳統說法。

第四，道元批判六祖慧能以來的「見性成佛」之說，否定的理由是，傳統禪宗不但主張直指人心之心卽是別傳之一心，更謂見性之性卽是澄湛寂靜之性，所採取的是「從眾生到諸佛」的生佛相對觀、修證兩橛觀之故。道元評斥「見性」之餘，連對平日尊敬的六祖慧能表示不滿，竟謂《六祖壇經》由於記載「見性」之言，故屬僞書（見《正法眼藏・四禪比丘》篇）。

道元站在修證不二的立場接受本來成佛之說，甚至在〈佛性〉篇大膽主張「無常（卽）佛性」、「悉有（卽）佛性」，乃以「做爲佛本身的自已不染汚地不斷行佛」爲佛道修行，（亦卽證悟）的始點（亦是終點），當然對於「衆生因禪修而見性成佛」的修（因）證（果）二元論無法苟同。道元在《學道用心集》第九章強調「信」字，主張「修行佛道者，先須信佛道。信佛道者，須信自已本在道中不迷惑，不妄想，不顚倒，無增減，無誤謬也。生如是信，明如是道，依而行之，乃學者之本基也。」可見道元禪學始於此一「自已本在（佛性、佛）道（之）中」之信，才有修證一等的正傳佛法。從堅持此「信」的道元禪看來，慧能以來的所謂「見性禪」強調大疑大悟、小疑小悟而失去本證妙修的信念，實有誤入歧途之嫌，毫不可取。見性待悟的見性禪與本證妙修的道元禪的對立，也可以說是修證法門之中的始覺門立場（修證兩橛觀）與本覺門立場（修證一等觀）的根本殊異。這是了解道元禪學的獨特性之一大關鍵所在。

本覺門的道元禪與始覺門的見性禪之根本殊異，也可以說是「現成公案」與「公案現成」的分別所在。前者所顯現的是諸佛的莊嚴世界、「莫圖作佛」的不染汚行持道環世界，後者所反映的則是凡夫衆生的世界、「圖作佛」的世界，亦卽本覺而不斷修證的世界與始覺而見性待悟的世界之對立。信受前者的禪者自覺於法界或盡十方界，無始以來卽是現成公案，迷中又迷也好，悟上得悟也好，均是現成公案，因此「得一法修一法，遇一行修一行」，無限地修證，不斷地行佛，而毫不染污，決不刻意要去作佛成佛，實有別於專靠明心見性、公案問答之類的死工夫。也就是說，「公案現成」的公案禪，亦如見性禪，都不過是葛藤之上再加葛藤而已，遠遠不及「祇管打坐（修）卽身心脫落（證）」的現成公案。

站在本覺門的現成公案、修證一等立場，道元也批評了潙山靈祐所倡「大悟爲則」的修行功夫，因爲此套功夫其實祇是「待悟爲則」，不及本覺門的莫圖作佛、未待大悟。道元說道：「諸宗坐禪，待悟爲則，譬如假船筏而度海，將謂度海而可抛船矣。吾佛祖坐禪則不然，是乃（修證一等之）佛行也」(《永平廣錄》卷八)。道元從不言說「轉凡入聖」或「轉迷開悟」，蓋因空白了卽今卽處的當下而期大悟於後日的禪功，未免愚笨之故。依照待悟爲則的修證兩橛觀，大悟之後坐禪修行卽無用處；雖有悟後修行之說，由於分別悟前修行與悟後修行，難免不夠徹底，未能深透修行（卽證悟）的眞諦。此類修證兩橛觀未免要求修行而後的證果太切，頗有墮爲一種宗教功利主義之嫌，因此所謂「大悟（或待悟）爲則」祇不過是暫時之技倆而已。相比之下，正傳佛法意味的佛祖大道倡導無所得、無所悟的「佛行佛之未休」，卽是證上之修，毋需「待悟」，亦非悟後修行。

見性待悟之禪亦是看話禪，故云見性禪、待悟禪、看話禪或公案禪，皆取修證兩橛觀，從道元看來，非屬修證一等的正傳佛法。道元雖否定了公案禪、看話禪，他卻未曾否定公案本身。事實上，道元自己的《永平頌古》九十則，三百則，以及《正法眼藏》、《永平廣錄》所拈提的許多公案，十分證明他對公案的重視，承認其存在價值。不過，道元採用公案的旨趣是在，借來體認修證一等的正法禪，而不是爲了標榜公案禪、看話禪。對道元來說，祇管打坐卽身心脫落的坐禪，不是借助於公案而顯其意義，相反地，公案本身是從坐禪產生，蓋因公案也者卽不外是修證一等意味的「現成公案」之故。

第五，道元正傳佛法的一個要點是，無師獨悟的否定，亦卽參師聞法與面授面稟的不可或缺。他根據自己與如淨和尚的師生感應道交體驗，極力強調尋得正師親自指導坐禪的必要性。道元雖未全然反對自證自悟（開創佛教傳統的釋迦牟尼豈非如此），但他深怕自證自悟完全被曲解之爲無師獨悟，如此產生刻意排除參師聞法與面授面稟的修行偏差。

道元於〈面授〉篇特別強調師生之間面授面稟的必要性，說:「釋迦牟尼佛附囑面授迦葉尊者，曰:『吾有正法眼藏，附囑摩訶迦葉』。嵩山會上菩提達摩尊者正示二祖，曰:『汝得吾髓』。……大凡佛祖大道，唯是面授面受，受面授面而已。更無剩法，無虧闕。得遇此面授(機緣之)自己面目，應隨喜歡喜，信受奉行也。」我們從道元堅持「尋得正師面授面稟」爲正傳佛法的必需條件這一點，不難窺知，道元禪學具有固守傳統與突破傳統的兩面性，「尋得正師面授面稟」代表固守傳統、極端保守的一面，而否定宗名宗派、本覺門的修證一等論等等則反映了突破傳統、開明激進的另一面。道元自己固然三生有幸，遇到一代正師如淨和尚，有其「身心脫落，脫落身心」的親身體驗，但他過度強調參師聞法、面授面稟爲構成正傳佛法的一大要素之餘，不願承認無師自悟的意義，未免頑固而不通情理。釋迦牟尼豈不是在六年苦行期間，也拜過幾位師父而毫無效果之後，通過自己不苦不樂的中道實踐而無師獨悟，亦卽自證自悟的嗎？道元有否想過，修證一等的現成公案乃屬勝義諦，而所謂「尋得正師、面授面稟」則屬世俗諦層次的人間機緣，常常可望而不可求的呢？他有甚麼勝義諦的理由，把自己的幸運機緣普遍化到當做正傳佛法的規定之一呢？

第六，道元也批判了一般宋代禪師所偏重的胸襟無事，還源返本，息慮凝寂之類的「休歇禪」功夫，說道：「近年凡愚之輩杜撰曰，『功夫坐禪，得胸襟無事了，便是平穩地也』。此一見解尙不及小乘學者……見在大宋國恁麼工夫人甚多，祖道之荒蕪實可悲也」（〈坐禪箴〉）。從道元禪學的觀點予以檢視，休歇禪刻意要求息慮、凝寂、休歇、無事等等，雖有拂拭染汚心之後獲致自性淸淨心的功效，卻易墮於昏沈之域，有欠大機大用的積極能動性，且不說此類刻意的要求未免割斷修行與證悟，遠遠不及唯佛與佛不斷修證的諸佛自受用三昧境界，仍未脫離轉凡入聖的衆生界理想，故非屬於正傳佛法。

第七，宋代禪者之中又有標榜「不立文字」之餘，刻意要求密語密傳、無理會話的禪修功夫，也被道元極力批判。對於道元來說，密語卽是親密之語，二者相對的親密卽使存在，難保維繫長久，亦有破裂的可能。道元認爲，萬事萬物、森羅萬象的自道取（卽自體道出的眞理眞諦之聲，有如莊子所云天籟）遠較所謂密語密傳更有彰顯諸法眞實相狀的深意，乃是在萬人之前顯現的眞實話語。雲竇智鑑有禪偈云：「世尊有密語，迦葉不覆藏」，然後又接著唱道：「一夜落花雨，滿城流水香」，此後二句正說明了，密語也者決非祕密之語，而是天地萬物原本如此之聲。道元在〈密語〉篇說：「不聞正師訓教之輩……亂云，『世尊有密語卽是靈山百萬衆前拈花瞬目之謂，是故有言之佛說未免淺薄，局限於名相。無言說而拈花瞬目，此乃密語施設之時節也，百萬之眾不得領覽也。……然若以世尊之有言爲淺薄，拈花瞬目亦是淺薄』。若以世尊之有言爲名相，則非學佛法之漢。此輩祇知有言屬於名相，卻未曾了知世尊原無名相（與不名相之分別）。」

至於所謂「無理會話」，意謂理會不到、知解不及之語，如雲門禪師的「東山水上行」、芙蓉禪師的「青山常蓮步」，乃至黃檗禪師的行棒或臨濟的棒喝等等，都可包括。問題是在，一般宋代禪者毫不了解此類「無理會話」其實表現了一流禪師的各自體驗，顯爲弔詭的指點而已，卻過度強調了「無理會話」的反邏輯、反思慮、反知解這片面性，玩弄奇文怪行，完全破壞了「無理會話」的原先弔詭深意。

第八，道元也同時批判了臨濟的四料簡、四照用，雲門的三句，洞山的三路、五位等等宋代禪之中，較具代表性的所謂「機關禪」。道元認爲，機關禪雖於大悟見性的禪宗功夫有其便宜之處，然從本證妙修的正法禪看來，頗有教相化、公式化甚至墮成戲論的危險，決比不上功夫卽本體、本體卽功夫的修證一等端坐參禪法門。

第九，宋代禪宗亦有禪淨雙修之說的流行。道元生平對此不及一言，不過從他執守自力聖道門而極力抨擊他力淨土門（如淨土宗的正法、像法、末法的三時說，往生淨土之說，阿彌陀佛願力之說等等）的一點去看，禪淨雙修由於混淆禪淨二宗，當然要比道元所批判過的種種宋代禪宗派宗風，更加違背他所理解的正傳佛法了。

第十，關於出家成佛抑或在家成佛的問題，一般宋代禪者採取出家在家無別說。道元也站在出家至上主義立場極力批判此說，認為不但混淆了宗教實踐與世間生活，更有迷於世俗名利之嫌。道元幼少時期目睹天台山寺的泰半僧侶，爲名利所誘而墮到表面出家、內心在家的虛僞狀態。此類虛僞現象自然影響了他的思路，到了晚年建立永平寺時，完全拋棄自宋回日之後留京時期的開放態度，主張毫不妥協的出家至上主義，要求「捨」的學道，讚美出家修道的殊勝性、優越性。道元所了解的出家，不是表面上的職業性出家，而是名副其實的身心拋下，爲法捨身，道道地地出離家庭與社會，拋卻一切世間名利，割斷一切人間執著。道元稱此出家生活爲「正業」，正業道支原是佛教道諦的八正道之一支，意謂最正當的生活方式。道元《正法眼藏》八十七卷本的最後十二卷，始於〈出家功德〉篇，終於〈八大人覺〉篇，便是道元出家至上主義的代表性作品，也是他晚年對於正傳佛法所下的定論。我在第三章（《正法眼藏》名篇選析）未提這十二卷，因爲此十二卷所強調的是出家至上主義，並未繼續發揮〈現成公案〉、〈佛性〉、〈有時〉等名篇所能看到的，道元禪學的深意眞諦，故不必多所論介。不過我在本章將另闢一節，討論道元的出家至上主義。

關於道元依本覺門而建立的修證一等論或本證妙修論，我已多次討論，在此不必重複。不過還有兩點値得提出。第一點是，未滿十五歲的道元對於天台本覺論（人人本已悟覺佛性，不待修行）表示懷疑。十年之後道元有緣拜見天童如淨爲正師，經由如淨親自指點，終於解開了少年道元的多年疑惑，由是建立修證一等的正法禪，這是天台本覺論的一大突破，也提供了解消環繞著《起信論》詮釋問題而引起的天台、華嚴之尖銳對立，以及天台山家、山外兩派思想爭論的一個重要思維線索，功不可沒。以中國華嚴思想研究著稱的鎌田茂雄教授曾說，道元禪學雖源於天台（本覺）思想，但就其「海印三昧」的說法，毋寧接近華嚴思想云云。其實，道元修證一等的正傳佛法，不但跳過禪宗各派的對立，也完全超越了台嚴之爭。道元自信他所推出的正傳佛法是獨一無二的正統說法，最能顯出佛教的本質。道元以後的佛教思想家們實不得不承認，道元所云修證一等的正傳佛法，對於大小乘各種宗派構成一種強有力的衝擊挑戰，逼迫他們重新思考有關佛教本質的深層問題或課題。

第二點涉及一個問題：道元的修證思想是完全自創而有別於中國禪，或不過是如淨修證思想的移植而非正式的日本禪？對此問題，日本學者之間議論紛紛，莫衷一是。著名歷史學者家永三郎在他的《中世佛教思想史研究》（一九四七年法藏館）認爲，「道元的宗教是自本來國民的地盤游離出來的大陸佛教之機械的移植」(第六十一頁)。他的論據是，「《正法眼藏》以下所見到的重要思想的多數，幾乎都可以在《寶慶記》所見如淨教訓之中，原原本本可以找到的此一事實」（第五十三頁）。道元研究專家鏡島元隆著有《天童如淨禪師研究》，又對《如淨語錄》作過嚴密的譯注、解讀。他認爲，通過道元所能看到的如淨像，與通過《如淨語錄》所看到的如淨像完全不同。他的結論是，道元自己確信很忠實地傳承天童如淨的正法禪，但實際上卻反其有意識地標榜乃師正法禪的態度，依本身的理路開展選擇了獨特的教法。家永與鏡島分別代表了如淨修證思想傳承說與道元修證思想獨創說，主張後者的學者爲數較多，包括中村元、高崎直道等著名佛教學者。

中國學者何燕生在平成四年（一九九二）印度學宗教學會發

表了一篇〈道元における修証思想の一考察〉，重新比較如淨與道元的修證思想，認爲中村、高崎、鏡島等幾位強調道元獨創說之餘，難免忽視了禪宗所最重視的師資相承這一點。何氏認爲，「祇管打坐」、「身心脫落」、「不染汚的修證」等等皆來自如淨，而道元對於無師獨悟的批判，也正顯示道元很忠實地傳承如淨的修證思想，不過天分足以匹敵眞言宗開創者空海的道元，並不是機械化地移植乃師思想，而是以古代和文的弔詭性語言，建構成爲較有體系的思想，且表達了自己所體驗的佛法世界。大體上說，何氏有意折衷傳承說與獨創說，但就修證思想（而非語言表現）言，似乎偏重傳承說，不太了解道元在〈現成公案〉、〈有時〉、〈佛性〉等篇所開展的獨特禪學哲理。基本上我最支持鏡島元隆的說法，即是強調道元禪學是天台本覺門的突破或進一步開展。道元那本覺門的修證一等論決不是抄襲乃師如淨的正法禪，或任何中國禪、中國大乘佛學而有的，因爲中國禪或整個中國佛教所倡導的，畢竟祇停留在始覺門的修證兩橛觀，於此可以窺見中日佛教根本殊異之一斑。道元禪學確實獨樹一格，哲理上跳過如淨和尙的修證思想，終成對於日本禪學的未來發展不可或缺的理論奠基或本源，直至今日。

（二）「有時」現成論——傳統緣起論的突破

我在第三章已詳解了道元的〈現成公案〉篇與〈有時〉篇。「現成公案」意謂「永遠現成（當下即時成就著）的一切法，即是萬事萬物公公平平地安住於各自本分法位的佛法眞諦」。簡單地說，現成公案即是「祇管打坐（修）、身心脫落（證）」的另一表達，於此修證一等的如如境界，不但禪者的身心脫落，萬法亦同時「脫落」，彰顯眞實性相。「有時」意謂每一刹那瞬間的「時」與每一事物事相的「有」相卽現成，亦卽（本體論或存在論意義的）諸法實相（「有」）與（宇宙論意義的）緣起緣生之所謂「生滅無常」（「時」）相卽不二地一體現成。在不染汚的行佛境界，每一刹那時刻（「時」）、每一事物事相（「有」）皆彰顯（卽被體驗體認）之爲「有卽時・時卽有」的現成公案。如此，每一事物事相的生住壞滅皆是「有時之而今」現成，而每一個人（從釋迦到凡夫）的出生、成長、衰老、死亡等生命歷程的每一「有時」，亦是價値意義同等一如而無有上下高低可言的現成公案。

道元的「有時」現成論批判地徹底解消並超克了傳統大小乘教義之中，生死輪廻與涅槃解脫之別，緣起論與實相論之爭，始覺門與本覺門的對立，修行與證悟的分辨，永恆與現在的隔裂等等一切二元對立或分別，在修證一等的現成公案境界完全平等化了萬事萬物或一切法，統統弔詭地展現成爲「有時之而今」現成。自《般若經》與龍樹空宗所建立的「一切法空」說以後，恐怕沒有一個大乘佛學理論能像道元「有時」現成論那麼徹底地破除幾乎所有佛教教義（包括禪宗「教外別傳」、「明心見性」之類）的葛藤。如與「一切法空」論相比較，「有時」現成論又有殊勝之處：前者破而不立，或以破爲立，「破邪」有餘，「顯正」不足；後者一開始卽立修證一等的正傳佛法，立中藏破，卽同時破除上述一切二元對立或分別。如說「一切法空」論的根本立場是，如吉藏所說「破邪（卽）顯正」，「有時」現成論所展現的思維形式則是「顯正（卽）破邪」。

尤有進者，道元以前的大小乘佛教理論，對於時間問題不是規避，就是處理不夠精當，遑論解決。譬如小乘佛教的三世兩重因果論與唯識法相宗的兩世一重因果論，都事先假定了時間的過現未單向流逝觀爲絕對不可移的眞理，此類世俗諦層次的時間觀多半祇會助長凡夫對於現世的執著，且不說由於分割了生死輪廻（現實）與涅槃解脫（理想），又有厭離眼前的現實人生而追求遙遠的理想境地之嫌。

然而空宗的一切法空論又如何呢？龍樹破除小乘因果論而建立了二諦中道，如此深化了《般若經》的一切法空眞諦，但也未能正面提出解決時間問題的探索理路，祇是擱置不論罷了。天台宗的基本教義，如一念三千、一心三觀、圓融三諦等等，都關涉到實相論，涉及時間問題的緣起論不被重視。雖說湛然開始引進《起信論》的如來藏緣起論，但始終無法與天台實相論融合，到了四明知禮的山家派，乾脆排除山外派傾向如來藏緣起論的說法於天台正統之外。也就是說，自智顗以來天台宗的理論（乃至修行實踐）從未正面處理過時間問題。至於華嚴宗，雖在表面上承繼了《起信論》的如來藏緣起思想，進而開展法界緣起論或性起論，表面上看似乎重視時間問題，但從四法界觀的「事事圓融無礙」、六相、十玄門等等教義的形成，亦有解消緣起論於實相論（或海印三昧論）之嫌。

在所有大小乘各宗之中，淨土宗可以算是最能正視時間問題的宗派，但此宗所標出的正法、像法、末法三時說難免帶有他力救濟本位的價值判斷，以正法時期爲優美殊勝，末法時期（卽淨土宗所理解的當前現世）爲惡劣腐敗，故有厭離現世穢土、欣求淨土的逃避主義之嫌。至於道元以前的中國禪宗，雖能重視日常現實，但充其量也不過倡導（馬祖道一所云）「平常心是道」或（雲門文偃所云）「日日是好日」而已，未能對於「平常」、「日日」等等進行一種禪宗時間論的哲理深化，令人歎惜。

我們如此回顧考察道元以前的佛教緣起論或時間論發展軌跡，才能看出時間論是佛教思想理論之中最爲脆弱的一環，也才能看出道元「有時」現成論的哲理深度與思想貢獻，在佛教思想史上有其永垂不朽的地位，値得大書特書。

道元的「有時」現成論不但批判地超克了所有大小乘緣起論或時間論，對於西方哲學的、神學的或科學的時間論也構成極大思想衝擊。如同東方，在西方思想史上時間也一直是不可思議的永久之謎；不同於東方的是，西方自古希臘時代卽對時間問題表示關切，時間經常成爲無數詩人、作家、哲學家、神學家以及科學家探索的對象，可以說是西方思想最重要的探討課題之一。譬如聖奧古斯丁（St. Augustine）在他的《懺悔錄》對於時間之謎頗有感嘆地說：「時間究竟是甚麼？如果無人問我，我就知道；當我想對發問的人說明，我反而不知道。」莎士比亞在他的十四行詩第六十四首的一段唱道：「廢墟之前，我做沈思；不久『時』來，帶走我愛；此一著想，有如死亡；遲早失愛，惟有悲歎。」愛倫坡（Edgar Allan Poe）則說：「科學呀！你眞是『已老的時間』之女。」時間祇從過去到未來單向流逝的通常看法，徒增我們人類的無常感，法國作家普魯斯特（Marcel Proust）的自傳體小說《尋求已失去的時間》，正如書名所示，就表現了作者的感傷，感到我們能有的，祇是短暫有限的時間，往昔一切不再回來。時間毫不留情地流逝過去，因此更要珍惜每一瞬間。正因時間令人感到如此無奈，生命的神祕更顯得富於深意。時間不再回來的觀念，因死亡的現象而更加強。英國小說家威爾斯（H. G. Wells）著有《時間機器》，以幻想的形式描敍一種「時間機器」的發明，使男主角能向過去與未來兩個方向自由旅行，此類幻想雖滿足了我們的渴望心理，卻未眞正解答時間之謎。

除了時間單向流逝觀的通常共識之外，在世界某些時地的文化（尤其古代文化）也產生過時間週期性循環的看法。原始社會的人類由於經常目睹潮汐、季節推移、夏至與多至、天體的週期運動等等自然現象，而認爲時間的本質是在自然的固有週期性律動。中美洲一度興盛（但又很神祕地消失不見）的瑪雅（Maya）文化，也形成過兩百六十年卽循環一次的歷史週期循環觀。古希臘的哲學宇宙觀也多取時間週期說，譬如亞理斯多德的《自然學》中就說：「自然界運動著的一切事物具有週期，來而又去。這是由於一切事物因時間而有區分，似有週期般的終而又始之故。時間本身也被看成週期性的循環過程。」第四世紀希臘的一位教主也說過:「蘇格拉底、柏拉圖還有其他人，都會與他們的友朋同志，再度生還。他們都會有同樣的體驗、同樣的活動。一切市鎭村莊田園都會回到原狀。宇宙的復活並非限於一次，而是永遠無限次地繼續下去。」此一「永遠復活」的概念居然也在近代數學的「彭迦勒（Poincare）循環」論再度出現。已故著名宗教人類學家埃里亞德（Eliade）在他的《永刼回歸的神話》中主張，不論在那一時代，泰半人類容易執著於時間週期性循環的舒適，於此過去卽是未來，眞實的「歷史」並不存在，人人享受復活與再生。他說:「古代人類雖生活在流逝的時間之中……，卻未留下有關時間不可逆性(卽單向流逝性)的紀錄。也就是說，在他們關於時間的意識之中，完全漠視具有特徵的決定性格。」中國的道家由於強調自然無為的天道觀，基本上也採取萬事萬物依照週期性規律循環變化的看法。

在西方文化之中，正式確立直線而不可逆的時間單向流逝觀的，首推猶太教、耶教這單一神論宗教傳統，打破了無限循環、永劫回歸的古老觀念。譬如耶穌基督的誕生與十字架上的死難是一回性的歷史事件，不可能重覆。通過此一耶教信念，整個西方文明逐漸接受了自過去流向未來的直線式時間觀。不可逆的「時間之矢」(the arrow of time) 概念對於整個西方思想傳統帶來極其深遠的影響。達爾文的進化論、考古學、發展心理學等等科學理論，都不得不假定單向流逝的「時間之矢」概念。在我們的日常生活，我們也不得不接受此一通俗的單向流逝觀。事實上，自古以來種種發明過的計時器，包括今日的鐘錶，充分證示我們如果沒有建立共識，採取單向流逝的「時間之矢」概念，根本就無法溝通交流、進行種種必需的日常操作乃至起碼的生存。

但是，如果跳過常識的時間單向流逝觀，直接探索時間的本質究竟是甚麼，我們就面臨到眞理或道理上的難題。事實上，自古至今大大小小的時間理論層出不窮，到目前為止我們還找不到有關時間之謎的終局答案。舉例來說，牛頓曾以抽掉時間（以及空間）之內的一切，而標出所謂「絕對時間（以及絕對空間）」的純抽象概念，做為近代物理學、天文學研究所需要的預設概念，但到後來經由德國哲學家康德的「先驗的觀念論」考察，終被淘汰，康德本人則將時間(以及空間)看成經驗直觀的主觀形式條件。

到了現代，愛因斯坦的相對論把時間當做第四向度的空間，化除了牛頓以來的時間獨立存在看法。而相對論之後的量子論學說，根據不確定原理完全推翻了相對論的「時間即第四空間向度」觀。新近科學理論，如「混沌」(chaos) 說、「黑洞」(black hole) 說、「大爆發」(big bang) 說或「虛時間」說等等，愈說愈玄，還不可能有泰半科學家共識共守的時間論「典範」(paradigm) 可言，恐怕到下一世紀也難於完全解開時間之謎。不過，據寇維尼 (Peter Coveney) 與海費爾 (Roger Highfield) 合著的《時間之矢》(*The Arrow of Time*, 1990年倫敦出版)，考察了近現代種種科學的時間論之後，認爲「時間之矢」概念仍是主流概念，很難攻破或排除不用。我們也都知道，「時間之矢」卽單向流逝觀乃是我們泰半人類的日常通識，毫不可缺。雖然我們會在夢中，科幻小說中，或在其他種種幻想之中尋求有別於「時間之矢」的異常時間，畢竟在正常的現實生活當中，單向流逝觀不得不說是我們的常識「典範」。卽使相信輪廻轉生的佛教徒（或印度教徒），也常以六道輪廻（天、人、阿修羅、畜生、餓鬼、地獄）的造業論解釋輪廻現象，多半也不得不採取（小乘佛教三重兩世因果論或唯識法相宗兩重一世因果論之類的）時間單向流逝觀，並非單純的時間週期性循環變化而已。我在第三章〈有時〉篇已討論過，道元的「有時」現成論所要破除的，就是我們泰半人類所執守的時間單向流逝觀。

道元之前的大乘佛教思想家，也曾有過破除此一通俗時間觀的嘗試，然與道元的「有時」論相比，不及它的哲理深度與說服力。關於道元的「有時」論或時間論的精要，我在第三章的討論已夠詳細，不必於此再次贅述。我在這裡祇想提示一下，「有時」現成論所具有的勝義眞諦意味的哲理深度以及說服力的理據。

我在敝校天普大學宗教學研究所，多年來開過好幾門有關大乘佛學與禪宗的博士班討論課，每每談及雲門禪師的「日日是好日」層層深化之爲道元「有時」現成論的其中哲理奧妙之時，常舉下面一個比喩予以說明。假定我班上有位男生很喜歡同班一位女生，下課之後邀請女生當天晚上到費城郊外一家大飯店的酒吧喝酒談天。女生答應下午八點鐘準時趕到。男生早到酒吧，望眼欲穿地等她，但她居然違約，等到十點鐘仍未出現。從八點鐘到十點鐘的兩小時，對男生來說，等於五小時以上的心理時間，焦燥、無奈、埋怨、憤怒等等充塡了心膺，構成佛教所說的「一切皆苦」。但在十點鐘這位男生忽然憶起傅老師早上上課時，所討論到的道元「有時」現成論，強調「生死卽涅槃」的眞諦深意，在道元的「有時」世界裡，不論是「生」的一刻，「死」的一刻或「涅槃」的一刻，所有時點（不論以日、時、分、秒乃至刹那算計）皆是「有卽時・時卽有」的現成公案之彰顯。也就是說，一切時點皆顯絕對不二的本身之美，一律平等無別，永恆與各別時點交叉甚至融合之爲「有時」，亦卽「永恆的現在」，如果有所謂「涅槃」，也不必是完全從生死輪廻、變化無常的世界解脫而有的境地或法界，也不必是此生經過禪坐或其他修行而後證悟而有的心境。不論我們是凡夫還是菩薩，或已成佛，大千世界的一切「有」與一切「時」皆無分別對立，皆是絕對不二的「有時」現成，並不因爲我們心境如何而有所改變。祇因我們自找麻煩，製造種種不必要的二元分別或對立（如善惡、美醜、生死、戰爭與和平、自然與人爲、生死與涅槃、現在與永恆等等），陷於自造自縛的矛盾葛藤而不能自拔，才會產生種種心理糾結，一切「有時」才隱而不顯。一念之差，決定了「有時」是否現成，本來一切就是如此而已。

這位頗有聰慧的男生一想到此，頓然悟到，自以爲浪費了的兩小時，其實其中各個時點皆是「有時」現成，皆是永恆的現在。了解乎此，這位男生就開始叫酒點菜，自我享樂到中夜，那兩小時的種種焦燥、無奈、埋怨，甚至憤怒，頓時雲散煙消，好不快活。這位男生也憶起了，課上傅老師對於道元所以在哲理上必須站在最勝義諦層次，以「有時」現成論解消過去→現在→未來的單向「時間之矢」，所作的討論，也就同時解悟到，爲甚麼傅老師要說他的禪宗辭典找不到（時間的）浪費、埋怨、後悔等等字眼。

我雖根據《華嚴經》的名言「心、佛及眾生，是三無差別」，剛在上面說過，「不論我們是凡夫，還是菩薩，或已成佛，大千世界一切的『有』與一切『時』皆無分別對立，皆是絕對不二的『有時』現成，並不因爲我們心境如何而有所改變」。但是，我在這裡不得不澄清，道元的原意並非如此。他並不是像中觀、天台、華嚴等大乘佛學的大師們那樣，在最勝義諦層次預先假定，完全超越一切主客對立的不可思議法界如如，而後才去修證一等地體認，法界如如在時間上自我顯現而有的「有時之而今」現成公案。他毋寧是站在修證一等的不染汚行佛立場，很有自信地建立本覺門的絕對不二主體性之後，才開展「有時」現成的最勝義境界出來的。就這一點說，能使「心、佛及眾生，是三無差別」顯出眞實意義的，乃不外是禪者莫圖作佛的坐彈修行的「有時」，亦即佛以坐禪人姿態不斷修行的「有時」。因此，我上面的比喻恐怕還得提高一層予以修正，要逼那位男生體驗到修證一等的不斷行佛程度才行。道元從修證一等的正傳佛法開展出「有時之而今」現成公案的哲理深度與理解之困難即在於此。從道元此一觀點去看《華嚴經》那句名言，恐怕需要解成：「本覺地不斷行佛，即是諸佛自然現成之爲眾生之佛心佛性，故是三無差別，皆是『有時之而今』現成。」

問題是在：既是如此，道元撰成〈現成公案〉、〈有時〉二篇之後，爲何又在〈佛性〉篇強調，「無常(卽)佛性」、「悉有（卽）佛性」呢？究竟是修證一等的禪者不染汚地行佛之時（「有時」），佛性就現成之於「無常」或「悉有」的呢？還是佛性永遠不停地現成之於「無常」或「悉有」而爲「有時」，因此也在修證一等的禪者身心坐禪修行之時，諸佛通過此一身心顯其不斷修行的實例呢？究竟是鷄（諸佛或佛性）生蛋（禪者的不染汚行佛），還是蛋生鷄呢？還是鷄與蛋同時產生的呢？對此棘手問題，我在下一節另行討論。

如以二諦中道原理予以說明，則可以說，道元的「有時」現成論與他所極力批判的單向「時間之矢」通俗看法原無理論上的直接衝突或對立可言，蓋前者屬於（最）勝義諦，後者則屬世俗諦而層次不同之故。世俗諦並非純然虛妄，雖然傳統佛教（由於印度式否定語氣的影響）動輒使用「邪」或「虛妄」等辭貶低世俗諦，如吉藏的「破邪（卽）顯正」之類。但是，世俗諦畢竟仍是一種「諦」，亦卽一種眞理或道理，包括世俗人間的常識觀點、科學眞理等等，不得隨便排除。道元本人何嘗不知過現未的單向流逝觀是我們日常生活裡不得不共守(約定俗成)的社會性時間，有其實效的功能。但在（最）勝義諦層次，爲了傳統大乘佛學所倡「生死卽涅槃」的理論與實踐雙重突破，而標出自己獨特的修證一等的正傳佛法，必須徹底超越一切大小乘的時間論，建立「有時」現成論，如此給予正傳佛法的哲理性深化。表面上，道元雖然推翻不了人人接受的時間單向流逝觀，深一層地看，本覺門的絕對不二主體性的挺立足以支持「有時」現成論的終極眞實性。

當然，如果沒有修證一等的禪者本人絕對不二主體性的挺立，所謂「有時之而今」現成(佛性現前)就變成戲論或空談了。此一主體性既指修證一等的坐禪所顯現的「無常佛性」或「悉有佛性」，「有時」與「佛性」就構成了一體兩面、相卽不二的關係。

(三) 無常佛性論——傳統佛性論的突破

道元所創「無常佛性論」，亦稱「悉有佛性論」，又稱「時節佛性論」，算是哲理上與修行實踐上徹底突破傳統佛性論的，道元禪學之中最有原創性的理論之一。我們已從道元的〈佛性〉篇以及我所附加的詮釋，窺知無常佛性論的大體，但對此論想要得到深一層的現代理解，還得進一步考察此論所引發或衍生的一些哲理性問題，譬如上節所提示的「究竟是鷄（諸佛或佛性）生蛋（禪者的不染汚行佛)，還是蛋生鷄？」這個弔詭難題。

我們已經知道，道元禪學的起點是在包括天台本覺論在內的傳統佛性論的突破。傳統佛性論預先假定「(成）佛種（子)」、「(永恆）佛性」、「心眞如」、「(常住）自性清淨心」乃至「本覺（眾生本來覺有佛性)」等等絕對常住、永恆不變的心性，實有游離佛教「無我」(anātman) 之旨而墮入外道之險。道元年少之時不但發現此一問題，更對天台本覺論分別本覺與始覺而引發的修證兩橛觀難題產生疑問，故而留學大宋，有緣拜天童如淨爲正師，終獲修證一等的禪學答案，徹底解決了傳統佛性論（尤其天台本覺論）的內在難題。但站在創造的詮釋學立場重新探索無常佛性論的哲理深度，我們還得考察從不同觀點或角度理解此論本質的種種可能性，以及推演出此論深層義理而批判地超越此論的可能性。

專攻道元禪學的日本佛教學者泰半採取本覺門的修證一等論觀點，去理解道元的無常佛性論。到某一個程度我也接受此一理解方式。未滿十五歲的道元發問：「涉獵經論自有疑（惑），謂顯、密二教共談『本來本法性，天然自性身』。若如此，則三世諸佛依甚更發心求菩提耶？」日後受了天童如淨的親自指導而建立修證一等論見地的道元的解答是，「眾生本來覺有佛性」或「一切眾生悉有佛性」如與實際修行功夫脫節，則空談無益，且不說有違「無我」或「一切法空」的佛教根本立場。我在本書詮釋〈佛性〉篇時說過，「道元的意思是說：包括眾生在內的一切存在即不外是佛性當下現成的『有時』；悉有的現前存在（樣相）與佛性的現成不斷，乃是同一件事，同樣彰顯『有時之而今』現成公案。」（第一三六頁）我又接著解釋說：「日日二十四小時不空過的修行歷程之中，每一時節即是『有時』，即不外是『時節（即）佛性』，亦即六祖慧能所云『無常（即）佛性』。不是預先假定抽象的『佛性』（眾生的潛在本性），且依凡夫的時間前後流逝觀，去刻意坐禪修行，然後才有所謂『佛性』現前，而是在任何時節因緣的修行，即有佛性之當下現成。時節因緣（說法、觀行、修證、坐忘等等的『有時』）與佛性現前同『時』同『有』，並無前後之別，主客之分。『時節（即）佛性』、『悉有（即）佛性』等語，可以說是『有時之而今』或『修證一等的現成公案』的另一種表達，所要表達的眞諦則同一無別。」（第一三九頁）

也就是說，修證一等的「無常佛性」、「悉有佛性」（此佛性強調「有時」之「有」）或「時節佛性」（此佛性則強調「有時」之「時」），與「有時之而今」現成表達同一眞諦，亦即禪者修行

（即證悟）的「有時」，即是佛性當下現前現成的「有時」，兩者乃是同一回事。如此說來，道元的修證一等論何必帶有本覺門的特徵？何不站在始覺（修）與本覺（證）平等無二的立場，完全捨離本覺門？日本佛教學者如鏡島元隆等人所以規定道元禪學仍屬本覺門，其中一個主要理由是，包括道元禪學在內的日本大乘佛教不論是理論或實踐，皆無例外採取本覺門立場，實有別於理論上已大大偏向本覺門而實踐上（如戒律）仍取始覺門的中國大乘佛教。前者的本覺門可以發展到道元禪學的修證一等論，後者由於本覺門的理論與始覺門的實踐之間的內在矛盾，無法克服修證兩橛觀而獲致修證一等的結論。我在本書所以跟從日本學者而暫說道元的佛性論是本覺門的修證一等論，也是根據一般日本學者的上述說法。但是，道元佛性論的問題並不那麼簡單，這也涉及道元本人有關佛性的弔詭表達方式。

譬如〈辦道話〉的開頭便說:「佛佛相傳，不走旁門左道，即不外是自受用三昧，為其標準。此三昧之遊化，乃以端坐參禪為正門。此法雖在人人分上本來具有，如不修行則未能顯現，如不實證亦不可得。」如就字面上看，道元講說佛佛所傳自受用三昧的「此法」乃是「人人分上本來具有」一句，容易構成本覺門的修證一等論文本根據，認為「此(佛性之)法」本來具足於人人，但如不修行、實證則不能顯現亦不可得。然而在道元的心目中，佛性與法性或諸法(即)實相又常顯同義，道元在〈佛性〉篇就說過，「見山河（大地）即見佛性（海）也，見佛性即見驢腮馬嘴（任何存在）也。」依此佛性與法性同一無二的了解，實可以說不變而普遍的「悉有」與禪者同時修證，同時現成，但此所謂「悉有」（或法性、諸法實相）並非獨立於諸法或萬事萬物的實在，卻於個別事物顯有無常、變化之相。或不如說，除了個別事物或諸法「有時」地現成之外，別無所謂「悉有」或「法界」，亦無所謂「佛性」或「如來」可言。「佛性」也者，即是「悉有」之「一悉」，亦即「悉有佛性」或「無常佛性」。因此，上述「人人分上本來具有」之語雖易於引起本覺門意味的誤解，卻不可能支持「本有佛性」的說法。總之，道元佛性論的表面結構似乎是本覺門的修證一等論，就其深層結構言，應該看成無有本覺與始覺對立而佛性與法性相即不二的修證一等論，於此境界才能體認禪者與萬事萬物同時修證、「佛性」亦同時現前的「有時」現成意義。

問題是在：道元所說的「佛性」既無傳統佛性論乃至本覺門的心性論涵義，而在實相論上又與法性、法界、諸法（即）實相意謂相同，則在道元禪學如果不用「佛性」一辭，是否毫不損及修證一等論的本質？我們在道元著述之中無法找到此一問題的直接回答。我認為，道元的修證一等論，如就心性論（metapsychology or the ory of mind/nature）與實相論(ontology)言，是毋需「佛性」的，使不使用此辭毫不影響修證一等論的旨趣；祇有在「實存主體」（existential subjectivity）論上道元所云「佛性」才能眞正顯其深意出來。

我在本書詮釋〈佛性〉篇時已稍暗示過，「道元自己的佛性論基本立場，可用本篇中的名句『盡界一切無客塵，直下更無第二人』予以表達，也就是當代日本禪師久松眞一所說的『絕對主體性』（『絕對』意謂斷絕對立的不二，而非對立於相對的『絕對』）。此一名句可以說是道元為了從修證一等的禪學觀點，重新解釋釋迦那句『天上天下，唯我獨尊』而自創出來的禪語。釋迦的『我』當然不是個體生命所局限著的我，而是絕對（不二）主體性意義的無我之『我』，或即久松眞一所說的『無相的自已』(the formless self)。」（第一三三頁）也就是說，所謂「佛性」現前即不外是修證一等的絕對主體性或「無相的自已」本身之自我挺立，於此主體性挺立的境界，萬事萬物與我同修同證，「有時」地現成，是否形容之爲「佛性」現前毫不重要，蓋因未曾預設「佛性」之常恆存在，亦無本覺與始覺的分別對立之故。既然如此，我們是否更可以進一步說，「祇管打坐」即是不斷修行，而不必談修證一等的行「佛」，更不必談及「佛性」？我們難道不能祇管勤行菩薩之道，而不必談及行「佛」或「證悟成佛」？難道不能祇管日常行履，而不必談及涅槃解脫？

我認爲，道元的修證一等論終必導致「祇管修行」亦即「祇管踐行菩薩道，不必去管證悟解脫」的突破性結論，祇是道元於哲理思考與語言使用仍未完全捨離傳統(大乘)佛教的約制，沒有把自已的禪學理論再推進一步而已。我在詮釋〈行佛威儀〉篇時，曾暗示過，「修證一等的行佛必須超越佛的境地，決不爲成佛而行佛，亦不刻意自覺爲佛而行佛，故其威儀祇是自然無爲。」（第一六四頁)我在這裡想接著說:「日常世界的不斷修行既然祇是自然無爲，則那來得行『佛』與不行『佛』之分？道元既然強調莫圖作佛的行持道環（即不斷修行），而諸佛亦無例外，必須本證妙修地不斷修行），則就祇管修行言，豈非『心、佛與眾生，是三無差別』？」

道元的無常佛性論對於傳統佛性論確是極具原創性的一大突破，但他未曾想到，無常佛性論更可哲理地轉化之爲，足以批判地超越修證一等論而祇管不斷修行菩薩道意味的行持道環論。除去仍帶本覺門痕跡的「佛性現前」等語，不談修證一等之「證」，不是更合「莫圖」、「不染汚」的自然無爲理趣嗎？道元所倡正傳佛法有其原創性，但也帶有保守的存古性（保存古風的性格），無法使他徹徹底底抹去本覺門的痕跡。就這一點說，一般日本佛教學者認定道元禪學基本上是本覺門的修證一等論，恐怕仍是道元本人願意接受的解釋吧。

（四）無常實相論——傳統實相論的突破

我在上節提到道元的「無常佛性」兼涵二義，其一是關連到本覺、始覺等修證門課題的絕對主體性涵義，算是無常佛性的狹義；另一是天台宗特有的實相性涵義，即等同了佛性與法性、法界或實相，亦即終極眞實。我們如將佛法分爲高低四層，則可以說，最高一層是不可思議亦不得言詮的最勝義佛法，於此佛法一切法相即不二而究竟平等，所謂「佛法」不存在，一切如如而已，非任何大小乘宗派教義所能企及。稍低一層即是退而求其次，思議言詮所成的近似最勝義佛法，天台宗便是以絕對不二的圓妙哲理，開展圓融三諦、一念三千等一乘圓教諸法實相論，自認本宗的圓教實相論就有關絕對眞實的言詮表達言，遠勝其他非純圓的大乘各宗，最能哲理地近似不可思議的最勝義諦。源於天台實相論而又批判地超克此論的道元所倡無常佛性論，由於等同了佛性與法性、法界或實相論，自然也衍生之爲「無常實相論」，徹底突破了傳統實相論的思維限制。再下二層則是依二諦中道而形成的兩層，即眞諦（勝義諦）層次與假諦（世俗諦）層次。道元「無常實相論」的特色是在，肯定假諦（一色一香等等諸法）爲絕對眞實，如此跳過眞諦與言詮最勝義諦二層，突破了傳統天台所倡圓融三諦之說，即突出了假諦而不必再提中諦、空諦，徹底貫徹了「即事而眞」的不二法門，敢於洩漏天機，硬要說出不可思議亦不可說的最勝義佛法。在道元的心目中，根本沒有不可思議與可思議的兩層最勝義佛法之別，他極有自信宣言，他所理解的正傳佛法即是唯一獨立的最勝義佛法，不但包括修證一等意義的「有時之而今」現成論、無常佛性論在內，也當然包括無常佛性論的另一表現無常實相論在內。

道元在〈佛性〉篇說道：「草木叢林之無常，即是佛性也。人物身心之無常，此即佛性也。國土山河之無常，乃爲成佛性之故也。阿耨多羅三藐三菩提（究竟證悟解脫）者，此即佛性，故是無常也。大般涅槃者，此即無常，故是佛性也。」無常即謂假諦的世界，道元不承認無常之外有佛性、法性、實相、涅槃之類，而佛性之類也祇有在禪者（或任何眾生）修證之時，同時現前現成，亦即「有時」的現成。

無常（即）佛性，即不外是無常（即）實相；佛性之現前現成，其實就是禪者「祇管打坐」之時一切諸法現前現成之爲絕對不二的眞實之相。我在上節暗示過，道元由於堅持永遠不斷的行持道環，也就毋需談「佛」與「佛性」，祇需強調祇管修行之（有）時，即是萬事萬物顯爲實相之（有）時。我初發菩提心之（有）時，即是萬事萬物同時初發菩提心之（有）時；我在祇管打坐之（有）時，即是萬事萬物同時祇管打坐之（有）時。無常實相如同無常佛性，也不外是「有時（之而今）」現成。

印度空宗標出「一切法空」、「緣起性空」等等佛法之「理」。到了代表中國大乘佛學的台賢二宗，由於強調「即事而眞」的

（眞空之）妙有，逐漸自「理」轉「事」，但是「理」並未完全融化到「事」，天台宗的圓融三諦與華嚴宗的四法界觀，基本上仍是講「理」。到了日本天台，「理」漸融化，祇談「事」而不必談「理」，假諦（現象、諸法等等）突出，發現法性、實相於假諦，道元的「有時（之而今）」現成意義的無常實相論便是其中一例，充分表現日本佛教的特色。我在詮釋〈諸法實相〉篇時也已說過，道元所主張的「實相不是諸法之實相，諸法卽不外是實相。道元在這裡更妙有化、日常化了『卽事而眞』的天台假諦，比傳統天台的『一色一香無非中道』的說法更有突破性，肯定身心、雲雨、行住坐臥、參學辦道等等日常事相的『有時』現成。天台原先的空假中圓融三諦如此解消於修證一等意味的假諦之中，『假』（諸法）卽是眞『諦』（實相）。也就是說，祇有不斷修行的『有時』，才有說示『諸法實相』的佛法意義。」（本書第二〇二至二〇三頁）

在中世紀與道元同一時代的一部作品，書名《三十四箇事書》，有〈生死卽涅槃之事〉的一段如下：「『生死卽涅槃』云者，常人猜想之爲；此死生不彼不改，堅固不動。今云，實非如此。常人未曾領會世間相常住之法門。『世間相常住』云者，非云堅固不動之爲常住。世間者，無常之義也。無常仍爲無常，而又常住不失；差別仍爲差別，而又常住不失。……所謂假諦常住，卽是十界不同而此死生相彼，但又常住之謂。宜思此意。」此段所示「假諦常住」也可以當做道元無常實相論的註腳，祇是道元的無常實相論有其修證一等的「有時」現成哲理予以奠基罷了。無論如何，無常實相、假諦常住等等化「理」爲「事」的說法，乃是顯示日本大乘佛教思維模式的佳例。就這一點說，道元禪學雖源於天童如淨，本質上仍屬日本佛教思想傳統。

（五）出家至上主義

大乘佛教之有別於小乘佛教的一大特徵，是在強調一切眾生皆有佛性，皆能成佛，且依此道理逐漸消除僧尊俗卑的傳統觀念，主張僧俗究竟平等。《維摩詰經》即是大乘經典之中最強有力地主張「在家成佛」的一部，經中維摩詰居士的佛法功力居然遠遠超過佛的十大弟子，甚至號稱諸佛之師的文殊。六祖慧能自己也以居士身份承嗣五祖之法，得道之時仍是在家，後來才受具足戒而正式出家。

也許根據此一個人經驗，慧能在《六祖壇經》之中，並不主張出家至上，認爲在家修行亦可，不必刻意留寺出家。宋朝禪者也泰半支持出家在家平等之說。然而倡導正傳佛法的道元禪師，儼然採取小乘以來的出家至上主義，主張「出家成佛」，尤其在他晚年，即建立永平寺之後，此一小乘本位的修道立場更加強烈，毫無妥協的餘地。

早期的道元並未強調「出家爲優」到完全否定在家修行意義的程度。在〈辦道話〉第十一番問答，道元說明坐禪與戒律之間的關係，謂持戒梵行乃是禪門規矩，佛祖家風，不過未受戒者或破戒者，如能專心坐禪，亦有一分功德，頗有坐禪爲本、戒律爲末的大乘戒的自律精神。在第十三番問答則更帶有激進語氣地提示，坐禪法門完全不分出家與在家，亦無男女貴賤之別。也就是說，正傳佛法的坐禪法門有其普遍普及的修行意義。

在第十四番問答，道元尤其強調坐禪修道的旨趣，是在心願意志之有無，無關乎出家在家。他舉出幾個實例說明在家修行的意義。譬如唐朝的代宗與順宗二帝能在政務繁忙之中坐禪辦道而通於佛祖大道。又如李相國（相國卽是宰相）與防相國以天子之手足而輔佐帝王之業，同時又能坐禪辦道而悟入佛祖大道。道元說:「誤認世務阻礙佛法之輩，祇知世中（生活）無佛法，卻不知佛（法之）中無有(區別)世（間）法之事。」道元又引用了南宋大官馮楫的一首詩，藉以說明在家道的繁雜世務毫不妨礙坐禪學道，這首詩是:「公事之餘喜坐禪，少曾將脇到床眠。雖然現出宰官相，長老之名四海傳。」道元甚至主張，「國家如有眞實佛法弘通，則必有諸佛諸天護衞不斷，導致王化太平。聖化太平，則佛法得力。釋尊在世之時，逆人邪見（指犯五逆十惡者）有得道之者。祖師會下，獵者樵翁（獵人木匠之流）亦有開悟之者。遑論他人。祇管尋求正師教（誨之）道卽是。」

早年如此開放的道元，卻在中年之後逐漸講說出家爲優，到了晚年論調更是變本加厲，主張「正業道支卽在出家修道，入山取證」(〈三十七品菩提分法〉篇)，並謂:「僧業非大乘，非小乘。僧有佛僧、菩薩僧、聲聞乘。未曾出家者，不得嗣續佛法之正業，不得正傳佛法之大道。在家雖然稍行近事男女（在家受五戒之男女稱近事男、近事女，亦卽優婆塞、優婆夷）之學道，仍無達道之行蹤。達道之時，必然出家。不堪（忍受）出家之輩，怎可嗣續佛法？然而兩三百年來之期間，大宋國中號稱禪宗僧之輩泰半講說『在家學道與出家學道，一等(而無別)。』此輩祇是想以在家人之屎尿爲飲食，而變成狗子之類族而已。或有向國王大臣講說「萬機之心卽是祖佛心，更無別心」之者。（國）王（大）臣未曾辨認正說正法，（聽之）大悅而竟賜師號等（世俗尊稱)。斯道諸僧(卑劣如同)提婆達多。……非屬七佛眷屬,而是魔儻畜生,未曾知悉身心學道,未曾參學,亦不知身心出家(之意)。闇昧於王臣之法政,未嘗夢見佛祖大道,故成如此。」

我們如何正確理解道元離開京都之後,日益偏向出家至上主義的心境與理路呢?有一部分日本佛教學者專從世俗諦觀點去觀察道元從居京到離京的前後心境變化,認爲道元在京時期一方面思想較爲開放甚至激進,故以大乘佛教的究竟平等精神,肯定女性能夠直接成佛(而不必轉生爲男然後才能成佛),以及在家修道的積極意義,另一方面也考慮到,此一大乘本位的肯定極有助於吸收眾多在家子弟。居京時期的道元剛自大宋回國不久,實際上也很需要眾多在家弟子的支持擁護,才有發展他那曹洞本位的坐禪法門的希望。然而他的開放性主張並未幫他建立自己的勢力,加上他對京都一帶佛法佛僧向世俗權勢與名利屈就屈節的極大失望,使他毅然放棄京都生活,大大轉向,開始講求僧侶生活與修行的純化,割斷世間法的葛藤。

道元回日之後並未立卽尋找遠離(世俗氣息濃厚的)京都的清靜山谷地帶建寺,確實有其建立自己的穩固宗教地盤於世俗界的雄心,雖說他在京都並未達成此一志願。因此我並不排除此一理解方式。不過,另一部分日本佛教學者特從勝義諦觀點去理解道元變化的方式,恐怕較能合乎道元的本心本懷。就是說,道元始終未曾忘懷正師天童如淨在他辭別之時的教誨:「汝以異域人,授之表信,歸國布化,廣利人天。莫住城邑聚落,莫近國王大臣,祇居深山幽谷,接得一個半個,勿令吾宗致斷絕。」對於正信乃師教誨、堅持「祇管打坐」的正傳佛法的道元來說,出家修道還是人生的最高理想,難怪道元愈近晚年愈倡出家至上,我們在他最晚年撰成的十二卷《正法眼藏》(始於〈出家功德〉，終於〈八大人覺〉)，格外能夠看出他那精神上回歸佛陀時代、純化勝義佛法及其修道生活的宗教偏向。

對於道元來說，出家修道與在家修道的最大區別，是在超世俗的宗教（生活）意義與世俗的名利關心。祇有眞正出家（而非表面上的職業性出家），爲法徹底捨身，亦卽捨離一切世俗人間的名利、權勢、欲望、執著、煩惱乃至家庭生活等等，才能體會體悟「拋捨（世間一切）」的生命或生死的終極眞實與終極意義。道元舉出未能清算在家生活的維摩、龐蘊等二位居士與盧行者（卽後來的六祖慧能）之間的對比，認爲前者儘管參學功力非凡，卻終未踰越世間法的最後一線而無法領略更高更深的宗教境界，實爲可惜；後者則毅然敢於捨離最親愛的老母，發心求師求法。道元讚美慧能出家修道之餘，說道:「曹谿古佛卽時辭親尋師，此正業也。聞《金剛經》而不發心時，在家爲樵夫。聞《金剛經》而有佛法之薰力時，拋下重擔而出家。應知，身心如有佛法之時，不得停留在家」(〈三十七品菩提分法〉)。

道元在〈出家功德〉篇說道：「應知大聖（卽如來）出現之時，很顯明必以出家爲正法。……釋迦牟尼佛（在世）之時，羅睺羅（其子）、阿難（從兄弟）等皆出家，又有一千比丘出家，更有兩萬比丘出家，可謂勝躅。始自五比丘出家，終於（最後弟子）須跋陀羅之出家，歸（依）佛者悉皆出家。應知（出家）實有無量功德。然則世人如能憐憫子孫，應速卽出家；如能憐憫父母，應勸其出家。」

由是可知，道元到了晚年完全跳過僧俗平等的大乘佛教立場，精神上回歸原始佛教時代，以釋迦牟尼及其衆多出家弟子爲佛教修道典範，實與南傳（小乘）佛教的出家至上主義無異。此與道元突破傳統大乘的思想創新（如「有時」現成論、無常佛性論等）是否構成奇妙而無法統一的內在矛盾？道元是否過度強調超世俗的出家生活之餘，完全脫離了他在京都時期曾經有意實現的，基於「勝義諦必須落實成就於世俗諦層次」這二諦中道理念的大乘菩薩道？強調人人應該出家，講求避世出世，是否開倒車，從具有進取性、前瞻性的大乘佛教退回到極端保守的小乘佛教？道元未曾解決的此一難題，便是現代佛教的一大課題。

(六) 因圓果滿論——傳統因果論的突破

根據他那修證一等、「有時」現成、「無常佛性」、「無常實相」等等（最）勝義諦意味的禪學哲理，道元沒有理由接受，假定時間前後連續、單向流逝的「善因善果、惡因惡果」、三世兩重因果（小乘有部）、二世一重因果（法相宗）等傳統佛教因果論說，應該統統排除於正傳佛法才對。有趣的是，道元不但未予排除，反而在〈深信因果〉篇明白主張，「大凡因果之道理，歷然而無私。造惡者墮落，修善者上昇，毫釐不差。若謂因果亡而空無，則不應有諸佛之出世，不應有祖師之西來，亦不可能有眾生之見佛聞法。因果之道理，非孔子、老子等人所能知曉。唯有佛佛祖祖明白知曉。……然則參學同志如欲發菩提心而報佛祖洪恩，則應速即明曉諸因諸果。」道元在這裡所提出的「因果之道理」，共有兩層涵義。傳統佛教假定時間前後連續而形成的常識因果觀屬於世俗諦層次，此觀在〈深信因果〉篇與〈三時業〉篇最有發揮；依據道元禪學哲理推演出來的前後際斷、同時一如的因圓果滿論則屬勝義諦層次，在〈大修行〉、〈諸惡莫作〉較有發揮。世俗諦的常識因果論肯定因果報應、輪廻轉世，勝義諦的因圓果滿論弔詭地主張「無生因果」或「因果同時」與「善惡無生」。更弔詭的是這兩層「因果之道理」同時存在於道元禪學，而道元既未感到任何矛盾，亦未澄清兩者的弔詭關係究竟是甚麼。

道元在〈深信因果〉開頭引用下列一段禪宗公案（載於李遵島撰《廣燈錄》卷三十）：

> 百丈山大智禪師懷海和尚，凡參次，有一老人常隨衆聽法。衆人退老人亦退。忽一日不退。師遂問：「面前立者，復是何人？」老人對曰：「某甲是非人也。於過去迦葉佛時，曾住此山。因學人問：『大修行底人，還落因果也無？』某甲答曰：『不落因果。』後五百年生，墮野狐身。今請和尚代一轉語，貴脱野狐身。」（老人）遂問曰：「大修行底人，還落因果也無？」師曰：「不昧因果。」老人於言下大悟，作禮曰：「某甲已脱野狐身，住在山後。敢告和尚，乞依亡僧事例。」師令維那白槌告衆曰：「食後送亡僧。」大衆言議：「一衆皆安，涅槃堂又無病人，何故如是？」食後衹見，師領衆，至山後岩下，以杖指出一死野狐。乃依法火葬。

道元對於此則典故加以解釋說：「參學凡輩未曉因果之道理，徒有『撥無因果』（撥因果爲無有）之誤。可憐澆風一扇，祖道陵替。『不落因果』正是此『撥無因果』也，因此墮入惡趣（畜生道)。『不昧因果』乃卽『深信因果』也，因此聞者離脫惡趣。不應疑怪（因果之道理)。近代自稱參禪學道之輩，泰半將因果撥（之爲）無。此輩根據何（理）得知撥無因果？蓋因誤以爲『不落』與『不昧』非是一等（相同)，故（自認）知曉撥無因果（之理)。」

很顯然，道元一方面評斥「撥無因果」爲外道邪見，另一方面正面肯定「不昧因果」卽「深信因果」爲佛祖之法，似乎向傳統佛教因果報應說表示同意或妥協，實有乖違自己所倡修證一等的正傳佛法之嫌。道元又在〈三時業〉篇分別三種受業:「第一順現法受業者，謂若業此生造作增長，卽於此生受異熟果，是名順現法受業」;「第二順次生受業者，謂若業此生造作增長，於第二生受異熟果，是名順次生受業」;「第三順後次受業者，謂若業此生造作增長，墮第三生，或墮第四生，或復過此，雖百千刼，受異熟果，是名順後次受業」。此「三時業」卽指現世、來世、來來世等分別造業所產生的異熟果（樂果或苦果)，顯然假定了時間前後連續的單向流逝觀念，與道元「有時之而今」現成公案完全對立，則道元接受「三時業」的理據安在？道元的理據基本上來自實踐的要求：如果不承認「善因善果（亦卽樂果)，惡因惡果（亦卽苦果）」，則佛教就會失去勸人「諸惡莫作，衆善奉行」的說服力量。

如說佛教道德的實踐性要求逼使道元接受傳統以來的常識因果報應論，則爲甚麼道元又在〈諸惡莫作〉篇倡導善惡（自然）無生論呢？對於此一問題的解答，我們祇有再依大乘二諦中道理念予以紓解。我在詮釋〈諸惡莫作〉篇時，曾提示過，「就最勝義諦言，雖然（善、惡、無記等）三性本來無生，顯其中道實相；如就世俗諦言，有其各別的現象變化。……眾生作佛作祖的時節，既不奪眾生，亦不失眾生，眾生仍是眾生，然而身心自然脫落。此時雖依善惡、因果等等分別而去修行，自己卻不去強動所謂『因果』，亦不造作『因果』。善惡因果有時促我修行，然而『因果』的本來面目早就分明，卽是『莫作』，無生，無常，不昧（不昧『因果』圈套），不落（不落『因果』圈套），蓋因身心脫落之故」（本書第一〇四至一〇五頁）。

我們雖如此為道元化解他那兩層「因果之道理」的表面矛盾，由於道元本人不時強調正傳佛法的唯一無二，而對傳統佛教毫不妥協，因此他並未考慮過如何借用二諦中道理念，去解消此一矛盾。他在〈大修行〉篇對於上述野狐身禪宗公案所加的解釋，就與〈深信因果〉篇迥然相反。他說：「大修行之摸得，卽是大因果也。蓋因此（大）因果必是圓因滿果之故，未曾有所謂落不落之論，亦未曾有所謂昧不昧之道。如謂『不落因果』錯誤，『不昧因果』亦應錯誤。雖云將錯就錯（意謂不可說而硬要試說），是有墮野狐身，脫野狐身。『不落因果』卽使在迦葉佛時屬於錯誤，卻有在釋迦佛時非屬錯誤之道理。『不昧因果』卽使在現在釋迦佛時脫野狐身，卻在迦葉佛時非屬錯誤之道理應可現成。」

道元此語所云「大因果」或「圓因滿果」（眞實圓滿之因，眞實圓滿之果），卽謂（最）勝義諦層次「有時之而今」現成意味的，亦卽前後際斷、同時一如的因果，故無所謂（世俗諦層次常識意味的）因果之撥無或不撥無，昧或不昧，於此所謂「因」卽是絕對無伴而不與「果」對立的「圓因」，而所謂「果」亦是絕對無伴而不與「因」對立的「滿果」。就這一點說，道元似乎權便借用傳統佛教的「因果」言詮，而又很弔詭地破除此一前後連續的常識「因果」觀，轉化成爲「因」的「有時」現成，「果」的「有時」現成。如此，(最)勝義「因」住於「圓因」之法位，而（最）勝義「果」亦住於「滿果」之法位，喩如薪、灰住於各自的法位，絕對無待，前後際斷。道元在〈諸惡莫作〉篇亦以「有時」現成哲理證成同時一如的圓因滿果論的理趣，云：「雖非因在前果在後，因卻圓滿而果亦圓滿。因等法等，果等法等也。雖云待因而感果，卻非（因）前（果）後，蓋有前後（相）等之道故。」

德川時代的面山瑞方，在他的《正法眼藏聞解》依據二諦中道理念闡釋道元的兩層彼此對立相反的「因果之道理」，乃以常識的因果觀爲世俗諦，而以前後際斷、同時一如的（圓滿）因果觀爲勝義諦，如此認取二者各別的存在理由與意義。這似乎是解決道元兩層因果論內在難題的適當辦法。但是，近代的秋山範二在他的傑作《道元研究》（改訂版）一方面承認面山的解釋有某些道理，另一方面卻又嘗試辯證的統一解決，設法融攝前後連續的常識因果論於具有「有時」現成之哲理奠基的前後際斷、同時一如的圓因滿果論，就其嘗試的結果去看，十分牽強，不及面山所解釋的那樣成功。道元究竟願意接受面山的解釋，或秋山的理論統攝嘗試，我們實不得而知。究竟有否因果報應、輪廻轉世的普遍客觀事實，從未獲得科學的實證，也無法完全否認，可以說是一種不可思議的永久之謎。我們祇能猜測，由於道元本人也無法證實因果報應的實際存在，祇好隨順世俗諦，權說「不昧因果」的「事實」，但在（最）勝義諦層次仍要堅持「有時」現成的哲理到底，當做終極「眞實」。「事實」與「眞實」乃屬眞理、道理的不同層次，故不應有二者之間的直接矛盾。無論如何，大乘二諦中道理念可以用來適予解釋道元兩層「因果之道理」。

（七）禪戒不二論——傳統戒律觀的突破

傳統佛教的戒律觀，乃以戒律爲戒、定、慧三學之一，做爲成佛的助緣，這在傳統禪宗亦是如此。《禪苑清規》云：「三世諸佛，皆曰出家成道，歷代祖師，傳佛心印，盡是沙門。蓋以嚴淨毘尼，方能洪範三界。然則參禪問答，戒律爲先。若不離過防非，何以成佛作祖？」傳統戒律旨在防非止惡與僧團秩序的維持，構成佛教倫理道德的規範或律規。不過，自六祖慧能開始，禪門逐漸強調禪中有戒、戒外無禪，亦即禪戒不二。慧能所倡心地無相之戒即不外是「心地無非自性戒」，旨趣已不在乎止惡行善，而是在乎現成善惡未萌、是非不到的自性本具、一心清淨世界於即今即處。（日本）天台宗所倡圓頓戒亦極類似，把天地萬物當做戒的如是相。日本天台的開創祖師最澄便云：「於自性清淨心中不犯戒，是即虛空不動戒。」如說小乘比丘戒偏重他律本位的戒律條目（如兩百五十戒），大乘菩薩戒較有強調自律本位的傾向，「一心戒」、「佛性戒」、「實相戒」乃至「無相戒」等辭就反映了此一傾向，日本佛教的天台圓頓戒與禪戒尤其是如此。弔詭地說，圓頓戒即是圓頓非戒，而禪戒亦即是禪戒非戒。「非」字並不意謂戒律的否定或捨棄，而是「超越」之謂。舉例來說，小乘戒爲主的傳統戒律如不殺生戒，基本上偏重一切眾生生命的尊嚴維護，「禪戒非戒」卻要深化此戒內涵，強調佛種的增長，即不殺害佛的慧命。道元的禪戒思想承繼了禪戒非戒的理路，更進一步以修證一等的正傳佛法理念深化「戒」的「有時」現成、佛性當下現前意義，並強調「律」的行持道環、日常行履意義，自創著名的「典座教訓」、「赴粥飯法」、「辦道法」、「對大己五夏十夏闍梨法」、「知事清規」、「眾寮箴規」等等永平清規，在佛教戒律（思想）史上有其不可磨滅的巨大貢獻。

道元的戒律思想，亦如兩層「因果之道理」，分爲兩層：在始覺門層次隨順傳統戒律觀，暫且接受「禪外有戒」；但在本覺門層次則依自己獨特的修證一等正傳佛法理念，主張「禪外無戒」的禪戒不二觀。

做爲佛教徒，道元並不漠視傳統佛教的受戒與持戒，故在〈辦道話〉說道：「持戒梵行即是禪門之規矩也，佛祖之家風也。」又在〈受戒〉篇，道元引用上述《禪苑清規》所云「參禪問答，戒律爲先。若不離過防非，何以成佛作祖？」的一段，也一樣強調「戒律爲先」的重要性，說道：「西天東地，佛祖祖傳之處必有入法最初之受戒。如不受戒，則仍非諸佛之弟子，亦非祖師之兒孫，蓋以離過防非爲參禪問道之故。戒律爲先之言，已正是正法眼藏也。……正傳正法眼藏之祖傳，必定受持佛戒。……所謂應受菩薩戒，此入法之漸也，此乃參學之所應知者。」道元雖在這裡強調禪外有戒，卻未主張先受聲聞戒（小乘戒），然後才受菩薩戒（大乘戒）。在〈受戒〉篇道元所揭戒律條目，共有三皈依、三聚淨、十重禁等十六條戒，亦示簡略的授戒作法。道元貶低兼受大小乘戒（即瑜伽戒）的不徹底，標榜單受菩薩戒（純大乘戒），他所揭舉的十六條戒即屬純大乘戒。

嚴格地說，道元所支持的純大乘單受菩薩戒應該說成「超大小乘戒」，較爲適當。他在《永平廣錄》卷五引用製定禪門清規的百丈懷海之語「吾所宗者，非限於大小乘，亦非異於大小乘，卻是博約折中而定制範」，然後提出己見，云:「非非局（限於）大小乘，非非異（於）大小乘。作麼生是小乘，驢事未了；作麼生是大乘，馬事到來。不博也，極大同小；不約也，極小同大。吾不折中，驀然脫落大小。」大小乘之間旣成驢事未了、馬事到來的關係，則不是互相對立的二法，因此道元不欲對於大小乘二者予以博約折中，卻要「脫落大小」，即批判地超越傳統大小二乘的戒律觀。不過，這裡超大小乘戒的說法，並未徹底到標示本覺門修證一等的禪戒不二立場出來的程度。

《教授戒文》一卷根據道元在宇治興聖寺的說戒，而由高弟懷奘抄錄而成。道元開頭便說：「夫諸佛大戒，諸佛所護持也，有佛佛相嗣，有祖祖相傳，受戒超越三際，證契聯綿於古今。我大師釋迦牟尼佛陀，付摩訶迦葉，迦葉付阿難陀。……今將付授報佛祖深恩，爲人天眼目。蓋嗣續佛祖慧命者也。」道元此語之中，「諸佛大戒」意味的受戒超越三際，旨在嗣續修證一等的佛祖慧命，於此可以看出道元禪戒不二思想的伏線，祇是道元還未明說而已。

道元於此文提到三聚淨戒，謂:「戒文云，一攝律儀戒，諸佛法律所窟宅也，諸佛法律所根原也；二攝善法戒，三藐三菩提法，能行所行之道也；三攝眾生戒，超凡超聖，度自度他也。」道元在這裡提出自己的獨特解釋，異於傳統說法。依照通釋，攝律儀戒要求遵守一切已有規定的戒律；攝善法戒要求成就一切善行；而攝眾生戒則要求救濟一切眾生。道元的解釋則不然，強調以本具自性之一心（佛性）爲戒。本具（本覺門）的清淨心或佛性即不外是一切眾生的「悉有」，如以此一心爲戒，則眾生自體即爲戒之窟宅、根源，禪戒即以此一心爲根源而產生，如此戒即不外是修證一等的我們自體。我們自體攝一切戒，戒從我們自體產生，我們自體之外別無戒律可言。這就是道元所理解的攝律儀戒。三藐三菩提乃是無上正徧智，亦即佛的智慧，此智所照而依此智而有的能行所行（即有自覺的一切行動），統統都是佛的威儀，非屬善惡範疇，不過權借此一範疇，則可以說屬於善的一邊，故謂攝善法戒。在道元的心目中，此戒即是自性一心的開顯，亦即開發諸佛知見的能行所行。佛性本具的衆生已非普通意義的衆生，且從諸佛知見的觀點去看，草木國土等萬事萬物同時成道，悉皆成佛。由是，所要救濟的衆生並不存在。攝衆生戒在道元戒律思想，就有了新義，即指佛性（一心）本具、無有衆生可救的修證一等意味的自覺而言，故云「超凡超聖，度自度他」。總之，傳統的三聚淨戒在道元的禪戒不二論，乃構成佛心佛性的一體三面。而受戒、護戒（持戒）等等，在他修證一等的禪戒不二論，也深化之爲莫圖作佛的不染汚之行，受戒即謂「佛性受佛性」，而護戒也意味著「佛性護持佛性」。受戒護戒即是不染汚的修證，不圖作佛的妙行，爲了成佛而離過防非意義的傳統戒律觀，就必須予以超越地「脫落」了。

根據本覺門的修證一等理念而形成的上述禪戒不二思想，便是（規定永平寺日常實踐種種細節的）《永平清規》的指導原理。在〈典座教訓〉中，道元根據他在中國學禪的生活體驗，宣說典座日日所作的雜務，其實就是不染汚的修證一等之行，不啻主管衆僧飯食而已。其他《永平清規》各篇所載種種日常行履的規定規條，亦皆反映道元獨特的禪戒不二立場，已在本書第二章（著作簡介）第三節（《永平清規》）略述旨趣，茲不贅述。

第五章 道元禪學的現代意義

（一）道元與京都學派

道元逝世之後，以道元禪學爲本宗宗旨的日本曹洞宗逐漸形成，終於發展成爲能與日本臨濟宗分庭抗禮的日本禪宗兩大宗派之一。然而道元禪學的哲理太過深奧，能夠領略其中奧義的本宗高僧大德寥寥無幾，而此宗派門徒爲了順應世俗的需要而謀求自宗的生存發展，多半從事於葬禮之類的功利性宗教形式化活動，眞正發揮道元禪學的本領於理論與實際的一致者，百不得其一。

這不等於說，道元禪學在曹洞宗門發展史上一直潛藏而不顯。事實上，也出現過幾部宗門傳統的道元禪學詮釋書，包括鎌倉時期經豪參考其師詮慧所撰成的最早注釋《正法眼藏抄》（簡稱《御抄》），江戶時代的《辨註》、《那一寶》、《聞解》、《卻退一字參》、《私記》等書，以及近代的西有穆山所著《正法眼藏啓迪》（一九三〇年出版）。《啓廸》之後有關道元禪學（尤其《正法眼藏》）的詮釋或研究書籍愈來愈多，尤其這二十年來所出現的，可以說是汗牛充棟，從本書書末所列舉的日文參考文獻舉要，不難窺見一斑。

專就道元禪學的現代意義一點而言，我們首須注目的是，西田幾多郎所開創的所謂「京都學派」的前後三代主將所分別研究道元的功過，藉以了解道元禪學在近現代日本哲學所佔有的份量與影響。大體上說，京都學派的形成發展已有三代，第一代由西田帶頭，西田哲學成爲此派理路的起點或基點。西田在京都大學哲學系的繼承者田邊元，以及從東京轉到京都大學執教的和辻哲郎，皆屬第一代。就廣義言，西田的金澤市同鄉又是畢生忘年之交的鈴木大拙，曾在京都的大谷大學教書多年，長期間在哲學與宗教方面與西田相互影響，因此也不妨看成此派的一員大將。鈴木大拙以顯揚臨濟禪著名於世，對於道元無甚研究。西田哲學雖基本上通過西方哲學（如詹姆士的實效論、胡塞爾的現象學、柏格森的創化論、德國觀念論、數理哲學等等）的洗禮薰陶而創成，骨子裡卻有禪悟體驗予以奠基。不過，西田所參學的也是臨濟禪，他在自著之中偶爾提及道元禪學的點滴，卻無有關的專論或專書。

在京都學派的第一代思想家之中，首先注意到道元禪學的深奧哲理而進行一番認眞探討的，是和辻哲郎。自一九二〇年至一九二三年，和辻以《沙門道元》爲主題（後來成爲書名），發表了幾篇專論，一九二六年收錄在《日本精神史研究》一書。《沙門道元》可以說是，在近現代日本發現道元禪的哲學意義與價値，且予以純哲理性考察的第一部專著，有其突破曹洞宗宗門的傳統詮釋之功。非屬京都學派的道元研究專家秋山範二在一九三五年完成極具系統的名著《道元の研究》，經由田邊元的強力推薦而出版，算是有關道元的第一部極有份量的哲學研究大書。田邊元也不甘落後，在一九三八年發表了專論〈永平正法眼藏之哲學〉，翌年予以補訂，並改題爲《正法眼藏的哲學私觀》，以專書出版。

京都學派的第二代主要代表有高山岩男、西谷啓治、久松眞一等位，皆曾受過西田哲學的薰陶。其中久松眞一自創的「久松禪」，有如「鈴木禪」，也是一種臨濟禪的現代化發展。在第二代主將之中，眞正對於道元禪學下過苦功而探討成果遠遠超過第一代的，獨推著名的哲學家兼禪學家西谷啓二一人，他那龐大的《正法眼藏講話》，原分三册，由創文社出版，最近收錄在《西谷啓治著作集》之中，分爲上下兩卷。

京都學派到了第三代，有專攻親鸞淨土眞宗思想的武市義範等人；專以道元禪學繼續開展京都學派哲學理路，且對近二十年來道元禪學移植到歐美各國而生根流傳居有首功的，亦獨推（西谷高弟）阿部正雄一人。阿部除了不少有關道元的日文專論之外，出版過英文專書《禪與西方思想》(*Zen and Western Thought*)，已有中譯本(上海出版)，最近又由我的學生現任賓州州立大學歷史系副教授的海因 (Steven Heine)博士編輯而成一部論文集，書名《道元研究——他的哲學與宗教》(*A Study of Dogen: His Philosophy and Religion*)，算是當前道元禪學研究之中成就最高的一部專書，也總結了京都學派代代探討道元禪學哲理奧義的最高成果。在某一種意義下，京都學派的發展史不妨看成道元禪學哲理奧義的發現與探索步步深化的學思歷程。

和辻哲郎的《沙門道元》篇幅不多，對於道元禪學並未展現全盤性的解釋功力。不過，此一小書有其開拓宗門以外的道元禪學學理性研究之功，也是京都學派所產生的第一部道元禪學研究專書，值得我們注目。和辻很謙虛地承認，自己「對於禪，是個門外漢」，故祇能「對於道元談談驚嘆而已」。不過，他提出了兩個問題: ⑴對於禪完全是門外漢的自己，是否能夠理解特別力說坐禪的道元？⑵即使多少理解到道元禪學，是否可以把偉大宗教家的人格及其顯現的眞理，用來「奉仕」文化史的理解？對於⑴，和辻認爲跳過狹隘的宗派意識，重新理解道元禪學有其時代意義，雖然他不敢自誇自己的解釋是獨一無二，至少打開了一條重新發現並解釋道元的理路。對於⑵，他回答說:「宗教眞理是本來永遠而不變的『一切之根源』這一點，與祇以特殊形態出現的現實性宗教必須歷史地變遷的一點，並不矛盾。……我自己並未體得絕對的眞理乃是事實。正因未曾體得，故在探索。……我自己祇是把自己（從道元的絕對眞理）所受的感動，當做自己的感動寫下來，在這個意義下我並未越權。同時，我爲了文化史的理解使用道元這一點，對於在人類歷史之中想要探索眞理之道的學者來說，也是理所當然的。對於認取一切既成宗教爲一種特殊形態的人來說，宗教也是人類歷史的一部分。」我們從和辻此語，不難推知，他一方面爲了非道元專家的自己稍加辯解，另一方面卻暗藏他對以道元禪學爲已宗專有、不許他人介入的曹洞宗狹隘宗派意識的不滿與批評。

和辻在《沙門道元》的道元討論散漫而無系統，如從已有豐碩探討成果的今日學術觀點去看，無甚可取之處。他所討論的項目之中，對於道元的佛性論解釋最力，卻未能聯貫到修證一等論、「有時」現成論等等，祇是單就佛性予以討論，理解平平而無有創見。

杉尾玄有在〈日本近代思想と道元〉這一篇（收在春秋社版「講座道元」第五卷《世界思想と道元》），專就「存在眞相」一點考察京都學派第一代主將解釋道元禪學的盲點或誤差，對於和辻的道元佛性論解釋，加以批評說:「難道道元（如和辻所說），把『悉有佛性』講成不可能到達的『永恆眞理』、『終極目標』嗎？……無論如何，（道元所云）『悉有佛性』決非遠不可及的『理想』或『目標』，乃是明白不過。然而把佛性解成『普遍的實在』的和辻，是無法理解道元所說此一『時節』的意義的。由於（和辻）解釋『《涅槃經》指爲特殊契機的時節因緣，（在道元禪學)轉成超越一切特殊性的「悉有」之義』，他就無法看到在卽今(『有時』)的『特殊』時節躍動著（卽現前現成著）的佛性。無論如何，和辻的理想主義偏向的解釋認爲，『不斷努力（修行）者終會獲救』的思想很接近道元所說。這種解釋無非是牛頭不對馬嘴，完全不對。」我同意杉尾精銳的批評。和辻完全不了解，如不提及修證一等的「有時」現成哲理，絕不可能把握道元「無常佛性」論的眞髓。在和辻的道元討論，「無常（卽）佛性」未曾出現，可見和辻「解讀」道元禪學的程度如何了。如說和辻並不了解道元，在哲學思維的原創性與西田幾多郞不相上下的田邊元又如何呢？

田邊在一九三九年出版的《正法眼藏の哲學私觀》序文坦承，二十多年前畏友和辻所著《沙門道元》引起他對《正法眼藏》的研究興趣。他也承認自己不屬於曹洞宗門，算是門外漢，「但是我不但崇仰道元爲日本曹洞（宗）始祖，並且理解之爲，以一個偉大的形而上學思索者而成爲日本哲學的先驅。我相信，這種理解決不傷及道元半點，反而更能加深（對道元的）尊敬。」田邊亦如和辻，表面上自謙門外漢，暗藏對於曹洞宗門的僧侶或學者以抱殘守缺的保守方式想要專佔道元禪學的不滿與批評。不過做爲繼承西田教職而本身又是獨創性哲學家的田邊，更有意識地通過道元禪學與西歐哲學思想的對比，藉以發現後者窮極之處，正是展現前者世界性意義的開始。就這一點說，田邊的上述專書所現出的哲學眼光要比和辻的殊勝得多。

田邊雖一方面自承受過和辻的啓發而去認眞探索道元禪學的新時代意義，另一方面卻對後者的道元解釋進行哲學的批判。田邊認爲，「佛（性）並不是僅僅包攝相對（性的一切）於全體或（統體性）場所的靜一（性）一者，……而是在相對（性的一切）發展歷程自我溯源著的動靜一如（意味）的統一。它決不是無媒介地與相對（性的一切）對立的靜止（狀態）的絕對。」依此黑格爾般辯證法的哲學思維，田邊批評和辻的道元佛性觀解釋，即解「佛性之內存有衆生」或「無有對立於此佛性者」等等，並不正當。而和辻動輒在行爲的日常現實之外，刻意探求超越的（規範性）當爲（“ought”）理念予以實體化，如此將道元的「悉有佛性」解成一種絕對普遍的終極實在、終極目標或永恆理想，如從田邊的觀點去檢視，乃不過是一種「本體論思考」，有違道元「悉有佛性」觀的創意，亦是「辯證法的思維之否定」。田邊自己解讀道元的一大特色是在，以辯證法的詮釋方式去看絕對（佛性）與相對（衆生）之間，所存在著的所謂「絕對媒介」、「交互媒介」或「發展卽溯源的動態絕對媒介」。問題是在：田邊借用此類黑格爾式辯證法概念語辭，想去透示道元禪學的眞髓，是否合乎道元的本意？是否眞正能夠發現道元禪學的原創性，且不說如同和辻，田邊未能深透道元佛性論與修證一等論、「有時」現成論之間的哲理聯貫性？

京都學派第一代主將在日本近代化過程當中，一方面認眞吸取西歐哲學的抽象性思維方式以及概念語辭表達，另一方面又想重新發現並開展日本本土較有份量的思想（尤其哲理深奧的道元禪學），藉以通過比較哲學的檢視考察，開拓一條近現代的本土哲學理路出來。我們光從田邊對於道元禪學硬性套上黑格爾式辯證法模式的解讀實例，不難窺見京都學派第一代思想家們的苦心與掙扎，但似乎不太成功。如用我那「創造的詮釋學」五大層次予以檢視，則可以說，他們亟欲批判地繼承並創造地發展日本本土的（哲學暨宗教）思想傳統，但是無形中被西歐抽象性嚴密哲學思維模式與概念表達所壓倒，動輒刻意套上此類未經徹底消化的模式與表達到道元禪學等等日本本土的傳統思想，因此成果有限。做爲京都學派基點的西田哲學亦非例外，他那借用西方哲學思維模式與概念表達，而雄心勃勃地想要建立（臨濟）禪本位的近現代日本哲學，到底成功了多少？由於京都學派第一代是日本近現代哲學的眞正開拓者，功不可沒，因此一般日本學者不太願意也不大能夠看出，我在這裡所指摘的思維與表達的雙重局限性。

此派第二代主將則不然，已有自覺地超克了上述第一代的局限性。久松眞一對於西方哲學未下苦功，但對耶教神學與西方神祕主義頗有研究心得，且在臨濟禪眞髓的把握遠較乃師西田幾多郎高明多多，甚至到開展現代臨濟禪意味的「久松禪」的程度，而在六〇年代初期得與代表新耶教神學的一代泰斗田立克（Paul Tillich）進行創造性宗教對話，大大顯揚了（臨濟）禪的威力與世界性意義，直令西方學者刮目相看，而在鈴木大拙之後再度掀起西方人士探索臨濟禪的風潮。

第二代代表之中尤其值得大書特書的是，以宗教哲學、比較哲學暨宗教學以及禪學專家著稱的西谷啓治。他從西方虛無主義及其超克的問題意識出發，通過東西思想文化的對談對比，逐漸開出足以徹底超克虛無主義與現代人「實存的空虛」狀態的一種（日本）禪本位的哲學暨宗教理路。就哲學的原創性言，西谷也許不及乃師西田（畢竟西谷也是西田哲學的受惠者，沒有西田就沒有西谷），但西谷的西方哲學造詣，尤其對於尼采、海德格等等德國哲學與實存主義，乃至耶教神學、神祕主義、精神分析、心理學等等，遠較西田紮實得多，可見第二代繼承第一代衣鉢的氣魄毫不遜色。在道元研究方面，西谷也發揮了他那超人一等的解讀能力，可從《正法眼藏講話》看出其中端倪。西谷的高弟阿部正雄屬於第三代，曾受西谷對於道元禪學的深層探索的薰陶多年，終能更進一步突出道元禪學的現代意義（從西田到西谷，京都學派一向偏重臨濟禪），有意專以道元禪學的深化與豐富化，以及其對西方思想的挑戰衝擊此一思維方式，繼續開展京都學派的現代理路。我希望在不久的將來，能夠撰寫一部有關京都學派禪學開展的專書，或許可以刺激我國哲學界與佛教界推動我們本土哲學暨宗教思想新世紀探索理路的開發開展。

（二）道元與「批判佛教」

「批判佛教」運動醞釀於一九八〇年代，帶頭發動的是（直屬曹洞本宗的）駒澤大學兩位新生代佛教學者袴谷憲昭與松本史朗。袴谷與松本在一九八九年分別出版《本覺思想批判》與《緣起と空 —— 如來藏思想批判》，翌年袴谷又出版了《批判佛教》一書，皆係大藏出版株式會社印行，算是「批判佛教」運動的代表作品。奈良康明監修的《ブッダから道元へ》在一九九二年出版，可以說是「批判佛教」的問題意識影響下所產生的一部佛教討論集，包括松本關於「釋尊與眞理 —— 法先抑或佛先？」的問題提出與討論，以及袴谷關於「道元與本覺思想 —— 何謂佛性？」的問題提出與討論。「批判佛教」運動不但在日本本土引起了極大震盪，近年來也在美國引起佛教學者的興趣。由於我的學生海因 (Steven Heine) 教授獲取博士學位之後，到過駒澤大學續作道元禪學的博士後研究，自然也與該大學的「批判佛教」兩位代表有所接觸，最近就在美國宗教學院 (American Academy of Religion) 年會上舉辦了一次「批判佛教」討論會，又在東京出版的《日本宗教研究雜誌》(*Japanese Journal of Religious Studies*) 出版了一篇討論「批判佛教」的長文(一九九四年三月號)，評其功過。他的評論頗爲公允。

上述《ブッダから道元へ》一書所收松本史朗與袴谷憲昭分別提出的佛教問題以及解答，可以說總結了這對親密戰友的「批判佛教」基本論旨。在他的〈釋尊と眞理 —— 法が先か佛が先か〉這一篇，松本主張(1)佛在先，法在後；(2)釋尊所悟的是緣起 (Pratītyasamutpāda)，所說的也是緣起；(3)緣起意謂依存一個原因(如「無明」)而有一個結果(如「行」)；(4)緣起的因果關係具有不可逆反的單向時間流逝性(過去→現在→未來)；(5)後世所云同時的因果關係、相互依存的因果關係、一因生多果等等說法，破壞了釋迦緣起說本來的單向直線的時間構想，而把緣起空間化、平面化，違反緣起原義；(6) 緣起的理法漸被抽象化之後，變成永恆不變的「理法」或「眞理」，再進一步此「理法」又被實在化、實體化，終於導致「佛性」、「如來藏」、「本覺」等等常住「基體」(Locus)，此基體說 (dhātu-vāda)完全乖離了釋尊所開創的佛教教義。

接上松本的「批判佛教」主張，袴谷憲昭在〈道元と本覺思想——佛性とはなにか〉這一篇也提出了對於（做爲一種基體說的）本覺思想的質疑，認爲道元禪學屬於佛教，本覺思想則屬外道。袴谷的論點大致如下：(1)「本覺思想」認定有所謂包攝一切現象的「一」(hen) 或「本覺」，即是構成被包攝著的一切現象之根底根源。此包攝者與被包攝者的關係可用種種語辭表達，如前者表達之爲「本覺」、「本」、「體」、「理」、「性」等，後者則表達之爲「始覺」、「迹」、「用」、「事」、「相」等。由於「本覺」包攝了「始覺」，日本中古天台以來的從果向因的本覺法門與從因至果的始覺法門之分，並不構成本質上的對立或差異。以上有如印度奧義書所云「梵我」(ātman) 之類的「本覺」、「佛性」、「如來藏」等等實體化基體意味的包攝者，乃是一種「我」，非屬佛教所主張的「無我」(anātman)。(2) 道元維護正傳佛法而批判「先尼外道」極其激烈，本覺思想之類的基體說皆應看成外道思想，應與道元禪學劃清界限。(3) 道元的初期思想如佛性論，有未能徹底批判本覺思想爲外道而非佛教之嫌。道元在〈佛性〉篇雖常使用否定語辭，但處理佛性有否的問題曖昧不清，似乎並未完全從《起信論》以來的本覺思想解放出來。衹有到了晚年撰著（自〈出家功德〉至〈八大人覺〉的）十二卷本《正法眼藏》之時，道元才徹底批判了本覺思想，明確表示他的最後見解。

以上簡介松本、袴谷二位所代表的「批判佛教」基本主張。在他們的心目中，釋迦以後衹有龍樹、道元等兩三位可以算是眞正佛教徒之外，其餘一大半自稱佛教徒所信奉的阿賴耶思想、如來藏思想、密教「一心」論、《起信論》的本覺思想、常住佛性論等等從印度到中日種種基體說，統統屬於外道，冒稱佛教而已。「批判佛教」的任務，便是徹底澄清眞正的佛教本質，剔除假定「基體」的一切似是而非的佛教思想於純正佛教之外。「批判佛教」與道元禪學的本質問題息息相關，其中如何看待道元的「無常佛性」論，是一大關鍵。由於「批判佛教」指摘中國到日本的整個東亞佛教思想傳統概皆源於基體說，故非佛教云云，這些年來在日本佛教（學術）界軒然掀起一場大風波，至今仍是議論紛紛，未能平息。

正如「批判佛教」所指出的，道元的佛性論並未完全脫離（天台）本覺思想的影響，雖然他強調了「無常（卽）佛性」或「悉有（卽）佛性」的觀念，不能說是屬於基體說意味的「本覺佛性」。道元的「無常佛性」或「悉有佛性」許有至少三種理解方式。第一種是實存主體性(existential subjectivity) 的理解方式。我詮釋〈佛性〉篇時說過:「『悉有佛性』論並不是獨立乎禪者修證（本證妙修）的『客觀眞理』，而是祇管打坐而身心脫落的禪者之心所冥冥自證出來的絕對主體性道理，而『悉有(卽)佛性』則可以說是禪者本人的絕對（不二）主體性所自然而然呈現出來的證悟境相，亦卽『有時之而今』本地風光。」(本書第一三七頁）也就是說，不是先有所謂本覺的佛性，然後禪者的實存主體在祇管打坐、身心脫落之（有）時，本有本覺的佛性現前現成，而是禪者展現修證一等的絕對（不二）主體性之（有）時方便善巧地描敍之爲「無常佛性」而已，因此將修證一等說成「本證妙修」已有暗藏「本覺佛性」之嫌，難免「批判佛教」的批判性檢視。

第二種是實相論（ontological) 的理解方式，卽完全等同佛性與法性，而法性或實相也者，即是草木國土等等一切諸法或萬事萬物，因此禪者發菩提心之（有）時也是草木國土等「無常」或「悉有」諸法發菩提心之（有）時，而禪者身心脫落之（有）時亦是諸法身心脫落（顯爲實相或法性）之（有）時。據此不二法門的道理，實存主體論與實相論的兩種理解方式可以完全合致，從禪者的實存主體性或從諸法即實相或法性的主客心物任何一邊去講「佛性」都是一樣，毋需預先假定所謂「本覺佛性」的常住實在，藉以保證禪者的「本證妙修」可能性，或無常世界的一切顯現之爲「實相」或「法性」的可能性。

第三種是曹洞宗門的傳統理解方式，即不否認道元修證一等或本證妙修的佛性論源於天台本覺思想。也就是說，道元承接一心本具佛性的本覺門說法，祇是更進一步建立了本覺門的修證一等論而已。依此論說，道元雖不能預先假定所謂「本覺佛性」在先，但他由於強調坐禪之（有）時即是佛性自然現前現成之(有)時，至少不得不承認修證一等意義下的本覺門「從果向因」。道元豈不承認本覺門「從果向因」的佛性現前現成，否則他怎會強調坐禪不是爲了刻意作佛成佛，而是不染污地行佛，亦即佛(性)本身顯現之爲禪者的身心脫落？禪者修證一等的行持道環即是諸佛本身的行持道環。這是「心、佛與眾生，是三無差別」的本覺法門釋意。道元豈能否認他的「無常佛性」論蘊涵此一釋意在內？

我在第四章跳過我對〈佛性〉篇的詮釋，而對道元的「無常佛性」論重新嘗試一種現代理解時，曾暗示過完全捨離「佛性」等等容易誤導我們解讀之爲一種「基體」的本覺論概念或表達。但此一捨離必須完全超越道元曖昧不清的「佛性」說法。我甚至建議過，道元祇須強調菩薩不斷修行(即證悟)意味的行持道環，毋須搬出「佛」或「佛性」的語辭。此一建議可以在道元《正法眼藏》中找到理論線索，祇是道元未曾進一步利用此一線索，藉以自我批判地突破或超越「無常佛性」論的思維限制罷了。〈諸法實相〉篇的下面一段道元之語至少暗示或蘊涵此一線索（亦見本書第二〇八頁）：

> 所謂一切菩薩即是一切諸佛也。諸佛與菩薩乃非異類。(兩者之間）既無老少（之別），亦無勝劣（之差）。此菩薩與彼菩薩，非屬二人，亦無自他（之別）。(菩薩境位）雖在過現未三時皆不確定，作佛即是行菩薩道之法儀也。於初發心（之有時）成佛，於妙覺地（之有時亦同樣）成佛。有無量百千萬億度（無限數次）作佛之菩薩。（是故）如謂作佛之後，廢（菩薩修）行而不應更有所作，此乃不知佛祖（佛）道之凡夫也。所謂一切菩薩即是一切諸佛之本祖也。一切諸佛即是一切菩薩之本師也。……

「批判佛教」認爲，道元晚年的十二卷本《正法眼藏》完全免於「本覺佛性」的思維痕跡，無有「基體」說法之嫌。我卻認爲，十二卷本《正法眼藏》祇顯示了道元有意回歸原始佛教的「開倒車」意願，且不說他於此本明確採取（偏向小乘修行的）出家至上主義偏差。

我雖在上面提示道元捨離「本覺」、「佛性」等等字眼的理路開展可能性，但這不等於說傳統大乘佛教所提出的佛性、如來藏等等思想毫無意義，經不起「批判佛教」的嚴厲批判。「佛性」

或「如來藏」當做爲了智慧方便而權設的語辭，並不會形成一種永恆常住的實體性基體，而如此違反佛教的「無我」教義。譬如《起信論》所提出的「本覺」、「如來藏」、「心眞如」等，可以看成《起信論》作者專就凡夫願發菩提心、向上奮勉的潛能，或是聆聽領會佛教經論的潛能觀察而有的「功能性用語」，此一潛能不必是預先假定而有的「基體」，卻可以在我們的心性向上轉移的人生正面現象察覺出來。就此潛能的發揮或開展姑且方便善巧地暫稱具有功能性意義（functional meaning）的「本覺」、「佛性」等等，有何不可呢？怎會誤導我們解讀之爲有如外道所說的「我」，而違背佛教的「無我」理念呢？

「批判佛教」想要純化佛教「本義」之餘，未免自我武斷地規定甚麼是「佛教」，甚麼不是「佛教」，完全不了解一個偉大的宗教雖然有其出發點或基點，亦不得不同時配合社會變遷與歷史發展而謀求自我創新。就這一點說，「批判佛教」與耶教、伊斯蘭教等等世界宗教之中極端保守而頑固不堪的「基本教義派」(fundamentalism)，似乎無甚差別。又如「批判佛教」不許單向時間流逝觀意味的緣起說之外的其他緣起說存在於佛教範圍之內，斥如異端外道，也是獨斷無據的說法。關於這一點，讀者不妨參看拙著《佛教思想的現代探索》（一九九五年東大圖書公司印行）之中有關緣起說的兩篇長文。「批判佛教」的兩位代表祇能接受單向流逝的緣起說，但又同時肯認道元是極其少數的眞正佛教思想家之一，難道他們未曾讀過道元的〈有時〉篇嗎？難道未能理解，道元「有時」現成論突破傳統緣起說與單向時間流逝觀的思維原創性與哲理說服力嗎？難道「批判佛教」祇能破而不立，批判有餘（但又太過武斷）而創造不足嗎？

(三) 道元與海德格

京都學派代代主將通過比較哲學的認眞探討，重新發現了道元禪學的哲理深度，也企圖在西方哲學暨宗教思想的窮極之處，去重新發掘道元禪學對於近現代日本哲學暨宗教思想的創造發展能夠提供的思維資源。這些主將之中，西谷啓治算是發掘並善用道元禪學的哲理資源最顯功力的首位代表，可在他的主著《宗教とは何か》窺知一斑。可惜他在此書並談臨濟禪與道元禪，而臨濟禪對他的思維影響似乎較深，對於道元禪面對西方哲學的衝擊所能顯現的反擊威力著墨不多。他的高弟阿部正雄雖然大力顯揚道元禪學超克西方哲學與神學思維局限性的現代意義，但阿部的哲學思維原創性不及乃師。京都學派的下一代能否產生天才思想家，批判地繼承並創造地發展道元禪學直至京都學派的日本哲學宗教思想傳統呢？無論如何，此一課題的一大關鍵是在：如何進行道元與本世紀首屈一指的德國哲學家海德格（Martin Heidegger）之間的假設性哲學對談，以便在存在論（或譯「存有論」）、實存主體論（或心性論）、時間論、歷史論、道德論、美學、文化論、宗教論等等方面，繼續開拓京都學派所發動卻尚未完成的日本本土哲學（甚至禪本位的東亞哲學）新路，帶到下一世紀？道元禪學通過此一對談，能對新世紀的哲學鋪基產生甚麼影響，提供甚麼思維靈感？

在所有西方哲學與神學思想之中，海德格的劃時代哲學名著《存在與時間》（*Sein und Zeit*）所開展的「實存哲學」(Existenzphilosophie)，與他轉向以後逐漸形成的「存在思維」(das Denken des Seins)，恐怕是對於西方思想與禪本位的日本（甚至東亞）思想最能提供創造性對談交流靈感的重要資源或橋樑。包括西谷啓治在內的好幾位京都學派健將以及一些日本留德學生都做過海德格的學生或哲學友朋，海德格也從他們學到一點大乘佛學與禪的基本知識。據說海德格有一次讀了鈴木大拙的禪學著作，大大驚異於禪與自己哲學思維的親近性。其實海德格難免過份強調了兩者的親近性。第一流的西方哲學家如懷德黑（Whitehead），也在主著《歷程與實在》（*Process and Reality*）說過，他的哲學思維基本上更接近東方思想。但是，懷德黑根本就沒有好好研讀過東方典籍。海德格亦是如此，他對禪的知識，都來自日本學者的口頭傳達，自己從未認眞探討禪學，因此他所說及的所謂「親近性」，祇不過是膚淺的一時之見而已，無甚理據。海德格極富原創性的超形上學思維，畢竟是突破傳統西方哲學與神學局限性而有的產物，仍屬西方傳統的領域，無法等同大乘佛學或禪道哲理。不過，正因海德格的「實存哲學」與「存在思維」確實是一種我所說的「超形上學的突破」(a transmetaphysical breakthrough)，再進一步可以聯貫到大乘佛學與禪學，尤其是道元禪學，以便看出海德格「超形上學的突破」不徹底之處，以及發現超克海德格乃至整個形上學爲主的西方哲學與神學思維局限性的可能理路。

海德格在《存在與時間》序論重新提出亞理斯多德以來西方哲學與神學的根本問題：「存在爲何？」傳統西方形上學多半以抽象性概念思維暨邏輯推理方式，對於「存在」或終極眞實嘗試過種種界定或思辨，譬如「實體」(substance)、「上帝」(God)、「存在」(Being)、「世界精神」(Weltgeist)等，一一終歸失敗。海德格借用尼采的「權力意志」，解釋古希臘以來整個西方形上學所以始終未能克服主客二元論，或解決「存在」與「存在者」(beings) 二元對立的內在難題，根本癥結是在所謂普遍「理性」的自我誤導與擴張，乃是主體性權力意志的步步展現，而以尼采的權力意志論為西方形上學的終結。主體性的權力意志也以征服自然的方式展現在科技的寰球性宰制，顯出西方理性與知性的霸道。海德格對於西方形上學內在難題的初步解決方式是，實存主體論地（existentially）解破或解構思辨理性通過對象化建構而形成的種種「存在」概念。他又在哲理思考的大轉向後，設法通過一番超（傳統）形上學的突破，重新發現柏拉圖以來思辨理性強硬地分別「存在」（終極眞實）與「存在者」（人類以及萬事萬物）而有的二元對立之前的，西方最根源的（即蘇格拉底以前的）「存在思維」。

海德格的此一突破嘗試雖有劃時代的（超西方）哲學意義，但海德格生前未能徹底貫徹他的「存在思維」到完全超越「存在」與「存在者」之間的所謂「詮釋學的循環」，難怪曾受海德格影響的法國哲學家德希達（Jacques Derrida）還要進一步解構（deconstruct）海德格的「存在思維」了。

對於大乘佛學已有相當理解的東方學者，於此不難看出龍樹空宗以來的「一切法空」、「二諦中道」、「眞空妙有」、「諸法實相」、「圓融三諦」、「圓融無礙四法界觀」等等存在論或實相論說法，能夠提供徹底破除「存在」與「存在者」對立分別的思維資糧。尤其道元的「有時」現成論、「無常佛性」論、「無常實相」論等，當可指示一條貫徹超形上學思辨的實存主體性突破理路。也就是說，存在論的根本難題解決的思維線索是在，從「存在思維」重新回轉，轉向實存（主體）論上去，亦即逼使海德格回到《存在與時間》的實存論立場，不問「存在爲何？」（哪位西方哲學家有資格扮演上帝的角色，給予我們關於「存在」眞相的終極答案？）但問「做爲實存主體性的存在者，我們如何解消解破『存在』問題」？

我在拙著《學問的生命與生命的學問》（一九九四年正中書局印行）之中的〈道家、禪宗與海德格〉這一章曾暗示過，莊子爲主的道家思想與道元禪爲主的禪宗（兩者可以合稱「禪道」）能爲海德格解決困局的「超形上學的實存主體性解放」理路。我在此章尤其強調，海德格爲例的西方哲學神學之「思維」(thinking）必須轉化之爲「悟覺」（awakening），道元禪學依實體主體性的修證一等理念展現出來的身心脫落、「有時」現成、「眞實人體」等等，當對海德格的「實存哲學」與「存在思維」乃至傳統以來的西方哲學暨神學思維模式，構成強有力的挑戰衝擊。

然而道元「有時」現成論以及其他大小乘佛教緣起論，在破除人類無明、煩惱、執著等等足足有餘，卻對時間論與歷史論、文化論的相互聯貫所作的哲理性探討則大大不足。尤其道元破除單向時間流逝觀而「有時」化了一切世俗諦層次的時間，均成「永恆的現在」，雖有助於勝義（即超世俗）的精神解放解脫，卻無助於歷史、文化的創造創新。道元本人具有第一流文才，卻瞧不起文學藝術之類，視如雕蟲小技，豈非例示他對歷史、文化的漠視？海德格在《存在與時間》所展現的，實存的時間論與歷史論及其二者聯貫性的哲學省思，是否也能反過來，對於道元禪學乃至大乘佛學（以及強調自然無爲的道家思想）構成一種強有力的挑戰衝擊？我們於此可以探知東西思想文化對談交流與融合會通的一縷可能線索出來。我在上述拙著有關的一章已作某程度的深層考察，讀者不妨參看，茲不贅述。

（四）道元與克里希那穆提

道元禪學的現代意義，不但通過其與代表現代西方哲學思潮的海德格之間的創造性對談，能顯其中一二，也可以通過源於印度哲學宗教傳統而蛻變出來的，新時代（New Age）精神運動導師之一克里希那穆提（Jiddu Krishnamurti, 1895-1986）之間的比觀評較，看出一些端倪。三年前我剛從淋巴腺癌的好幾十天電療之後，撰出《死亡的尊嚴與生命的尊嚴——從臨終精神醫學到現代生死學》（一九九三年正中書局印行）這一本書。撰書的同時，也開始在美國各地英文書店的「新時代」、「東方哲學」、「形上學」、「神話學」、「宗教學」等等部門，涉獵有關死亡學或生死學方面的書籍。有一次偶然看到了（曾被偶像化為「世界導師」但自動放棄此一稱號的）克里希那穆提的一本小著，書名《生與死》（*On Living and Dying*），對於他那深邃的生死智慧大大驚異，發現與我個人積數十年學養建立而有的生死觀頗有「英雄所見略同」之處。此後斷斷續續通讀了他的其他一些著述，如《論自由》、《從已知中解脫》、《心靈日記》、《心靈自由之路》等等（皆有中譯，見方智出版社「新時代系列」），更發現到他的思想智慧與道元禪學，在最勝義諦的探索與表達，有不謀而合之處。有興趣的讀者不妨先看胡因夢所譯的一本《克里希那穆提傳》（*Krishnamurti: A Biography*，一九九四年方智出版社印行），然後再看同出版社這一兩年來陸續出版的克里希那穆提作品中譯本，當可發現這兩位天才宗教思想家在眞理探索、心靈解脫、時間觀念、人生取捨、終極眞實、超世俗的宗教精神等等，步調幾乎一致，思路幾乎相同。我在這裡對於兩者思想與智慧十分契接之處稍予比較，旨在藉以提示道元禪學的現代意義。

克里希那穆提在一九二九年自動宣佈解散（爲他籌設而奉他爲會長的）「世界明星會」(The Order of World Stars)組織，那時他提了一句「眞理是無有路徑可尋的國土」(Truth is a pathless land)。對他來說，「眞理」是要每一個人當下頓時從一切執著、心理恐懼、盲目信仰、世俗名利、宗派意識、獨斷偏見、思想葛藤、時間系列、知識累積、人性枷鎖、外在威權等等，徹底解放自己的心靈，踐行一次徹徹底底的「心智覺醒」(the awakening of intelligence)、「心地革命」(revolution in the mind)而獲根本的精神轉化之後，帶有一種「莫圖抉擇的覺知」(choiceless awareness)，才能自然而然發現體認出來。最勝義諦的「眞理」證悟，不能依靠任何特別方法或路徑當做嚮導，祇有當下頓時放下一切，尤其放下私我私己的無謂負擔，才有可能莫圖抉擇地覺知出來。道元在佛法的最勝義諦探索所強調的，身心脫落、現成公案、不染污的莫圖作佛等等修證一等的體認功夫，實與克里希那穆提的根本見地相得益彰，顯出異曲同工之妙。

克里希那穆提的思想智慧，無有師承，亦不屬於任何傳統或學派，不過他自己承認，基本上與佛教最爲親近。佛教自釋迦牟尼以來，對於終極眞實的探索始終講求「如實知見」(yathābhūtadarśana)，於此「知見」無有任何私意、邊見存在。克里希那穆提亦然，始終堅持如實的觀察、經驗、覺知等等，並沒有觀察著的、經驗著的、覺知著的「我」存在。佛教與克里希那穆提的「無我」立場可說完全一致，道元禪當然亦是如此，因此他在〈現成公案〉會說「學佛道者，學自已也；學自已者，忘自已也；忘自已者，萬法所證也；萬法所證者，乃使自已及佗已（他人）身心脫落之也。」

捨離「我」的偏狹立場而去如實觀察經驗，就能建立超世俗的宗教智慧照破世俗人間處處存在著的善惡、美醜、戰爭與和平、生與死等等二元對立觀念，克里希那穆提於此無分別智的強調不遺餘力，論調與龍樹以來的大乘佛學以及道元禪學完全相同。尤其令人驚異的是，克里希那穆提所說的「終止時間」(the ending of time)，與道元的「有時之而今」現成說，又顯異曲同工之妙。前者主張，我們如果想從心理恐懼、外在威權、知識累積等等徹底解放心靈出來，獲致眞正的內在自由，則必須終止過去、現在、未來的單向時間連續觀念。比如想要破除死亡的恐懼感，祇有終止此類世俗性、常識性的時間（觀念），如實觀察並體悟所有時刻的究竟平等而無分別，才有可能。時間積存過去的回憶、傳統觀念、種種知識與思想、種種妄心妄念等等，時間如不終止，此類積存一直會構成心理的困擾，阻塞我們的內在自由。克里希那穆提與道元都認淸，爲了建立超世俗的宗教智慧，我們必須超克世俗諦意味的常識時間觀。由於我在此節提示二者思維契接點的旨趣是在，藉以顯出道元禪學的現代意義，因此就他們的契接處祇須點到爲止，毋需多所討論。

不過，我不得不指出，克里希那穆提的最勝義「眞理」探索的態度與方式似較道元更為激進，更有現代意義。他自己既無師承，亦不屬任何傳統，更不承認自己是「世界導師」，始終講求對談的必要，有意破除導師與學生的分別。與此激進態度相比，道元的正傳佛法、尋找正師等等說法未免顯得太過古老而保守。前者根本不談出家道與在家道的硬性分別，不去刻意避免自然的兩性之愛，對於世俗人間的政治社會問題、教育問題、道德問題等等，不但表示由衷的關心，且以超世俗的宗教智慧去提示一條治本治根之道。後者則完全捨離此類問題，提倡極端的出家至上主義，這也是道元禪學的思維限制之一。

結　語

道元禪學的總評價

道元是五百年難得一見的天才思想家、宗教家，他那跳過勝義諦與世俗諦的二諦分別對立，敢於直入向稱不可思議的最勝義諦佛法，且表達之爲修證不二的正傳佛法的探索成果，在佛教思想史上實有千古不朽的鉅大貢獻。他那具有無比原創性的「現成公案」、「有時之而今」理論，就哲理的深度言，遠遠超過龍樹與智顗以後幾乎所有大乘佛學與禪宗思想，令人驚嘆不已。他那「無常佛性」論批判地超克傳統以來的種種佛性論、如來藏思想等等「批判佛教」所歸類的所謂「基體說」。他那「無常實相」論也徹底突破了《法華經》與傳統天台所云「唯佛與佛（才能）如實知見諸法（之）實相」的說法，突出無常、諸法等等假諦世界的深意，就此世界講說實相、法性（即）佛性等等，且站在修證一等的立場肯定我們（的實存主體）在發菩提心時、不染污地行佛時、「有時」地現成時，世界一切也同時在發菩提心、不染污地行佛、「有時」地現成。他那依據「有時」現成論推演出來的因圓果滿論也批判地超克傳統以來的幾乎所有大小乘因果報應理論，極有助於重新探索「生死即涅槃」、「煩惱即菩提」等等天台不二法門的深層義理。在修行門方面，他依修證不二理念強調行持道環的日常實踐性意義，有其突破傳統大小乘修行法局限性的創見，而他所自創的「永平清規」，亦是佛教戒律（思想）史上值得大書特書的一大成就，遠遠超過馬祖道一以來的中國禪宗清規，難怪他所建立的永平寺，直至今日仍是日本所有佛寺之中舉世公認最有示範意義的第一家修行道場。道元不但能夠站在修證不二的立場，講求理論與實踐的兩相配合，而且能夠使用具有獨特風格而無與倫比的一種「道得」或弔詭性語言，表達他所理解的最勝義諦佛法，亦即正傳佛法的理論與實踐，充分顯出了他的行文才華。

這當然不等於說，道元禪學已臻完善完美，無懈可擊。我已指出，道元的「無常佛性」由於許有至少三種不同的解釋，故而顯出觀念上的曖昧不清，以及因而引發出來的難題，如果聯貫到不斷修行的行持道環，不染汚的莫圖作佛等說，則道元恐不得不更激進地捨離「佛」與「佛性」之說，祇管菩薩道的修行。我也提到道元出家至上主義的保守論調所產生的一些問題。道元與海德格的假設性對談，亦必逼使前者自我反思，如何聯貫「有時」現成論到歷史文化的課題探討。而克里希那穆提依其「眞理是無有途徑可循的國土」理念反對任何固定修行方式（如「端坐參禪」之類）或手段，以及他站在現代人的立場，講求（最）勝義「眞理」應用到教育、環保、政治社會問題、心理恐懼問題、暴力問題、人際關係改善問題等等世俗諦層次的問題之根本解決等等，也當會逼使今日的道元禪學專家不得不重新探討，如何繼續開展道元禪學於現代社會，亦即如何講求道元禪學落實成就於世俗諦層次的艱難課題。無論如何，道元禪學並不因爲仍有此類未完成的課題探討，而損其種種思想原創性，有待我們繼續發掘它的豐富蘊涵與深層義理，以便善於應用到現代精神醫學、生死學、心理學、宗教學、哲學等等「生命的學問」領域去。

年　表

正治二年（一二〇〇）

生於（日本）京都，父為宮廷顯赫貴族高官源（久我）通親，母係另一貴族藤原基房之女。

建仁二年（一二〇二）

十月喪父。是歲源賴家繼任征夷大將軍，日本臨濟宗初祖榮西禪師創立建仁寺於京都。

建仁三年（一二〇三）

據云，此多道元即能讀誦《李嶠雜詠》。源實朝繼任征夷大將軍。

元久元年（一二〇四）

七月源賴家於修善寺遇弑。日本淨土宗始祖源空（法然）草〈七箇條起請文〉。

建永二年・承元元年（一二〇七）

是歲道元已能讀誦《毛詩》、《左傳》等書。日本華嚴宗高僧高辨（明惠上人）創建高山寺。源空等念佛門師弟被流放各處遠島。多季喪母。

承元二年（一二〇八）

據云，是春道元學讀《俱舍論》。

建曆二年（一二一二）

是春道元往訪比叡山麓的叔父良觀住處，因其推薦而入橫川般若谷千光房之室修行學習。是歲元月源空入寂。高辨撰著

《摧邪輪》，批判源空主著《選擇本願念佛集》。

建保元年（一二一三）

四月九日道元由天台座主公圓剃髮而出家，翌日於戒檀院受大乘戒。

建保二年（一二一四）

是春道元離開比叡山，往訪園城寺公胤，提出有關天台本覺論的宗教疑問，不得解答，乃開始遍遊各地寺院。因公胤的指示，拜見榮西禪師。

建保三年（一二一五）

七月五日榮西入滅。

建保四年（一二一六）

此夏公胤入滅。

建保五年（一二一七）

八月道元入建仁寺第二代住持明全和尚之室。

承久三年（一二二一）

九月十二日道元接受明全所授師資印可，並開始準備留學大宋的計畫。

貞應二年（一二二三，亦卽南宋嘉定十六年）

三月道元隨伴明全等人自博多港乘船出發，四月抵達明州慶元府。五月道元在船中遇阿育王寺的典座。七月掛錫於天童山景德禪寺，拜見住持無際了派禪師。

元仁元年（一二二四，嘉定十七年）

一月道元見到無際了派的嗣書。是多離天童山，雲遊各地山寺。是歲秋季無際了派入滅。

嘉祿元年（一二二五，寶慶元年）

五月一日道元歸返天童山，拜見新住持天童如淨和尚。同月二十七日明全和尚於天童山了然寮入寂。九月十八日受如淨親授的佛祖正傳菩薩戒。

嘉祿二年（一二二六，寶慶二年）

雲遊昌國縣補陀洛迦山及江西一帶各地山寺。

安貞元年（一二二七，寶慶三年）

是秋自如淨拜受嗣書相承，以及芙蓉道楷的法衣、寶鏡三昧、五位顯訣、頂相等等，完成天童山的學道修行。八月道元乘船離宋返日，入京都建仁寺。十月撰《舍利相傳記》(明全遺骨將來記)。是歲道元撰著《普勸坐禪儀》。

安貞二年（一二二八）

七月十七日天童如淨入滅。

寬喜二年（一二三〇）

由於比叡山眾僧壓迫日緊，道元離開建仁寺，閑居於山城深草的安養院。

寬嘉三年（一二三一）

八月十五日道元撰《正法眼藏》的序篇〈辦道話〉。

天福元年（一二三三）

是春應藤原教家、正覺尼等人之請，道元建立山城觀音導利興聖寶林寺（簡稱「興聖寺」)。夏安居日撰〈摩訶般若蜜〉篇（興聖寺示眾）。八月完成〈現成公案〉篇（與鎭西俗弟子楊光秀)。

文曆元年（一二三四）

三月九日道元示《學道用心集》。是多孤雲懷奘來參。

嘉禎元年（一二三五）

八月十五日道元將佛祖正傳菩薩戒法授與懷奘。是歲撰《正法眼藏三百則》序文。

嘉禎二年（一二三六）

十月十五日山城興聖寺正式開堂。十二月除夕，道元任命懷奘爲興聖寺首座。

嘉禎三年（一二三七）

是春撰著《典座教訓》。是歲亦撰《出家授戒作法》。

曆仁元年（一二三八）

四月道元撰成〈一顆明珠〉篇（興聖寺示眾）。

延應元年（一二三九）

四月〈重雲堂式〉篇示眾，五月〈卽心是佛〉篇示眾。〈洗面〉篇與〈洗淨〉篇分別於十月與十二月完成並示眾。

仁治元年（一二四〇）

道元續撰《正法眼藏》多篇，並於興聖寺示眾，包括〈禮拜得髓〉（春）、〈谿聲山色〉（四月）、〈山水經〉、〈袈裟功德〉、〈有時〉、〈傳衣〉（以上十月），以及〈諸惡莫作〉等篇。

仁治二年（一二四一）

道元續撰《正法眼藏》多篇，包括〈佛祖〉（二月）、〈嗣書〉（三月）、〈心不可得〉（夏安居）、〈古鏡〉、〈看經〉（以上九月）、〈佛性〉、〈行佛威儀〉（以上十月）、〈佛教〉與〈神通〉（以上十一月）。是春道元亦於興聖寺撰《天童如淨禪師語錄》跋，記述如淨行歷。日本達摩宗的懷鑒、義介、義尹、義演等人皆於是春來參，改入道元之門。

仁治三年（一二四二）

道元續撰《正法眼藏》多篇，包括〈大悟〉（一月）、〈坐禪箴〉、〈佛向上事〉、〈恁麼〉（以上三月）、〈行持〉、〈海印三昧〉、〈授記〉、〈觀音〉（以上四月）、〈阿羅漢〉、〈栢樹子〉（以上五月）、〈光明〉（六月）、〈身心學道〉、〈夢中說夢〉（以上九月）、〈道得〉（十月）、〈畫餅〉、〈佛教〉（以上十一月）與〈全機〉（十二月）。

寬元元年（一二四三）

七月因波多野義重之勸請，道元將興聖寺讓與詮慧，率大半弟子移至越前志比莊吉峰寺，九月二十四日掛錫於吉峰古寺草庵。道元續撰《正法眼藏》多篇，包括〈都機〉（一月）、〈空華〉（三月）、〈古佛心〉（四月）、〈菩提薩埵四攝法〉（五月）、〈葛藤〉（七月）、〈三界唯心〉（舊曆七月）、〈佛道〉、〈密語〉、〈佛經〉、〈諸法佛相〉（以上九月）、〈無情說法〉、〈面授〉、〈洗面〉（以上十月）、〈梅華〉、〈十方〉、〈見佛〉、〈徧參〉、〈坐禪儀〉、〈坐禪箴〉（以上十一月）、〈眼睛〉、〈家常〉、〈龍吟〉（以上十二月）等篇。是歲亦撰〈說心說性〉、〈陀羅尼〉、〈法性〉等篇，但其撰述月日則不詳。

寬元二年（一二四四）

二月十九日於越前志比莊開始動工，蓋建大佛寺法堂。九月一日大佛寺法堂竣工，舉行開堂法會。是歲道元續撰《正法眼藏》多篇，包括〈大悟〉（一月）、〈祖師西來意〉、〈優曇華〉、〈發無上心〉、〈菩提心〉、〈如來全身〉、〈三昧王三昧〉、〈三十七品菩提分法〉、〈轉法輪〉、〈自證三昧〉（以上二月）、〈大修行〉（三月），以及〈春秋〉（月日不明)。

寬元三年(一二四五)

道元續撰《正法眼藏》多篇，包括〈虛空〉、〈鉢盂〉(以上三月)、〈安居〉(六月)、〈他心通〉(七月)，以及〈王索仙陀婆〉(十月)。是夏亦撰〈辨道法〉。

寬元四年(一二四六)

六月十五日大佛寺改名爲永平寺，道元製定《日本國越前永平寺知事清規》。七月十日決定永平寺佛前齋粥供養侍僧的位序，懷奘爲第一比丘，覺佛爲第二比丘。是歲道元續撰《正法眼藏》中的〈示庫院文〉(八月)與〈出家〉(九月)。是歲南宋著名禪僧蘭溪道隆來日。

寶治元年(一二四七)

元月十五日道元於永平寺作布薩說戒，屆時五色彩雲映現在方丈正面。是夏義介擔任永平寺監寺職位。八月三日爲了在家信徒的教化活動，道元離寺，遠赴鎌倉。

寶治二年(一二四八)

三月十三日道元自鎌倉歸返永平寺，翌日上堂。四月間芳香瑞相出現在永平寺僧堂。十二月二十一日道元草成〈永平寺庫院制規〉。

建長元年(一二四九)

元月道元撰成〈吉祥山永平寺衆寮箴規〉，十月製定〈永平寺住侶制規〉。

建長二年(一二五〇)

是歲後嵯峨上皇賜與道元一套紫衣。

建長四年(一二五二)

是秋道元開始病重。

建長五年（一二五三）

元月六日道元完成《正法眼藏》最後一篇〈八大人覺〉。七月八日病情更加惡化。同月十四日懷奘接永平寺住持職位。八月五日因波多野義重的勸請，上京療養，一路由懷奘、義介等高弟看護。八月二十八日於京都・高辻西洞院覺念處入滅。

參考文獻舉要

一、日文

大久保道舟編，《道元禪師全集》上下二卷，一九六九年筑摩書房。

寺田透／水野彌穗子校注，《道元》上下二卷，一九七〇至七二年岩波書店。

小野彌穗子校注，《正法眼藏》共四卷，一九九〇至九三年岩波文庫。

玉城康四郎編，《道元集》，一九七一年筑摩書房。

石井修道，《宋代禪宗史の研究 — 中國曹洞宗と道元禪》，一九八七年大東出版社。

石井修道，《中國禪宗史話 — 眞字正法眼藏に學ぶ》，一九八八年禪文化研究所。

衞藤卽應校注，《正法眼藏》共三卷，一九四三年岩波文庫。

西尾實等校注，《正法眼藏・正法眼藏隨聞記》，一九六五年岩波書店。

正法眼藏註解全書刊行會編，《正法眼藏註解全書》共十一卷，一九五七年重刊。

西有穆山提唱，《正法眼藏啓廸》共三卷，一九六五年大法輪閣。

岸澤惟安，《正法眼藏全講》共二十四卷，一九七四年大法輪閣。
橋田邦彥，《正法眼藏釋意》共四卷，一九五〇年山喜房佛書林。
安谷白雲，《正法眼藏參究》共四卷，一九七二年春秋社。
西谷啓治，《正法眼藏講話》共三册，創文社。
禪文化學院編，《正法眼藏》，一九六八年誠信書房。
河村孝道，《正法眼藏の成立史的研究》，一九八六年春秋社。
高橋賢陳譯，《正法眼藏》上下二卷，一九七二年理想社。
西嶋和夫譯，《正法眼藏》共三卷，一九七〇年佛教社。
增谷文雄譯，《正法眼藏》共八卷，一九七三年角川書店。
中村宗一譯，《正法眼藏》共四卷，一九七一年誠信書房。
西尾實／水野彌穗子譯，《道元集》(《日本の思想》第二卷)，筑摩書房。
吉田紹欽譯註，《正法眼藏隨聞記》，一九六〇年角川書店。
水野彌穗子譯，《正法眼藏隨聞記》，一九六三年筑摩書房。
山崎正一校注，《正法眼藏隨聞記》，一九七二年講談社。
鏡島元隆譯註，《道元禪師語錄》，一九九〇年講談社學術文庫。
大久保道舟譯註，《永平元禪師語錄》，一九四〇年岩波書店。
酒井得元譯註，《永平元禪師語錄》，一九八九年春秋社。
伊藤俊光，《永平廣錄註解全書》共三卷，一九六一至六三年鴻盟社。
渡邊賢宗／大谷哲夫，《祖山本永平廣錄考註集成》共二卷，一九八九年一穗社。
鏡島元隆／玉城康四郎主編，《講座道元》共七卷，一九七九至八〇年春秋社。各卷內容如下：

第一卷　《道元の生涯と思想》

(1)〈道元の思想〉(鏡島元隆)，(2)〈道元の生涯〉(今枝愛眞)，(3)〈道元とその時代〉(鈴木泰山)，(4)〈道元とその門弟〉(東隆眞)

第二卷　《道元禪の歷史》

(1)〈初期僧團の展開 —— 教團〉(竹內道雄)，(2)〈初期僧團の展開 —— 宗義〉(東隆眞)，(3)〈南北朝・室町時代の展開 —— 教團〉(玉村竹二)，(4)〈南北朝・室町時代の宗義〉(田島柏堂)，(5)〈江戶時代の展開 —— 教團〉(圭室文雄)，(6)〈江戶時代の展開 —— 宗義〉(鏡島元隆)

第三卷　《道元の著作》

(1)〈正法眼藏〉(河內孝道)，(2)〈永平廣錄〉(酒井得元)，(3)〈永平淸規〉(小坂機融)，(4)〈學道用心集〉(櫻井秀雄)，(5)〈普勸坐禪儀〉(鈴木格禪)，(6)〈寶慶記〉(水野彌穗子)，(7)〈正法眼藏隨聞記〉(古田紹欽)

第四卷　《道元思想の特徵》

(1)〈道元の冥想的世界〉(玉城康四郎)，(2)〈道元の本覺思想〉(田村芳朗)，(3)〈道元の佛性論〉(高崎直道)，(4)〈道元の緣起思想〉(木村淸孝)，(5)〈道元の實相論〉(新田雅章)，(6)〈道元の時間・空間論〉(阿部正雄)，(7)〈道元の言語哲學〉(竹村牧男)

第五卷　《世界思想と道元》

(1)〈道元の比較思想序論〉(玉城康四郎)，(2)〈ゴータマ・ブッダと道元〉(水野弘元)，(3)〈ソクラテスと道元〉(井上忠)，(4)〈イエスとパウロと道元〉(門脇佳吉)，(5)〈西洋哲學と道元〉(山崎正一)，(6)〈キリスト教と道元〉(八木誠一)，(7)〈日本近代思想と道元〉(杉尾玄有)

第六卷　《佛教教學と道元》

(1)〈天台教學と道元〉(山內舜雄)，(2)〈華嚴教學と道元〉(鎌田茂雄)，(3)〈眞言教學と道元〉(金岡秀友)，(4)〈法相教學と道元〉(太田久紀)，(5)〈臨濟と道元〉(柳田聖山)，(6)〈法然と道元〉(藤吉慈海)，(7)〈親鸞と道元〉(岩本泰波)，(8)〈日蓮と道元〉(紀野一義)

第七卷　《現代思想と道元》

(1)〈道元の現代思想的意味〉(玉城康四郎)，(2)〈道元の宗教學的意味〉(脇本平也／東專一郎)，(3)〈道元と實存哲學〉(笠井貞／森本和夫)，(4)〈精神醫學と道元〉(平井富雄)，(5)〈生理學と道元〉(杉靖三郎)，(6)〈海外から見た道元〉(奈良康明)

大久保道舟，《(修訂增補) 道元禪師傳の研究》，一九六六年筑摩書房。

高橋新吉，《道元禪師の生涯》，一九六三年寶文館。

佐藤達玄，《道元の生涯》，一九六二年信友社。

秋月龍珉，《道元入門》，一九七〇年講談社現代新書。
有福孝岳，《道元の世界》，一九八五年大阪書籍株式會社。
竹內道雄，《道元》，一九六二年吉川弘文館，一九九二年新訂再版。
增谷文雄，《親鸞・道元・日蓮》，一九五六年至文堂。
佐藤法龍，《人間道元》，一九七〇年春秋社。
今枝愛眞，《道元》，一九七〇年評論社。
增谷文雄，《臨濟と道元》，一九七一年春秋社。
西尾實，《道元と世阿彌》，一九六五年岩波書店。
衞藤卽應，《宗祖としての道元禪師》，一九四四年岩波書店。
秋元範二，《道元の研究》（改訂版），一九六五年黎明書房。
榑林皓堂，《道元禪の研究——その性格と構造》，一九六三年中山書房。
榑林皓堂編，《道元禪の思想的研究》，一九七三年春秋社。
榑林皓堂，《道元禪の本流》，一九八〇年大法輪閣。
鏡島元隆，《道元禪師》と引用經典語錄の研究》，一九六五年木耳社。
鏡島元隆，《道元禪師とその門流》，一九六一年誠信書房。
鏡島元隆編，《道元禪》共四卷，一九六〇年誠信書房。
鏡島元隆，《道元禪研究序說》，一九五一年正應寺。
鏡島元隆，《道元禪師とその周邊》，一九八五年大東出版社。
鏡島元隆，《天童如淨禪師の研究》，一九八三年春秋社。
河村孝道／石川力山編，《道元》（《日本名僧論集》第八卷），一九八三年吉川弘文館。
河內孝道／石川力山編，《道元禪師と曹洞宗》（《日本佛教宗史論集》第八卷），一九八五年吉川弘文館。

石井修道，《道元禪の成立史的研究》，一九九一年大藏出版株式會社。

高崎直道／梅原猛，《古佛のまねび —— 道元》（《佛教の思想》第十一卷），一九六九年角川書店。

池邊實編，《道元特集號》（《文學》月刊一九六一年六月號）。

柴田道賢，《禪師道元の思想》，一九七五年公論社。

加藤健一，《道元 —— その思想と教育》，吉川弘文館。

今枝愛眞，《道元とその弟子》，一九七二年每日新聞社。

高橋賢陳，《道元の實踐哲學構造》，一九六七年山喜房書林。

和辻哲郎，〈沙門道元〉，收在自著《日本精神史研究》，第一五九至二四六頁，一九二六年岩波書店。又收在《和辻哲郎全集》第四卷第一五六至二四六頁，一九六二年岩波書店。

田邊元，〈正法眼藏の哲學私觀〉，收在《田邊元全集》第五卷，一九六三年筑摩書房。

西谷啓治，《正法眼藏講話》兩卷，分別收在《西谷啓治著作集》第22及23卷，一九九一年創文社。

增谷文雄譯，《現代語譯・正法眼藏》，一九七三至七五年角川書店。

衞藤卽應，《正法眼藏序說》，一九五九年岩波書店。

加藤宗厚編，《正法眼藏要語索引》共二卷，一九六二至六三年理想社。

吉田紹欽，《正法眼藏の研究》，一九七二年創文社。

增永靈鳳，《正法眼藏》（增補版），春秋社。

寺田透，《道元の言語宇宙》，一九七四年岩波書店。

山內舜雄，《道元と天台本覺法門》，一九八五年大藏出版株式會社。
家永三郎，《中世佛教思想史研究》，一九四七年法藏館。
今枝愛眞，《中世禪宗史の研究》，一九七〇年東京大學出版社。
唐木順三，《無常》，一九六五年筑摩書房。
柳田聖山，《中世漂泊》，一九八一年法藏館。
柳田聖山，〈道元と臨濟〉，收在《理想》雜誌，一九七六年二月號第七四至八九頁。
柳田聖山，〈道元と中國佛教〉，收在《禪文化研究所紀要》第十三期（一九八四年三月），第七至一二八頁。
柳田聖山編，《思想讀本——道元》，一九八二年法藏館。
玉城康四郎，〈佛教思想史上における道元〉，收在自著《日本佛教思想論》上卷，平樂寺書店。
玉城康四郎，〈道元の時間論〉，收在《講座・佛教思想》第一卷（一九七四年理想社），第二七一至三一六頁。
何燕生，〈道元における修証思想の一考察——如淨との比較を通して——〉，一九九二年印度學宗教學會論集第19號別刷。
杉尾玄有，〈ハイデガー最近の境涯と道元禪〉，收在一九七一年《印度學佛教學研究》第三十八期。
笠井貞，〈道元とベーメの自己について〉，收在一九七一年《印度學佛教學研究》第三十八期。
森本和夫，《道元とサルトル》，一九七四年講談社。
菅沼晃編，《道元辭典》，一九七七年東京堂。
袴谷憲昭，《批判佛教》，一九九〇年大藏出版株式會社。

______，《本覺思想批判》，一九八九年大藏出版株式會社。
松本史朗，《緣起と空 ── 如來藏思想批判》，一九八九年大出版株式會社。
奈良康明監修，《ブッダから道元へ》，一九九二年東京書籍。

二、英文

Abe, Masao, *Zen and Western Thought*. Honolulu: University of Hawaii Press, 1989.

______, *A Study of Dogen: His Philosophy and Religion*, ed., Steven Heine. Albany: State University of New York Press, 1991.

Bielefeldt, Carl, *Dogen*'s *Manuals of Zen Meditation*. Berkeley, California: University of California Press, 1988.

Cleary, Thomas, tr. and ed., *Rational Zen*: *The Mind of Dogen Zenji*. Boston: Shambhala, 1992.

______, tr., *Records of Things Heard: A Translation of the Shobogenzo-zuimonki*. Boulder, Colorado: Prajna Press, 1980.

______, tr., *Shobogenzo: Zen Essays by Dogen*. Honolulu: University of Hawaii Press, 1986.

Cook, Francis, "Enlightenment in Dogen's Zen," in *Journal of the International Association of Buddhist Studies*, vol. 6, no. 1 (1983), 7-30.

Dumoulin, Heinrich, *Zen Buddhism: A History*, vol. 2.

New York: MacMillan Publishing Co., 1990.
Fu, Charles Wei-hsun, "Japanese Spiritual Resources and Their Contemporary Relevance," *Journal of Dharma*, vol. 10, no. 1 (January-March, 1985), 82-89.
Heine, Steven, "'Critical Buddhism' (Hihan Bukkyo) and the Debate Concerning the 75-fascicle and 12-fascicle Shōbōgenzō Texts," *Japanese Journal of Religious Studies*, vol. 21, no. 1 (March, 1994).
______, *A Dream Within a Dream: Studies in Japanese Thought*. New York: Peter Lang, 1991.
______, *Dogen and the Koan Tradition: A Tale of Two Shobogenzo Texts*, in Sandra A. Wawrytko, ed., Philosophy and Psychotherapy Series. Albany: State University of New York Press, 1993.
______, *Existential and Ontological Dimensions of Time in Heidegger and Dogen*. Albany, New York: State University of New York Press, 1985.
______, *A Blade of Grass: Japanese Poetry and Aesthetics in Dogen Zen*. New York: Peter Lang, 1988.
______, "Truth and Method in Dogen Scholarship: A Review of Recent Works," in *The Eastern Buddhist*, vol. 20, no. 2 (Autumn 1987), 128-147.
Kim, Hee-ji., *Dogen Kigen-Mystical Realist*. Tucson, Arizona: University of Arizona Press, 1975.
______, *Flowers of Emptiness: Selections from Doge'ns*

Shobogenzo. New York: Lewiston, 1985.

_____, "Dogen Studies in America: Thoughts on the State of the Field," in the *Annual Report of the Institute of Zen Studies*, Komazawa University, no. 3 (March, 1992).

Kodera, Takashi James, *Dogen's Formative Years in China: An Historical Study and Annotated Translation of the Hokyo-ki*. Boulder, Colorado: Prajna Press, 1980.

LaFleur, William R., ed., *Dogen Studies*. Honolulu: Sttudies in East Asian Buddhism, no. 2, 1985.

Masunaga, Reiho, *A Primer of Soto Zen: A Translation of Dogen's Shobogenzo Zuimonki*. Honolulu: East-West Center Press, 1971.

Merzel, Dennis Genpo, *Beyond Sanity and Madness: The Way of Zen Master Dogen*. Boston: Charles E. Tuttle, 1994.

Nagatomo, Shigenori, "An Analysis of Dogen's' Casting off Body and Mind'," in *International Philosophical Quarterly*, vol. 27, no. 3 (1987), 227-242.

_____, *Attunement Through the Body*. Albany: State University of New York Press, 1992.

Nishiyama, Kosen, and John Stevens, tr., *Shobogenzo*, 4 vols. Tokyo, 1977.

Sakamoto, Hiroshi, tr., "Dogen's Shobogenzo Dotoku,"

in *The Eastern Buddhist*, n.s. 16, no. 1 (1983).

Stambaugh, Joan, *Impermanence is Buddha-nature: Dogen's Understanding of Temporality*. Honolulu: University of Hawaii Press, 1990.

Takahashi, Masanobu, *The Essence of Dogen*, tr., Nabuoka Yuzuru. London: Kegan Paul, 1983.

Tanahashi, Kazuaki, ed., *Moon in a Dewdrop: Writings of Zen Master Dogen*. San Francisco: North Point Press, 1985.

Waddell, Norman, tr., "Being-Time." in *The Eastern Buddhist*, n.s. 12, no. 1 (1979).

_____, and Abe Masao, tr., "Buddha-nature," (Parts 1-3), *The Eastern Buddhist*, n.s. 8, no. 2 (1975); n.s. 9, no. 1-2 (1976).

_____, and Abe Masao, tr., "Shobogenzo Genjokoan," *The Eastern Buddhist*, n.s. 5, no. 2 (1972).

_____, and Abe Masao, tr., "Total Activity," *The Eastern Buddhist*, n.s. 5, no. 1 (1972).

Wawrytko, Sandra A., "The Path to Ultimate Awakening: Women's Liberation in the Context of Taoism and Ch'an/Zen," in Charles Wei-hsun Fu and Sandra A. Wawrytko eds., *Buddhist Ethics and Modern Society*. New York: Greenwood Press, 1991, pp, 265-280.

_____, "Zen and Western Psychotherapy: Nirvanic

Transcendence and Samsaric Fixation," in *The Chung-Hwa Buddhist Journal*, no. 4, (July, 1991), 451-495.

_____, "The Poetics of Ch'an: Upayic Poetry and Its Taoist Enrichment," in *The Chung-Hwa Buddhist Journal*, no. 5 (July, 1992), 341-377.

Yokoi, Yuho, *Zen Master Dogen: An Introduction with Selected Writings*. New York: Weatherhill, 1976.

_____, tr., *The Shobo-genzo*. Tokyo: Sankido Press, 1986.

Yuasa, Yasuo, *The Body: Toward an Eastern Mind-Body Theory*, ed., T. P. Kasulis and tr., by Nagatomo Shigenori and T. P. Kasulis. Albany: State University of New York Press, 1987.

人名索引

一　劃

三　劃

四　劃

五　劃

六　劃

七　劃

八 劃

九 劃

十 劃

十一 劃

十二 劃

十三 劃

十四　劃

十五　劃

十六劃～二十劃

重要名詞索引

一　　劃

二　　劃

三　　劃

四　　劃

五　　劃

六　劃

七　劃

八 劃

九 劃

十 劃

十一 劃

十二 劃

十三 劃

十四 劃

十五 劃

十六 劃

世界哲學家叢書(十)

書名	作者	出版狀況
羅蒂	范進	撰稿中
喬姆斯基	韓林合	排印中
馬克弗森	許國賢	已出版
希克	劉若韶	撰稿中
尼布爾	卓新平	已出版
默燈	李紹崑	撰稿中
馬丁・布伯	張賢勇	撰稿中
蒂里希	何光滬	撰稿中
德日進	陳澤民	撰稿中
朋諤斐爾	卓新平	撰稿中

世界哲學家叢書(九)

書名	作者	出版狀況
穆爾	楊樹同	撰稿中
弗雷格	王路	已出版
石里克	韓林合	已出版
維根斯坦	范光棣	已出版
艾耶爾	張家龍	已出版
賴爾	劉建榮	撰稿中
奧斯丁	劉福增	已出版
史陶生	謝仲明	撰稿中
馮・賴特	陳波	撰稿中
赫爾	馮耀明	撰稿中
帕爾費特	戴華	撰稿中
梭羅	張祥龍	撰稿中
愛默生	陳波	撰稿中
魯一士	黃秀璣	已出版
珀爾斯	朱建民	撰稿中
詹姆斯	朱建民	撰稿中
杜威	葉新雲	撰稿中
蒯因	陳波	已出版
帕特南	張尚水	撰稿中
庫恩	吳以義	排印中
費耶若本	苑舉正	撰稿中
拉卡托斯	胡新和	撰稿中
洛爾斯	石元康	已出版
諾錫克	石元康	撰稿中
海耶克	陳奎德	撰稿中

世界哲學家叢書(八)

書名	作者	出版狀況
弗洛姆	姚介厚	撰稿中
哈伯馬斯	李英明	已出版
榮格	劉耀中	已出版
柏格森	尚建新	撰稿中
皮亞傑	杜麗燕	已出版
別爾嘉耶夫	雷永生	撰稿中
索洛維約夫	徐鳳林	已出版
馬賽爾	陸達誠	已出版
馬利丹	楊世雄	撰稿中
梅露・彭廸	岑溢成	撰稿中
阿爾都塞	徐崇溫	撰稿中
葛蘭西	李超杰	撰稿中
列維納	葉秀山	撰稿中
德希達	張正平	撰稿中
呂格爾	沈清松	撰稿中
富科	于奇智	撰稿中
克羅齊	劉綱紀	撰稿中
布拉德雷	張家龍	撰稿中
懷特海	陳奎德	已出版
愛因斯坦	李醒民	撰稿中
玻爾	戈革	已出版
卡納普	林正弘	撰稿中
卡爾・巴柏	莊文瑞	撰稿中
坎培爾	冀建中	撰稿中
羅素	陳奇偉	撰稿中

世界哲學家叢書(七)

書名	作者	出版狀況
馬赫	李醒民	已出版
迪昂	李醒民	排印中
費爾巴哈	周文彬	撰稿中
恩格斯	李步樓	撰稿中
馬克斯	洪鎌德	撰稿中
普列哈諾夫	武雅琴	撰稿中
約翰彌爾	張明貴	已出版
狄爾泰	張旺山	已出版
弗洛伊德	陳小文	已出版
阿德勒	韓水法	撰稿中
史賓格勒	商戈令	已出版
布倫坦諾	李河	撰稿中
韋伯	韓水法	撰稿中
卡西勒	江日新	撰稿中
沙特	杜小真	撰稿中
雅斯培	黃藿	已出版
胡塞爾	蔡美麗	已出版
馬克斯・謝勒	江日新	已出版
海德格	項退結	已出版
阿倫特	尚新建	撰稿中
高達美	嚴平	撰稿中
漢娜鄂蘭	蔡英文	撰稿中
盧卡契	謝勝義	撰稿中
阿多爾諾	章國鋒	撰稿中
馬爾庫斯	鄭湧	撰稿中

世界哲學家叢書㈥

書名	作者	出版狀況
斯賓諾莎	洪漢鼎	已出版
萊布尼茨	陳修齋	已出版
牛頓	吳以義	撰稿中
培根	余麗嫦	撰稿中
托馬斯·霍布斯	余麗嫦	已出版
洛克	謝啓武	排印中
巴克萊	蔡信安	已出版
休謨	李瑞全	已出版
托馬斯·銳德	倪培林	撰稿中
梅里葉	李鳳鳴	撰稿中
狄德羅	李鳳鳴	撰稿中
伏爾泰	李鳳鳴	已出版
孟德斯鳩	侯鴻勳	已出版
盧梭	江金太	撰稿中
帕斯卡	吳國盛	撰稿中
達爾文	王道遠	撰稿中
施萊爾馬赫	鄧安慶	撰稿中
康德	關子尹	撰稿中
費希特	洪漢鼎	已出版
謝林	鄧安慶	已出版
黑格爾	徐文瑞	撰稿中
叔本華	鄧安慶	撰稿中
祁克果	陳俊輝	已出版
尼采	商戈令	撰稿中
彭加勒	李醒民	已出版

世界哲學家叢書(五)

書名	作者	出版狀況
安藤昌益	王守華	撰稿中
富永仲基	陶德民	撰稿中
石田梅岩	李甦平	撰稿中
楠本端山	岡田武彥	已出版
吉田松陰	山口宗之	已出版
福澤諭吉	卞崇道	撰稿中
岡倉天心	魏常海	撰稿中
中江兆民	畢小輝	撰稿中
西田幾多郎	廖仁義	撰稿中
和辻哲郎	王中田	撰稿中
三木清	卞崇道	撰稿中
柳田謙十郎	趙乃章	撰稿中
柏拉圖	傅佩榮	撰稿中
亞里斯多德	曾仰如	已出版
伊壁鳩魯	楊適	排印中
愛比克泰德	楊適	撰稿中
柏羅丁	趙敦華	撰稿中
聖奧古斯丁	黃維潤	撰稿中
安瑟倫	趙敦華	撰稿中
安薩里	華濤	撰稿中
伊本・赫勒敦	馬小鶴	已出版
聖多瑪斯	黃美貞	撰稿中
尼古拉・庫薩	李秋零	撰稿中
笛卡兒	孫振青	已出版
蒙田	郭宏安	撰稿中

世界哲學家叢書(四)

書名	作者	出版狀況
印順	林朝成、陳水淵	撰稿中
龍樹	萬金川	撰稿中
無著	林鎮國	撰稿中
世親	釋依昱	撰稿中
商羯羅	黃心川	撰稿中
維韋卡南達	馬小鶴	撰稿中
泰戈爾	宮静	已出版
奥羅賓多・高士	朱明忠	已出版
甘地	馬小鶴	已出版
尼赫魯	朱明忠	撰稿中
拉達克里希南	宮静	排印中
元曉	李箕永	撰稿中
休静	金煐泰	撰稿中
知訥	韓基斗	撰稿中
李栗谷	宋錫球	已出版
李退溪	尹絲淳	撰稿中
空海	魏常海	撰稿中
道元	傅偉勳	已出版
伊藤仁齋	田原剛	撰稿中
山鹿素行	劉梅琴	已出版
山崎闇齋	岡田武彦	已出版
三宅尙齋	海老田輝巳	已出版
中江藤樹	木村光德	撰稿中
貝原益軒	岡田武彦	已出版
荻生徂徠	劉梅琴	撰稿中

世界哲學家叢書㈢

書名	作者	出版狀況
澄觀	方立天	撰稿中
宗密	冉雲華	已出版
永明延壽	冉雲華	撰稿中
湛然	賴永海	已出版
知禮	釋慧岳	已出版
大慧宗杲	林義正	撰稿中
祩宏	于君方	撰稿中
憨山德清	江燦騰	撰稿中
智旭	熊琬	撰稿中
嚴復	王中江	撰稿中
康有爲	汪榮祖	撰稿中
譚嗣同	包遵信	撰稿中
章太炎	姜義華	已出版
熊十力	景海峰	已出版
梁漱溟	王宗昱	已出版
胡適	耿雲志	撰稿中
殷海光	章清	排印中
金岳霖	胡軍	已出版
張東蓀	張耀南	撰稿中
馮友蘭	殷鼎	已出版
唐君毅	劉國強	撰稿中
牟宗三	鄭家棟	撰稿中
宗白華	葉朗	撰稿中
湯用彤	孫尚揚	排印中
賀麟	張學智	已出版

世界哲學家叢書(二)

書名	作者	出版狀況
胡宏	王立新	排印中
朱熹	陳榮捷	已出版
陸象山	曾春海	已出版
陳白沙	姜允明	撰稿中
王廷相	葛榮晉	已出版
王陽明	秦家懿	已出版
李卓吾	劉季倫	撰稿中
方以智	劉君燦	已出版
朱舜水	李甦平	已出版
王船山	張立文	撰稿中
眞德秀	朱榮貴	撰稿中
劉蕺山	張永儁	撰稿中
黃宗羲	吳光	撰稿中
顧炎武	葛榮晉	撰稿中
顏元	楊慧傑	撰稿中
戴震	張立文	已出版
竺道生	陳沛然	已出版
眞諦	孫富支	撰稿中
慧遠	區結成	已出版
僧肇	李潤生	已出版
智顗	霍韜晦	撰稿中
吉藏	楊惠南	已出版
玄奘	馬少雄	撰稿中
法藏	方立天	已出版
惠能	楊惠南	已出版

世界哲學家叢書(一)

書名	作者	出版狀況
孔子	韋政通	撰稿中
孟子	黃俊傑	已出版
荀子	趙士林	撰稿中
老子	劉笑敢	撰稿中
莊子	吳光明	已出版
墨子	王讚源	印排中
公孫龍子	馮耀明	撰稿中
韓非子	李甦平	撰稿中
淮南子	李增	已出版
賈誼	沈秋雄	撰稿中
董仲舒	韋政通	已出版
揚雄	陳福濱	已出版
王充	林麗雪	已出版
王弼	林麗真	已出版
郭象	湯一介	撰稿中
阮籍	辛旗	排印中
嵇康	莊萬壽	撰稿中
劉勰	劉綱紀	已出版
周敦頤	陳郁夫	已出版
邵雍	趙玲玲	撰稿中
張載	黃秀璣	已出版
李覯	謝善元	已出版
楊簡	鄭曉江、李承貴	排印中
王安石	王明蓀	已出版
程顥、程頤	李日章	已出版